Markus Treichler
Neue Zeiten – Neue Leiden

Markus Treichler

Neue Zeiten – Neue Leiden

Zeittendenzen · Krankheitsbilder
Chancen

MAYER

Markus Treichler, geboren 1947, Studium der Theaterwissenschaften, Philosophie, Psychologie und Medizin. Facharztausbildung und ärztliche Tätigkeit in Innere Medizin, Neurologie, Psychiatrie und Psychosomatik. Seit 1987 leitender Arzt der Abteilung für Psychosomatische Medizin, Kunsttherapie und Heileurythmie an der Filderklinik bei Stuttgart.
Besondere Arbeitsschwerpunkte: Biographie und Krankheit; Kunst und Krankheit; Gesundheit und Gesellschaft; anthroposophische Kunsttherapie und Psychotherapie. Lehr und Vortragstätigkeit sowie Buch- und Zeitschriftenveröffentlichungen, unter anderem: »Sprechstunde Psychotherapie«, »Biographie und Krankheit« (Hrsg.), »Den Sinn des Todes fassen« (Hrsg.), Mensch – Kunst – Therapie«, »Das Therapieangebot in der Anthroposophischen Medizin«.

Die Deutsche Bibliothek – CIP Einheitsaufnahme

Treichler, Markus:
Neue Zeiten – Neue Leiden : Zeittendenzen – Krankheitsbilder – Chancen / Markus Treichler. – Stuttgart ; Berlin : Mayer, 1998
ISBN 3-932386-13-2

ISBN 3-932386-13-2

Umschlag: Bruno Schachtner, Dachau,
unter Verwendung des Bildes »Im Blau« von Wassily Kandinsky,
Kunstsammlung Nordrhein-Westfalen, Düsseldorf

Foto: Walter Klein, Düsseldorf
Satz und Druck: Gulde Druck GmbH, Tübingen

Inhalt

Keinerlei Aussage über die Geschichte
gibt es, die nicht von einem Wissen um die
menschliche Seele ihren Ausgang nähme,
– sie ist das Primäre, die Seele ist es,
die sich in der Geschichte spiegelt
und in der sich
die Geschichte widerspiegelt.[1]

HERMANN BROCH

Vorwort

Man geht nie weiter,
als wenn man nicht mehr weiß,
wohin man geht.[2]

Johann Wolfgang Goethe

Offen gesagt, ich glaube nicht, daß unsere Zeit schlimmer, unsere Zivilisation schlechter und die Gesellschaft verdorbener wäre als andere, frühere Zeiten, Zivilisationen und Gesellschaften; aber auch nicht besser oder vollkommener. Ich sehe, daß Denken, Fühlen und Handeln des Menschen in seiner Zeit und Kultur die Epoche und die Gesellschaft, in der er lebt, prägen; und daß diese Prägungen sich in den Krankheiten und Leiden der Menschen widerspiegeln. Jede Zeit hat die Leiden, die zu ihr passen. Nicht als Strafe, sondern als Chance, indem wir uns in den Spiegelbildern – also den Krankheiten und Leiden – unserer Verantwortung bewußt werden.

Krankheiten und Leiden gehören zu unserem Leben. Wir können sie nicht ausklammern. Langsam entstehen sie, aber plötzlich und unvorbereitet, wenn wir sie – vermeintlich – am wenigsten brauchen können, kommen sie zu uns; oft als akute Krise, oft aber auch als dauerhafte, lästige und doch auch treue und hilfreiche Begleiter.

Wie beim Leben, so fragen wir auch beim Leiden, wenn es am schwersten ist, nach seinem Sinn. Und wir können kaum erwarten, daß er gerade dann offen und leicht einsehbar zu Tage liegt, wenn uns das Schicksal die Frage danach abverlangt.

Wenn wir auf Reisen in einem anderen Land mit fremder Sprache und ungewohnten Schriftzeichen bei einer Wanderung, zum Beispiel über eine Insel, den Weg verlieren, die Richtung nur noch vage nach der Sonne ahnen können und orientierungslos in der Landschaft stehen, ersehnen wir uns einen verständlichen Wegweiser. Einen, der sich auskennt und uns die Richtung zeigt.

Ebenso stehen wir manchmal im Leben: aufgeklärt, informiert, vielgereist und zivilisiert – und wissen vor lauter Möglichkeiten unsere eigene Richtung nicht mehr. Dann kommt – vielleicht – eine Angst, ein Schmerz, ein Gefühl, eine Krise. Und wir vermuten einen Weg – es könnte unser Weg sein.

Dieses Buch ist der Versuch einer Reisebeschreibung von den »Neuen Zeiten« und ihren Tendenzen im zu Ende gehenden zweiten Jahrtausend zu den »Neuen Leiden« und ihren Symptomen. Vom Beschreiben der Symptome zum Verstehen – vom Verstehen der Phänomene und ihrer Zusammenhänge zum Ahnen *neuer Chancen.*

Frühjahr 1998 Markus Treichler

Warum werden wir krank?

Wir kennen das aus der Medizin von heute mit ihrer geradezu virtuosen Fähigkeit, Schmerz und auch das Schmerzende, und vielleicht manchmal nicht nur das Symptom, »wegzunehmen«. Wir kennen es aus der modernen Medizin, wie sehr dieses Wegmachen seinerseits der oft so schnell vorübergehenden Krankheit ihren eigentlichen Stellenwert im humanen Leben genommen hat. Man nimmt etwas dagegen, und dann ist es weg. Viktor von Weizsäcker [...] fragte immer: Was sagt die Krankheit dem Kranken?
Kann das vielleicht sogar dem Kranken helfen, wenn er lernt, sich das zu fragen?[3]

Hans-Georg Gadamer

Jeder Mensch hat es schon erlebt, daß er krank wurde, eine Grippe bekam, Kopfschmerzen einen Hexenschuß – oder Schlimmeres.

Und dann fragen wir uns, woher wir das jetzt wieder haben und warum. Waren wir nicht warm genug angezogen? Hatte uns jemand mit seinem Husten angesteckt? Hatten wir nicht achtgegeben auf den Schwarm Viren in der S-Bahn? Oder war es der Ärger im Büro? Oder etwa ein Problem zu Hause? Woran liegt es, daß wir krank werden?

Die Medizin gibt viele Antworten darauf. Verwirrend viele. Welche der Antworten trifft nun zu, wenn ich an meine Krankheitstage oder an die Krankheiten in meiner Familie denke, wenn ich auf meine Bekannten schaue oder auf die Kollegen im Geschäft? Die Krankheitsursachen sind komplex. Viele Faktoren wirken zusammen, wenn ein Mensch krank wird: biologische (zum Beispiel genetische) und toxikologische (giftige Substanzen); psychologische (seelische Erlebnisse und Erfahrungen) und soziologische (gesellschaftliche Umstände); physiologische (Organprozesse und ihre Variablen) und biographische (Lebensereignisse).

Zumindest diese Elemente kommen zusammen. Hinzu treten weitere, namentlich hier nicht genannte Statisten, die ihre verschiedenen Haupt- und Nebenrollen im Drama von Gesundheit und Krankheit spielen. Aber wer führt dabei die Regie, wer ist der Spielleiter? Und wer schreibt das gesamte Drama, beziehungsweise das Drehbuch von Gesundheit und Krankheit in unserer Biographie?

Wenn wir die Frage stellen, warum wir krank geworden sind, ist es eine Frage nach dem Woher, also nach der Vergangenheit. Wir fragen zurück, nach dem Geschehenen, nach dem scheinbar Unabänderlichen. Und wenn wir das Unabänderliche erleben, nähern wir uns der Sache des Determinismus.[4] Dann ist es nur noch ein kleiner Schritt, und wir fühlen uns von unserer Vergangenheit bestimmt.

Die diversen Faktoren in der näheren und weiter zurückliegenden Vergangenheit und auf den verschiedenen Schauplätzen unseres Lebens können wir als eine komplexe und vielgestaltige Ursache einer gegenwärtigen Krankheit erkennen und bezeichnen. Wir nennen sie vorläufig den »Vater« der Krankheit.

Die »Mutter« ist nicht weniger beteiligt und betroffen. Allerdings hat sie eine völlig andere Komplexität und Dynamik im Erkrankungsprozeß. Sie, die »Mutter der Krankheit«, offenbart sich in der *Zukunft*. Was unsere Krankheiten einerseits an »väterlichen« Ursachen in der Vergangenheit haben, haben sie andererseits auch an »mütterlichen« Folgen in der Zukunft, im Kommenden. Und Krankheit ist immer ein Mittleres; eine Mitte zwischen Gestern und Morgen, zwischen Ursachen und Folgen, zwischen Welt und Mensch. Krankheit ist immer auch eine Antwort auf die Gegenwart: auf die Kultur, Zivilisation, Gesellschaft und die Mitmenschen. Geprägt und bestimmt ist diese Antwort durch das persönliche Erleben der jeweiligen Lebensumstände.

Sie ist aber nicht nur Folge oder Ergebnis von vorangegangenen Einflüssen und Ereignissen; Krankheit ist selbst auch wieder Ursache für daraus sich Ergebendes im Leben. Sie ist also beides: Folge *und* Ursache. Sie ist bewirkt, und sie bewirkt wieder. Sie ergibt sich aus vielfältigen Fakten der Vergangenheit, und sie führt aus sich heraus zu neuen Möglichkeiten in der Zukunft.

Der eine Krankheit verursachende Faktor muß aber nicht unbedingt weit zurückliegen, er kann auch in der Gegenwart, ja sogar in der Zukunft liegen, in dem, was noch nicht geschehen ist, im Kommenden, das heißt, in dem, womit wir nicht gerechnet haben, worauf wir uns schlecht vorbereitet, was wir vergessen, verdrängt haben oder dem wir eigentlich gern ausweichen wollten.

Krankheit ist nicht determiniert oder festgelegt als Folge früherer Störungen, Traumata oder sonstiger Erlebnisse, die das Leben ungewollt gebracht hat. Sie ist eine oft mit Schmerz, Krisen und Leid verbundene Erfahrung, die weniger mit »Determiniert-Sein«, sondern mehr mit »Offen-Sein« zu tun hat. Denn sie verlangt von dem Betroffenen eine verletzliche und deshalb pflegebedürftige, Aufmerksamkeit erfordernde Offenheit der Frage gegenüber, wie der Mensch mit seiner Gegenwart und Zukunft anders zurechtkommen kann – oder muß – als auf dem bisher eingeschlagenen Weg. Oft ist diese Offenheit für den Betroffenen so schmerzhaft, daß er sich nur schwer und mit Hilfe darauf einlassen kann. Denn Krankheit ist eine Aufgabe, die meist den ganzen Menschen fordert und dazu noch mitmenschliche und professionelle Hilfe. Kein Kranker sollte mit dieser Aufgabe allein gelassen werden.

Krankheit hat immer etwas mit Umgestaltung zu tun – im Kleinen oder im Großen. Sei es, daß ich wegen einer fieberhaften Grippe den Tagesablauf verändern und neu planen muß; sei es, daß ich in existentieller Herausforderung nach einer schweren oder chronischen Erkrankung mein zukünftiges Leben umzugestalten habe.

So gesehen ist jede Krankheit eine größere oder kleinere Herausforderung an den Menschen; eine Herausforderung zur Umgestaltung, zu einer – mehr oder weniger begrenzten – Neuorientierung, zu einer inneren oder äußeren Wandlung und Entwicklung. Und damit liegt gerade im Kranksein die Möglichkeit für den Menschen, sein Leben zu bestehen. Denn nur wer oder was sich wandelt, bleibt bestehen. Krankheit und Krise sind Herausforderungen zur Wandlung.

Wandlung und Umgestaltung sind jedoch bisher kaum – oder zuwenig – beachtete medizinisch-therapeutische Begriffe in unseren Krankenhäusern, Arztpraxen oder im Gesundheitswesen allgemein. Sie sind in erster Linie ästhetische Begriffe, aber gerade um eine ästhetische Behandlung, das heißt, um eine Wahrnehmung der Gestalt, des Ausdrucks und des Sinns des Krankseins eines Menschen in seinem Lebenslauf sollte es einer dem Menschen gemäßen Medizin mehr gehen als um apparative Diagnostik, Symptom-Bekämpfung und Reparatur oder Ersatz von defekten Teilen eines menschlichen Körpers.

Eine ästhetische – und das ist eine künstlerische – Betrachtung von Kranksein und Gesundsein richtet den Blick auf die individuelle Lebenswirklichkeit von Menschen in starken und in schwachen Tagen ihres Lebens. Sie versucht nicht alles zu begreifen und einen pathologischen Zustand in den Griff zu bekommen, sondern mehr durch aufmerksame Hingabe eine sich entwickelnde Gestalt schmerzhaften, unvollkommenen, vielleicht eingeschränkten oder behinderten Lebens in ihrem auf die Zukunft gerichteten Sinn zu verstehen.

Therapie und Heilung im Sinne einer solchen Heilkunst sind also auf die Zukunft gerichtet und nicht an der Vergangenheit orientiert. Sie bieten dem Krankgewordenen die Möglichkeit, eine neue Gesundheit zu entwickeln oder sich mit seiner Krankheit beziehungsweise Behinderung in seiner individuellen Biographie neu zu engagieren.

Kranksein ist – wenn wir den Schmerz darin verstehen können – die Suche nach neuen, anderen Formen des eigenen Lebens. Heilung ist dann das Finden einer solchen neuen und angemessenen Gestalt der Lebensverwirklichung, und Therapie ist das Begleiten und Helfen auf dieser Suche.

Gesundsein und Kranksein führen oft dazu, daß wir mit Gestalten umgehen, die mal weniger, mal mehr zu uns zu passen scheinen, die aber immer mit uns zu tun haben und die *uns* prägen, wenn *wir* sie nicht prägen können. »Gestalt ist das Festgewordene; aber gerade dieses erweist sich dann wieder als das Flüssige. Gestalt ist in Figuren und Formen; aber diese sind offenbar selbst Gewordene und Werdende.«[5]

So betrachtet sind Gesundsein und Kranksein Gestaltungsfragen innerhalb unserer Biographie. Der Lebenslauf ist das »plastische Material«, das es zu bearbeiten und zu formen gilt, damit jeweils unsere eigene individuelle Zeitgestalt daraus wird. Paul Celan ist dem Geheimnis auf seine Weise nachgegangen:

Zähle die Mandeln

Zähle die Mandeln,
zähle, was bitter war und dich wachhielt,
zähl mich dazu:

Ich suchte, dein Aug, als du's aufschlugst und niemand
  dich ansah,
ich spann jenen heimlichen Faden,
an dem der Tau, den du dachtest,
hinunterglitt zu den Krügen,
die ein Spruch, der zu niemandes Herz fand, behütet.

Dort erst tratest du ganz in den Namen, der dein ist,
schrittest du sicheren Fußes zu dir,
schwangen die Hämmer frei im Glockenstuhl deines
  Schweigens,
stieß das Erlauschte zu dir,
legte das Tote den Arm auch um dich,
und ihr ginget selbdritt durch den Abend.
Mache mich bitter.

Zähle mich zu den Mandeln.[6]

Zum Eigenen und Individuellen wird aber nur, was wir uns aus dem Meer der Fakten und Gegebenheiten wirklich zu eigen machen. Jedes Ereignis im Leben kommt uns von außen entgegen – wie es uns trifft, berührt und in uns weiterlebt, das heißt zum Erlebnis wird, das hängt jeweils von uns selbst ab; allerdings nicht von unserem Wissen oder Können, unserem sozialen Stand oder beruflichen Ausbildung; wohl aber von unserem Wesen, von unserer Konstitution, Temperament und den Beziehungen, in denen wir leben, und von unseren biographischen Erfahrungen.

Nur was wir uns aus der Fülle aller Fakten im Laufe unseres Lebens bewußt oder unbewußt angeeignet haben, wird zum Bestandteil unserer Biographie.[7] Jeder bildet sein Lebensmosaik aus den ungezählten und vielgestaltigen Steinchen von Ereignissen und Geschehnissen, von Taten und Versäumnissen. In jedem Lebensmosaik gibt es helle und dunkle, glatte und grobe Steine. Auch wenn wir sie, die uns vielleicht spontan gar nicht gefallen, doch verarbeiten müssen, so haben wir die Möglichkeit sie ins Ganze einzuordnen; wir geben den Steinen ihre Stelle, damit es *unser* Mosaik wird, das wir als das Unsrige erkennen und mit dem wir uns identifizieren können und wollen.

Versuchen wir dabei, den einen oder anderen spitzen Stein auszugrenzen und uns nicht anzueignen, weil er ungerufen nicht behagt, so kann daraus ein uns lange begleitender störender Fremdkörper werden, mit dem wir nichts anzufangen wissen – oder nichts anfangen wollen –, bis wir ihn eines Tages »operativ« schmerzhaft, aber dann auch befreiend entfernen lassen müssen, oder bis wir ihn uns durch Verwandlung schließlich doch noch aneignen und damit wieder frei und handlungsfähig werden.

Krisen und Krankheiten sind somit Ereignisse im Leben, auf die wir meist zwar gern verzichten würden, die aber doch zum Gesamtbild unseres Lebensmosaiks gehören.

Vor einiger Zeit kam eine Frau, Mitte dreißig, in meine Sprechstunde. Sie wurde von ihrem behandelnden Arzt geschickt, der sie wegen einer Brustkrebs-Erkrankung zur Operation in die Klinik überwiesen hatte. Noch ehe ich das Gespräch beginnen konnte, sagt sie: »Warum ich Krebs habe, das verstehe ich überhaupt nicht; ich dachte, das bekommen immer nur die anderen.« Die Patientin hatte versucht, die Krankheit weit von sich zu weisen. Operation – und dann wieder zurück ins alte Leben; mehr nicht. Aber ein paar Tage nach der Operation kam sie noch einmal zu einem Gespräch und hatte eine Vermutung »über diese Krankheit«. Sie sprach einige Male darüber, und als sie aus der Klinik nach Hause ging, hatte sie die gereifte Erfahrung, daß es doch einen Zusammenhang gab zwischen »mir und meinem Krebs«. Und sie ging mit einer anderen Haltung nach Hause, als sie gekommen war.

Warum werden wir krank?

Es gibt genug Anlässe und Gründe in unserer Welt, krank zu werden. Bei so viel Streß, Ärger und Belastungen, bei all den Giften und Krankheitserregern in der Umwelt und in der Nahrung ist sogar die Frage zu stellen, warum nicht noch mehr Menschen krank werden?

Aber wir werden nicht nur von äußeren Einflüssen der zerstörten Welt krank gemacht – wir tragen selbst unseren Teil dazu bei. Schließlich sind wir es, jeder Mensch an seinem Platz, die mit mehr oder weniger Verantwortung ausgestattet – aber niemals *ohne* Verantwortung – die Welt und die Zeit prägen und die Umstände erst schaffen, unter denen wir dann krank werden und leiden.

Wir werden nicht krank, weil es plötzlich kalt geworden ist oder weil wir uns nicht geimpft haben gegen die neuen Bakterien oder Viren. Nicht weil uns der Kollege, der Chef oder Partner Schwierigkeiten bereiten, bekommen wir Kopfschmerzen oder Depressionen. Krankheit ist keine Einbahnstraße, in die uns eine schlechte Welt tückisch gelockt hat; aber sie ist ebensowenig eine Sackgasse, aus der es kein Entrinnen ohne Umkehr mehr gibt.

Krankheit ist eine Antwort innerhalb der Beziehung zwischen Mensch und Welt, deren Frage, deren Aufforderung wir noch nicht verstanden haben.

Wenn wir uns diesen Fragen und Aufforderungen nicht stellen oder uns nichts Sinnvolles als Antwort dazu einfällt, dann kann uns unser Organismus aus Leib und Seele zu Hilfe kommen und eine spürbare, oft schmerzhafte oder beängstigende Antwort vermitteln. Dieser »vorläufigen Antwort«, die wir Krankheit oder Krise nennen, müssen wir uns dann stellen und uns dazu etwas einfallen lassen. Die Krankheit macht uns auf etwas aufmerksam und ruft Hilfe und Unterstützung auf den Plan.

In diesem Sinne ist Krankheit Hilfe, zumindest eine mehr oder weniger verschlüsselte Aufforderung, uns den Fragen und Herausforderungen unseres Lebens zu stellen.

Wir werden nicht krank, weil es uns »erwischt hat« oder wir nicht aufgepaßt beziehungsweise etwas falsch gemacht haben. Krankheit ist weder Strafe noch Bedrohung. Sie ist ein bitterer Samen, für den wir in unserem Leben einen fruchtbaren Boden bereiten können, den es zu pflegen und gut zu behandeln gilt, damit uns eine wertvolle Frucht daraus gedeiht.

Krankheit ist ein Kunstgriff unserer Biographie, um Entwicklung und Reifung anzuregen.

Die neuen Leiden

Etwa die Hälfte aller Patienten, die heute einen Arzt aufsuchen, leiden an Krankheiten, die es bei Tieren nicht gibt. Diese Krankheiten sind demnach nicht rein naturwissenschaftlich zu erklären, sondern sie sind ein Produkt der Biographie des Patienten und der gesellschaftlichen Bedingungen, unter denen er leben soll. Sie sind also ein Produkt der künstlichen Welt, und da diese künstliche Welt der zukünftige Lebensraum der gesamten Menschheit ist, werden die Zivilisationskrankheiten in Zukunft die psychophysische Verfassung der Menschen noch weit stärker bestimmen als heute. Die Expansion der Wirtschaft, der Fortschritt der Technik und der Prozeß der Gesellschaft im ganzen wird dadurch erkauft, daß sich die Krankenhäuser, die psychiatrischen Kliniken und die Gefängnisse mit unzähligen Opfern dieses Prozesses füllen. Die Zahl der Opfer muß um so größer sein, je reibungsloser die Maschinerie funktioniert. Die Erfolgreichen, die Angepaßten, die Funktionäre des Systems, pflegen mit einem bedauernden Achselzucken darüber hinwegzusehen, daß jener Fortschritt, auf den wir angewiesen sind, mit Opfern erkauft wird, die man als eine Art von normalen Abfallprodukten zu betrachten pflegt. Darin wird deutlich, daß die Normen, nach denen sich die Gesellschaft orientiert, Symptome der Krankheit, die Ordnungen, in denen sie lebt, Symptome der Deformation des Menschen – die Sitten, die sie hochhält, Spiegelungen versteckter Laster sind.[8]

Georg Picht

Was charakterisiert die neuen Leiden, die wir in den folgenden Kapitel eingehender besprechen werden; was ist ihnen gemeinsam, und was ist »neu« an ihnen?

Ihnen gemeinsam ist, daß es psychosomatische Leiden sind, das heißt, unser seelisches Erleben spielt bei diesen »neuen Leiden« eine wichtige Rolle, sei es bei der Entstehung der Erkrankung (Pathogenese), bei der Ursache (Ätiologie), sei es beim Verlauf (Prognose) oder der Therapie, oder sei es in der Art und Weise, wie ein Mensch seine Krankheit individuell erlebt und mit ihr umgeht. Gemeinsam ist diesen neuen Krankheitsbildern auch, daß sie körperliche Symptome aufweisen, die auf einen evidenten seelischen Zusammenhang hindeuten. Solche Symptome sind zum Beispiel:

- Schmerzen
- allergische Überempfindlichkeiten
- Müdigkeit
- Erschöpfung
- Ausgebranntsein
- Depression
- Schwere spüren
- nicht mit sich identisch sein
- sich nicht eins fühlen mit sich

»Psychosomatische Krankheiten hat es immer gegeben, denn die Psychogenie (oder Somatisierung) – die Umwandlung von Streß oder seelischen Problemen in körperliche Symptome – ist einer der Grundmechanismen, derer sich die Natur bedient, um den Körper für die Bewältigung seelischen Leidens zu aktivieren.«[9]

Allerdings haben sich sowohl die Erscheinungsbilder von psychosomatischen, von somatischen und psychiatrischen Krankheiten als auch die Häufigkeit bestimmter Krankheitsbilder im Lauf der Geschichte der Menschheit deutlich verändert. Historische, kulturelle, gesellschaftliche und individuelle Faktoren spielen dabei eine Rolle. »Die Beeinflussung der psychosomatischen Krankheiten durch die Kultur ist eine so handgreifliche Tatsache, daß sowohl Ärzte als auch Patienten heute unter Umständen einiges daraus lernen können.«[10] Vielleicht neu, in jedem Fall aber auffällig und bemerkenswert ist die Häufigkeit der in den letzten Jahrzehnten neu in Erscheinung getretenen psychosomatischen Leiden.

Man schätzt heute, daß ungefähr zwei Drittel der Patienten, die zu einem Allgemeinarzt in die Praxis gehen, nicht im eigentlichen Sinne somatisch, das heißt körperlich krank sind, sondern psychosomatische Leiden haben. Häufig verordnen die Ärzte dann Psychopharmaka, sei es aus Zeitmangel, aus Mangel an Einsicht in die vorliegenden Zusammenhänge oder an Bereitschaft, sich auf ein unter Umständen längeres Gespräch einzulassen. Umgekehrt kann es aber auch an der mangelnden Bereitschaft der Patienten liegen, sich ihrerseits auf Fragen nach dem persönlichen seelischen Erleben einzulassen, und häufig sind sie dann mit einer schnellen symptomatischen Linderung zufrieden.

Innerhalb eines Jahres werden in Deutschland von niedergelassenen Ärzten über 22 Millionen Rezepte für Tranquilizer (Beruhigungsmittel) und über 18 Millionen Rezepte für Schlafmittel ausgestellt. Damit übertreffen diese Medikamente in der Zahl ihrer Verordnungen schon heute alle anderen Arzneimittelgruppen auf dem Arzneimittelmarkt.

Dabei sollte nicht übersehen werden, daß diese beiden Medikamentengruppen immer nur eine kurz dauernde symptomatische Linderung bringen können und keine reale therapeutische Wirksamkeit haben, insofern sie nie eine Krankheit heilen können, sondern nur ein Symptom kurzfristig beseitigen; und dies auch noch um den Preis der drohenden Medikamentenabhängigkeit bei längerer Einnahme. Schließlich wird damit auch noch der Zugang zum Verständnis des erkrankten Menschen und seiner Not vollends zugedeckt beziehungsweise nur noch schwer möglich.

Die eigentliche Besonderheit an den »Neuen Leiden« ist aber ihr Zusammenhang mit aktuellen Phänomenen unserer Zivilisation gegen Ende des 20. Jahrhunderts. Denn in den Krankheiten einer Epoche, das heißt in den besonders häufig und in den neu auftretenden Krankheiten spiegeln sich typische Merkmale der Zeit.

So waren es vor hundert Jahren in der Hauptsache entzündliche Infektionskrankheiten der Atmungsorgane, Influenza, Lungenentzündung und vor allem die Lungentuberkulose, an denen die Menschen erkrankten und an denen ein Viertel der Menschheit in den sogenannten zivilisierten Ländern starb. Hingegen starben damals nur 8 % der Bevölkerung an Herzerkrankungen, 6,2 % am Schlaganfall und nur 3,7 % an Krebserkrankungen.

Inzwischen haben sich die Verhältnisse drastisch geändert. Die Haupttodesursache in den zivilisierten Ländern sind heute Herz- und Gefäßerkrankungen (einschließlich Schlaganfall), an denen die Hälfte der Menschheit stirbt; die zweithäufigste Todesursache ist die Krebserkrankung, woran etwa ein Viertel stirbt. 2 % der Menschen kommen infolge von Verkehrsunfällen ums Leben und 2 % durch Suizid. Alle anderen Todesursachen machen dann nur noch ein knappes Viertel aus.[11]

Auf der körperlichen Ebene treten in dem zu Ende gehenden 20. Jahrhundert am häufigsten die chronischen und degenerativen Erkrankungen auf. Diese haben die früher akuten entzündlichen Erkrankungen weitgehend verdrängt.

Unter den nicht zum Tode aber zu Schmerz, Leiden und häufig auch Arbeitsunfähigkeit führenden Erkrankungen rangieren heute die seelischen und psychosomatischen Leiden an erster Stelle.

Neben der Krebserkrankung, die als eine »Seuche unseres Jahrhunderts« erlebt wird, und den sklerotischen Herz- und Gefäßerkrankungen, die ebenfalls als »moderne Zeitkrankheiten«

erlebt und bezeichnet werden, werden vor allem Begriffe wie »Überarbeitung«, »Abgespanntheit«, »Nervosität«, »Depression«, »Kraftlosigkeit«, »Müdigkeit« und »psychische Probleme« genannt[12], wenn von »modernen Zivilisationskrankheiten« gesprochen wird. Besonders drastisch haben dies einmal Claudine Herzlich und Janine Pierret ausgedrückt: »Die Neurose ist für das 20. Jahrhundert dasselbe wie die Tuberkulose im 19. Jahrhundert. Sie ist das Übel des Jahrhunderts.«[13]

Die Sozialmediziner, zum Beispiel Hans Schaefer und Maria Blohmke – aber nicht nur sie –, haben schon vor längerer Zeit herausgefunden, daß die typischen Krankheiten unserer Zeit erst durch unser modernes Leben hervorgerufen werden: vor allem durch die Lebens- und Arbeitsbedingungen unserer Zivilisation, insbesondere unserer modernen, hochtechnisierten Lebens- und Arbeitswelt, in der alles immer schneller gehen muß, in der die körperliche Belastung immer geringer, die nervlichen, psychischen und sozialen Belastungen dafür immer stärker werden.

Auch wenn die naturwissenschaftlich orientierte Schulmedizin viele der durch psychischen oder psychosozialen Streß entstehenden Leiden im Sinne einer »somatophilen«, das heißt körperorientierten Auffassung noch als somatische (körperliche) Krankheiten diagnostiziert und für einen entsprechenden medikamentösen oder operativen Therapieansatz plädiert, bahnt sich hier doch deutlich eine Wende an. »Die Instrumentalisierung von Diagnosen wird wesentlich vom herrschenden Zeitgeist beeinflußt, der heute von den Radiologen mit ihren bildgebenden Verfahren beherrscht wird.«[14]

Vielerorts ist das Verständnis der modernen Leiden – unter Patienten wie auch bei Therapeuten und Ärzten – schon fortschrittlicher. Das heißt, es klammert sich nicht mehr ausschließlich an die organische Verursachung und entsprechend apparativ-diagnostische Beweisbarkeit, zum Beispiel mittels eines bildgebenden Verfahrens (Röntgenbild, CT, Kernspintomographie).

Ein Wandel ist zu spüren, und er scheint heute weniger von der Medizin, von den Ärzten und Wissenschaftlern auszugehen, als vielmehr von den Patienten und ihren Angehörigen. Und es scheint mir, als ob dieser Wandel und die dadurch entstehenden neuen Auffassungen von Gesundsein und Kranksein auf guten Füßen steht, denn sie begründen sich nicht auf statistische Studien, bei denen der Mensch immer durch einen theoretischen Raster fällt, sondern auf den Erfahrungen der Menschen, die Krankheiten durchgemacht haben, die krank sind oder mit kranken Menschen leben.

Es sind deshalb zunächst noch keine wissenschaftlichen Argumente, sondern »nur« Erfahrungen des Lebens, das heißt in diesem Fall Erfahrungen der Wirklichkeit von Kranksein.

Da man von der medizinischen Wissenschaft immer wieder den Eindruck gewinnen kann, als entferne sie sich von der Wirklichkeit des »real existierenden kranken Menschen«, so tut uns allen, die wir Kranke verstehen und ihnen helfen wollen, eine Rückbesinnung auf die Wirklichkeit gut – ganz im Sinne des Satzes von Johann Nestroy: »Die Wirklichkeit ist immer der beste Beweis für die Möglichkeit.«[15]

Krankheit darf heute nicht mehr ausschließlich als Gegenstand wissenschaftlicher Forschung, als Objekt einer hochtechnisierten Medizin verstanden werden; sie muß vielmehr als Kranksein eines Menschen gesehen, verstanden und behandelt werden.

Für viele Menschen wird die Frage nach den *Ursachen* immer unwichtiger. Die entscheidendere Frage ist heute jedoch die nach dem *Sinn* ihres Krankseins. Und das ist keine Frage an eine naturwissenschaftlich orientierte Medizin, wohl aber an eine biographisch, psychosomatisch-psychotherapeutisch orientierte, wie es zum Beispiel die anthroposophische Medizin sein kann und will.

Der Wandel im Verständnis von Kranksein und Gesundsein, der sich nach meiner Einschätzung durch das Auftreten der »Zivilisationskrankheiten unseres Jahrhunderts« und insbesondere durch die »Neuen Leiden« ausspricht, manifestiert sich auf verschiedenen Ebenen. Hier wird ein Umdenken in eine neue Richtung notwendig:

- von der Krankheit zum Kranksein,
- vom Befund zur Bedeutung,
- vom Symptom zum Sinn,
- von der Medikalisierung zur Aktivierung,
- von der Ursache zur Aufforderung.

Krank*heit* ist der *objektive* Begriff. Eine beliebige oder eine bestimmte Krankheit kann unabhängig von einem Menschen gedacht werden. Ihre Symptome können gesammelt, geordnet und gelernt werden. Eine Krankheit kann ihrer Häufigkeit nach untersucht und beschrieben werden, es kann über die Verursachungsmöglichkeiten geforscht werden, und es kann die notwendige Therapie beschrieben werden.

Krank*sein* ist der *subjektive* Begriff, das heißt, er ist nicht unabhängig oder losgelöst vom Menschen denkbar, sondern nur in bezug auf einen *bestimmten* Menschen. Jetzt läßt sich beschreiben, wie krank dieser Mensch ist, wie lange er schon krank ist, wie sich seine Krankheit zeigt, welche Symptome und wo er Schmerzen hat, wie sehr er an seiner Krankheit leidet, welche Therapie er bekommt, welche Medikamente er einnehmen muß, welche Hilfen er sonst noch braucht, wie lange seine Krankheit noch dauern wird, wie sehr sie ihn einschränkt, wie sehr er an ihr leidet und wie er mit ihr zu leben versteht. In der Beschreibung des Krankseins eines Menschen geht es also immer um den einen kranken Menschen, der leidet, der zu mir kommt und Hilfe sucht.

Befund ist wiederum ein objektiver Begriff der Medizin. Er bezeichnet in der Regel das, was ein Arzt an objektiven Kennzeichen einer Krankheit an einem Patienten feststellen kann. Mit

Hilfe des Befundes oder der verschiedenen Untersuchungsbefunde kommt der Arzt zur Diagnose. Daran orientiert sich dann auch die Therapie. Befunde wie ein erhöhter Blutzuckerwert, ein verlangsamtes oder unryhthmisches EKG, eine Verschattung im Röntgenbild, ein erhöhter Cholesterinwert oder eine sonstige Abweichung irgendeines Laborwertes können viele Menschen haben und auch die entsprechenden Diagnosen. Darin unterscheiden sie sich also nicht. Aber in ihrem Kranksein können sie sehr verschieden sein; jeder Mensch geht mit seiner Krankheit ein wenig anders um – jeder Mensch macht daraus *sein Kranksein.* Und dieses Kranksein hat für jeden Menschen wieder eine jeweils eigene, individuelle *Bedeutung.* Bedeutung ist somit der subjektive Begriff dessen, wie ein Mensch sein Kranksein versteht und damit umgeht.

Das *Symptom* hängt in der Regel mit dem Befund zusammen. Denn die Symptome, das heißt die auffallenden Merkmale einer Krankheit faßt der Arzt bei der Untersuchung zum Befund zusammen. Manche spürt der Patient selbst, wie zum Beispiel Schmerzen; andere, wie die vorher genannten Veränderungen von Laborwerten, können nur durch apparative Untersuchungen gefunden werden. Ein Symptom ist aber nicht immer etwas Objektives; ein schweres Krankheitsgefühl, ein Ohrgeräusch oder jede Form von Schmerzen sind immer subjektive Krankheitssymptome, für die es nur manchmal entsprechende objektive Befunde gibt. Ob ein Symptom sich nur dem Patienten, nur dem untersuchenden Arzt ober beiden zeigt – es ist immer ein Krankheitszeichen und daher stets so aufzufassen, daß es auf etwas hindeutet. Damit ist schon klar, daß man es nicht einfach beseitigen sollte, sondern daß der zugrundeliegende Prozeß betrachtet werden muß, der dieses Symptom hervorbringt.

In dem eben beschriebenen Wesen des Symptoms zeigt sich eigentlich schon, daß es selbst auf einen *Sinn* hindeuten will, für den es gewissermaßen eine wahrnehmbare Hieroglyphe ist, das heißt wahrnehmbar aber nicht so ohne weiteres verständlich. Den Sinn eines Symptoms und damit einer Krankheit zu erforschen und zu erfahren, ist eine sehr anspruchsvolle und wichtige Aufgabe sowohl für den Kranken wie auch für den Arzt oder Therapeuten, der ihm dabei behilflich sein möchte.

Mit *Medikalisierung* ist die – häufig zu schnell und einseitig durchgeführte – medikamentöse Behandlung von Krankheiten gemeint, ohne daß dabei der Mensch in seinem individuellen Kranksein ausreichend berücksichtigt wird. Durch die Medikalisierung wird der Patient in eine passive Situation gedrängt. Unter Umständen muß er jetzt nicht nur seine Krankheit, sondern auch noch die Therapie erleiden – vor allem wenn er Medikamente mit erheblichen Nebenwirkungen einnimmt.

Demgegenüber ist mit *Aktivierung* gemeint, daß der Patient sich selbst aktiv an seinem Gesundungsprozeß beteiligt; daß er sich übend im Rahmen von aktiven Therapien engagiert, wie es zum Beispiel innerhalb der anthroposophischen Medizin die Kunsttherapien und die Heileurythmie aber auch Krankengymnastik, Bewegungstherapien oder Logopädie sind. Selbstverständlich gehören auch die Psychotherapien zu den aktiven Therapien, da sie nicht ohne die Motivation und Mitarbeit des Patienten »funktionieren«. Nach meiner Einschätzung gehört den aktiven Therapien die Zukunft. Durch sie wird der Mensch in seinem Kranksein aufgerufen und im Rahmen seiner Möglichkeiten angeleitet, sich selbst aktiv, positiv und konstruktiv für die eigene Gesundung einzusetzen. Dabei kann er unter Umständen auch noch wesentliche Erkenntnisse über sich selbst und den Sinn seines Krankseins gewinnen.

Mit *Ursache* ist gewöhnlich der teils objektive, teils subjektive Anlaß gemeint, der bei einem Mensch zur Krankheit geführt hat. Der Arzt versucht durch Untersuchung und Anamnese-Erhebung die Ursache zu ermitteln. Es ist ein Forschen und Fragen nach der Vergangenheit, ein Suchen im Gewordenen, das sich in der Vergangenheit entwickelt hat und in der Gegenwart zutage getreten ist. Die Frage nach der Ursache einer Erkrankung ist – bisher – immer in die Vergangenheit gerichtet.

Demgegenüber hat der Begriff *Aufforderung* einen eindeutigen Bezug zur Zukunft. Wenn wir nicht nach der Ursache einer Krank*heit*, sondern danach fragen, wozu uns das Krank*sein* auffordert, so stellen wir eine Frage, die von dem gegenwärtigen Zustand des Menschen ausgeht und auf seine Zukunft hinführt. Was kann er aus seinem Kranksein lernen? An was erinnert es ihn? Was hat er bisher vielleicht versäumt oder vergessen, was vernachlässigt? Was hat er sich nicht zugetraut oder was sich noch vorgenommen – was er sich jetzt noch vornehmen könnte und möchte?

Aus dieser kurzen Charakterisierung einiger Verwandlungsschritte von der Krank*heit* zum Krank*sein* kann etwas von der neuen Richtung deutlich werden, die sich für die Medizin ergibt, wenn sie von den »Neuen Patienten« und ihren »Neuen Leiden« lernen will. Gemeint sind die Zivilisationskrankheiten unserer Zeit, die *chronisch-degenerativen Erkrankungen*, die *Sklerose-Krankheiten*, die *Krebserkrankungen*, die *Neubildungen* und die *neuen psychosomatischen Erkrankungen* im engeren Sinn:

- das chronische Schmerzsyndrom,
- die allergischen Reaktionen,
- das chronische Müdigkeitssyndromen,
- das chronische Erschöpfungssyndrom – Burnout-Syndrom,
- die Dissoziative Identitätsstörung – früher multiples Persönlichkeitssyndrom.

Bei all diesen genannten modernen oder schon postmodernen Krankheiten unseres 20. Jahrhunderts scheinen mir im wesentlichen vier Tendenzen vorzuherrschen.

1. Verhärtung, Degeneration

Bei dieser Tendenz verwandelt sich etwas, das vorher noch in fließender Bewegung war; es kommt zu Ablagerung und Verhärtung. Es fällt etwas aus dem Leben heraus, es regeneriert sich nicht mehr, es geht unter, stirbt ab. Diese Prozesse treffen auf die sklerotischen wie auch auf die atrophischen und degenerativen Erkrankungen zu, die chronisch verlaufen und einen Großteil des heutigen Panoramas der organischen Krankheiten beherrschen. In der Lokalisierung auf sklerotische Herz- und Gefäßerkrankungen einerseits und atrophisch-degenerative Erkrankungen des Zentralnervensystems andererseits nehmen sie auch zahlenmäßig den größten Raum aller körperlichen Gebrechen ein.

2. Entgleisung, Regression

Wo etwas entgleisen und regredieren, das heißt sich zurückentwickeln kann, muß es vorher in einer Ordnung und einer angemessenen Form gewesen sein. Diese Ordnung ist das Leben eines Organismus, ist sein Wachstum, seine Regeneration und der immerwährende Prozeß der Gestaltbildung und Gestalterhaltung. Kommt es bei diesen Tätigkeiten des Organismus zu einer Entgleisung, so treten alte, bereits überwundene ursprüngliche Tätigkeiten des Wachstums, der Zellteilung und der Neubildung in den Vordergrund. So regen sie zur Unzeit und an falscher Stelle einen Wachstums- und Neubildungsprozeß an, der die angemessene und gut funktionierende Gestalt mißachtet, ihre Grenzen verletzt und zuerst lokal, später überregional diffus über die Ufer tritt und dabei die Lebensfunktion zerstört. Diesen Krankheitsprozeß im Körperlichen nennen wir Krebserkrankung oder maligne Neubildung. Im Seelischen kann eine solche Tendenz auch als Psychose und Regression auftreten.

3. Verschiebung, Konversion

Verschiebungen können dort auftreten, wo einzelne Bereiche oder Qualitäten an verschiedenen »Orten« sinnvoll geordnet waren und sowohl für sich wie miteinander gut funktionierten. Tritt jetzt – sei es durch eine Energiezufuhr von außen, sei es infolge einer unangemessenen Dominanz einer der Bereiche – eine ungeordnete Bewegung auf, so kann es zu Dislokationen kommen. Was ursprünglich an einen bestimmten Ort sinnvoll und zum Wohl des Ganzen funktionierte, taucht plötzlich in einer anderen Gegend auf, wo es infolge »mangelnder Ortskenntnis« und »ungenügender Sprachkenntnisse« zu ausdrucksstarken Gebärden greift, um sich bemerkbar und verständlich zu machen. Diesen etwas kompliziert beschriebenen Prozeß beobachten wir vor allem bei der Entstehung der »neueren« psychosomatischen Erkrankungen, insbesondere dem Schmerz-, Müdigkeits- und Erschöpfungssyndrom. Konkret beim Namen genannt heißt dies, daß sich Gefühle, Gedanken oder Erlebnisse aus dem Seelenleben eines Menschen in die körperliche Ebene von Organprozessen und Leibempfinden verschieben. Dieser Vorgang spielt sich für den betroffenen Patienten unbewußt und unwillkürlich ab, so daß er selbst den Prozeß am wenigsten versteht. Dabei haben solche Krankheitsbilder einen starken Ausdruckscharakter, den es in der Therapie zu verstehen und schließlich für den Patienten zu verwandeln gilt. Dieser Krankheitsvorgang der Verschiebung wird in der psychosomatischen Literatur auch als Konversion oder Somatisierung bezeichnet.

4. Zerfall, Auseinanderfallen, Desintegration

Zerfallen oder Auseinanderfallen kann nur, was vorher in einer zusammenhängenden, sinnvollen Gestalt gelebt hat. Eine solche aus sich selbst begründete und mit sich selbst übereinstimmende sinnvolle Gestalt ist die Identität, ist das Selbst eines Menschen. Setzt hier ein Zerfallsprozeß, ein Vorgang der Desintegration ein, so kann ein Krankheitsbild entstehen, das wir seit kaum zwei Jahrzehnten aus den USA kennengelernt haben unter dem ursprünglichen Namen »Multiples Persönlichkeitssyndrom«, und das seit 1994 in der Neufassung des *Diagnostic and Statistical Manual of Mental Disease IV* »Dissoziative Identitätsstörung« heißt.

Insbesondere diese angedeuteten »Neuen Zivilisationsleiden« hängen mit den zivilisatorischen Veränderungen der letzten Jahrzehnte zusammen, die auf den wesentlichen Ebenen menschlichen Lebens mit einer bemerkenswerten Durchschlagskraft um sich gegriffen haben.

Die Zeiten ändern sich – und wir?

So unternimmt man eine Reise nach der anderen, und Schauspiele wechseln mit Schauspielen. Also flieht vor sich selbst beständig ein jeder. Aber was hilft es, wenn er sich nicht entfliehen kann? Er selbst folgt sich nach, als der lästigste Begleiter. Nicht an den Orten liegt der Fehler, sondern in uns selbst.[16]

Seneca

Im Herbst 1996 konnte man im Rahmen einer großangelegten PR-Aktion auf zahlreichen Plakaten in Deutschlands Städten lesen, daß man bald »die ganze Welt in die Tasche stecken« könne. Unser Planet sollte auf Westentaschenformat schrumpfen, aus schwarzem Kunststoff, mit vierzehn Tasten, einem Display und einer Antenne.

Es war die Werbung für eine neues, weltweit funktionierendes Mobilfunktelefon, ein Handy. Bemerkenswert daran ist, daß nicht mit der weltweiten Reichweite, der internationalen Zulassung oder der globalen Anwendbarkeit, sondern mit der Kleinheit, ja Winzigkeit unserer Welt geworben wurde. Die Welt schrumpft. Wir stecken sie in die Tasche. Wir haben sie in der Hand. Ist das der Ausdruck eines arroganten, anmaßenden Weltbewußtseins? Oder eines sich verflüchtigenden Selbstbewußtseins? Die Flucht des postmodernen Menschen vor sich selbst? Denn wo hat der Mensch seinen Platz, wo bin ich zu finden, wenn ich die Welt in meiner Tasche habe?

Der postmoderne Mensch ist jederzeit, immer und überall erreichbar – gewiß – aber *wen* erreichen wir? Den auf der Flucht vor sich selbst getroffenen, in seiner Selbsterkenntnis verblutenden, seiner Zeit beraubten, nie anwesenden aber immer erreichbaren Doppelgänger oder Schatten unserer selbst?

»Schon ist die vergeblich durchwanderte Welt nichts weiter mehr, als ein schmales Ruhebett, die größten zurückgelegten Entfernungen nur noch eine Folge kleiner Bewegungen, die den halb ruhenden Körper weniger ermüden, denn erfreuen, es sei denn, die Macht der Bewegungslosigkeit verwandelt den Genießer am Ende in einen lebendigen Toten, indem sie dazu führt, daß er sich nicht mehr an sich selbst zu erinnern vermag, so daß er jemanden braucht, der ihm seine Körperstellung sowie den Ort, an dem er sich befindet, nennt. So wie dieser Römer, der sich aus dem Bad zu seiner Sänfte tragen ließ, und seine Sklaven fragte: ›Sitze ich jetzt?‹«[17]

Wir bewegen uns in einer Zeitpathologie, die den Menschen auf mehreren Ebenen trifft. Marie Luise Kaschnitz hat dies in einem ihrer Gedichte lyrisch interpretiert:

Daten

Diese präzisen Geräte
Deine Daten und meine
Mechanisch gespeichert
Zukunft ausgerechnet
Von tickenden stummen Maschinengehirnen

Und noch immer der Brunnen
Der Stein der nicht aufschlägt
Auf den wir horchen
Der
Nicht aufschlägt.[18]

Raum – Lebenshorizont

Der *Raum* ist in erster Linie unser Lebensraum; die Erde mit ihren Kontinenten, Meeren, mit den Städten und Landschaften und den Entfernungen von Ort zu Ort, von Land zu Land.

Zu dem Raum, der uns betrifft, gehört aber auch der Luftraum, den wir zum Atmen brauchen, wie auch der, der die Erde umgibt. Und schließlich betrifft uns noch der Raum, der weit über die Erde hinausreicht, der Weltraum.

Weltraum wie Erdraum versuchen Wissenschaftler zu erforschen, zu vermessen und einzuteilen; die Entfernungen in Kilometern oder Lichtjahren anzugeben oder, was uns noch mehr liegt, in Flug- oder Zugstunden. Das heißt, die Entfernungen auf der Erde werden angegeben in den Zeiten ihrer Überwindung. Distanz wird zum Hindernis, das es auf die schnellste und bequemste Art und Weise zu überwinden gilt.

Die Entwicklung unserer Fortbewegungsmittel zeigt dies auf anschauliche Weise. Erinnern wir uns zum Beispiel an Jules Vernes 1875 erschienenen Science-Fiction-Roman *Reise um die Erde in 80 Tagen*. Die abenteuerliche Reise von Mr. Fogg und seinem Diener schildert alle Anstrengungen und Abenteuer, um – von London ausgehend – zur Rettung der Ehre und um eine teure Wette zu gewinnen die Erde in nicht mehr als 80 Tagen zu durchqueren. Sie reisen dabei mit Zug und Schiff und reiten auf Elefanten im fernen Indien. Sie scheuen weder Kosten noch Mühen und erreichen tatsächlich ihr Ziel, innerhalb der gestellten Frist wieder in London einzutreffen; nach Bestehen dramatischer, amüsanter, heldenhafter und lebensgefährlicher Abenteuer sogar mit vierundzwanzigstündigem Vorsprung.

In 80 Tagen um die Erde zu reisen, war vor etwas mehr als hundert Jahren ein Zukunftstraum. – Heute ruft ein solcher Zeitaufwand unter Jet-Settern nur ein nachsichtiges Lächeln hervor. In Überschallflugzeugen ist die Reise um die Erde eine Angelegenheit, die sich innerhalb von vierundzwanzig Stunden bewältigen läßt.

Wenn der Flugreisende heute noch etwas von den Ländern sehen will, die er überfliegt, so kann er sich in seinem Sessel zurücklehnen und über Video einen Kulturfilm anschauen.

Bereits 1843 schrieb Heinrich Heine: »Durch die Eisenbahnen wird der Raum getötet, und es bleibt uns nur noch die Zeit übrig. Hätten wir nur Geld genug, um auch letztere anständig zu töten!«[19]

Dieses Geld ist tatsächlich inzwischen im Übermaß dafür ausgegeben worden. Mit den immer schnelleren Verkehrsmitteln, wahren »Raum-Vernichtungs-Mitteln«, haben wir es geschafft, für unser Erleben Raum und Zeit zu liquidieren.

In dem Maße, in dem Entfernungen schrumpfen und uns alles mühelos immer näher rückt – denn es kostet den Fernreisenden heute nur Geld aber keine eigene Anstrengung mehr –, wandelt sich auch der Horizont des Menschen, denn das so nahe gerückte Fremde wird ihm nicht mehr vertraut, da es notwendigerweise Zeit braucht, um das andere oder den anderen kennenzulernen. Und gerade jene Zeit, in der Vertrauen entstehen und wachsen kann, scheinen wir bei den hohen Geschwindigkeiten zu verlieren.

»›Was heißt zähmen?‹, fragte der kleine Prinz.

›Zähmen, das ist eine in Vergessenheit geratene Sache‹ sagte der Fuchs. ›Es bedeutet, sich vertraut machen. [...] Bitte... zähme mich!‹ sagte der Fuchs.

›Ich möchte wohl‹, antwortete der kleine Prinz, ›aber ich habe nicht viel Zeit. Ich muß Freunde finden und viele Dinge kennenlernen.‹

›Man kennt nur die Dinge, die man zähmt‹, sagte der Fuchs. ›Die Menschen haben keine Zeit mehr, irgend etwas kennenzulernen.‹«[20]

Die scheinbare Zeitgewinnung ist in vieler Hinsicht ein Verlust. Distanzloses und aggressives Verhalten stellt sich ein als seelische Antwort auf die »Raum-Vernichtung« durch die schnelle, anstrengungslose Fortbewegung.

In Wirklichkeit bewegen wir uns gar nicht mehr. Wir lassen uns vielmehr von einem Ort zum anderen »katapultieren« mit dem Erfolg, daß wir nicht richtig hier und nicht richtig dort sind. Wir bleiben »auf der Strecke«, das heißt, unsere Anwesenheit mit der notwendigen Zeit, etwas zu »zähmen« und sich vertraut zu machen, geht verloren. Außerdem schwindet mit steigender Geschwindigkeit unser Gefühl für Fortbewegung. Damit verlieren wir aber auch unser Unterscheidungsvermögen für Bewegung und Ruhe, für Dasein oder Unterwegssein.

Die schnelle Fortbewegung bei körperlicher Bewegungslosigkeit beeinflußt und verändert das Daseinsgefühl des Menschen in seinem Leib. Das führt zu einer noch weitgehend »unbemerkten Pathologie der schnellen Fortbewegung«.[21] Über diesen Aspekt des Lebens- und »Eroberungs«-Raumes hinaus, möchte ich noch den Bezug zu einem anderen Raumaspekt herstellen, nämlich zu unserem Seh-Raum, aus dem ein Begegnungs-Raum wird und schließlich ein sozialer Raum entstehen kann.

Für unser räumliches Sehen (Stereoskopie) ist es von Bedeutung, daß wir immer einen Abstand brauchen, um etwas erkennen zu können. Dazu brauchen wir unsere beiden Augen, die bekanntlich einen Abstand voneinander haben und deren Sehachsen sich wiederum in einem Abstand vor uns kreuzen. Das heißt, ohne den Abstand unserer beiden Augen voneinander und den von uns entfernten Kreuzungspunkt der Sehachsen könnten wir nicht räumlich sehen. Wir könnten niemals etwas »mit Abstand« sehen; könnten keine Entfernung, keine Höhe, Breite oder Tiefe wahrnehmen und würden alles nur punktuell oder überhaupt nicht sehen. Ohne Abstand wären wir in unserem Sehfeld einäugig, eingeengt, begrenzt und flach. Ein solches »gefesseltes Sehen« würde auch unsere zwischenmenschliche Begegnungs- und Beziehungsfähigkeit beeinflussen und Auswirkungen auf unseren »sozialen Raum« haben. Es bestünde die Gefahr, daß wir im zwischenmenschlichen Seh- und Begegnungsraum aus einem abstandslosen Blick nur sehr begrenzte Wahrnehmungen hätten, einen sehr engen Horizont, der keine Weite, keine Tiefe und keine Bewegung zuließe. Die Folge könnte sein, daß der Mensch mit dem Verlust des Abstandes seine Weite und seine soziale Tiefenwahrnehmung verliert; daß er in Angst und Einsamkeit verfällt, den sozialen Rückzug sucht und in psychosoziale Krisen und Krankheitszustände gerät.

Wir brauchen jedoch in jeder Beziehung Raum und Abstand, um Weite, Tiefe und Bewegung zu erleben, um Toleranz und Akzeptanz leben zu können und nicht in aggressiver Behauptung des vermeintlich eigenen Raums ersticken zu müssen.

Körper – Lebensort

Mit dem Raum unmittelbar verbunden ist der Körper. Er hat räumliche Ausdehnung und nimmt Raum ein; er ist nach den drei Raumdimensionen, oben-unten, rechts-links, vorne-hinten gegliedert und bewegt und orientiert sich im dreidimensionalen Raum. Unser Körper ist physisch-räumlich und braucht für seine Existenz den Raum als Umgebung, als Lebensraum, Lebensort.

Der Körper ist die Grundlage unserer Inkarnation. Was wir *Ich* oder unser *Selbst* nennen, wirkt in einem Körper, der durch unsere Inkarnation zum belebten, beseelten und geistbegabten Menschenleib wird. Wir *haben* nicht nur einen Leib, wir *sind* auch Leib, wie wir auch Seele und Geist sind.

Der Menschenleib ist sowohl unser bewußtes Ausdrucks- und Bewegungsorgan zwischen Selbst und Welt als auch unbewußter »Ort« unseres biologisch-physiologischen Lebens. Er ist Grundlage und Möglichkeit unserer irdisch-physischen Existenz. Er kann uns Instrument und Partner sein. Denn wir leben nicht nur *mit* ihm, sondern auch *durch* ihn und *in* ihm, wenn wir uns frisch oder müde, glücklich oder bedürftig, gesund oder krank fühlen.

Seit dem Mittelalter bis in die Gegenwart hat sich eine Trennung von Körper und Geist durchgesetzt, zugunsten des Denkens und der Abstraktion aber auf Kosten des Leibes. Dieser wurde zunächst als schwach erlebt, später zunehmend als Werkzeug von Seele und Geist betrachtet, der zu arbeiten, zu funktionieren habe und den man trainieren könne, um ihn zu körperlichen Höchstleistungen zu stimulieren. Dabei muß aber der Körper im Vergleich zum Intellekt immer zurückstehen. Außerdem läuft er Gefahr, von der vom Menschen entwickelten Technik überrundet zu werden.

»Überhaupt der ganze Mensch! – als Konstruktion möglich, aber das Material ist verfehlt; Fleisch ist kein Material, sondern ein

Fluch.« – eine symptomatische Äußerung des *Homo Faber* unserer Zivilisation in dem gleichnamigen Roman von Max Frisch.

So gehen wir heute mit unserem Körper um wie mit einem unserer Lieblingsapparate, sei es das Auto, der PC, die Videokamera oder eine andere Maschine.

In diesem Zivilisationsprozeß vom Mittelalter über die industrielle, die technische bis zur gegenwärtigen medien-technologischen Revolution hat sich die Spaltung von Körper und Seele/Geist als eine lebens- und menschenfeindliche Entwicklung erwiesen. Dies ist ein Prozeß, der mit »Cyber-Space« und »virtuellen Realitäten« im Feldzug gegen den menschlichen Körper auf einen neuen Höhepunkt hinsteuert.

Begibt sich der Mensch im »Cyber-Space« in eine computergenerierte Scheinwelt, so übernimmt, vorerst noch von außen, über Daten-Helm und Daten-Handschuh, gelegentlich auch schon über einen Daten-Anzug (»Data-Suite«), endgültig der »Geist« eines Software-Programms die Kontrolle über den »menschlichen Apparat«. Der »ganze Mensch« wird an die Elektronik angeschlossen und wird durch sie in eine Scheinwelt (virtual-reality) eingeführt, in der er nun scheinbar aktiv handeln darf. »Die Software geht über Augen und Ohren direkt in den Kopf. – Die Gefühle für Raum und Zeit verschwimmen«.

In einem Testbericht heißt es: »Marc hat es im wahrsten Sinne des Wortes beinahe vom Stuhl gehauen. Er schlug sich gerade mit den Katzenmenschen aus Wing Commander 3, als er von außen angestupst wurde. Das führte bei ihm fast zu einem Herzinfarkt, denn von der Außenwelt bekommt man nichts mehr mit. Spielt man länger als 15 Minuten, ist mit Kreislaufproblemen zu rechnen. Nach den Sicherheitsvorschriften des Herstellers, soll man den Datenhelm nicht länger als 15 Minuten benutzen; dann ist eine genausolange Pause nötig.«[22]

Mit der Erfindung des Cyber-Space-Datenanzugs wird dem Benutzer ein scheinbarer Ersatzraum gegeben, eine »tragbare virtuelle Umwelt«, die einzig im Software-Programm des Computers existiert.

Jaron Lanier, einer der Urheber dieses »immateriellen Bekleidungsstücks« sagt dazu: »Zum Jahrhundertwechsel, nach einer allgemeinen Verbreitung der virtuellen Realität, wird man sie nicht als etwas ansehen, was die physikalische Realität infrage stellt, sondern vielmehr als eine zusätzliche Realität. Die virtuelle Realität eröffnet uns einen neuen Kontinent.«[23]

Der in einer virtuellen Welt scheinbar selbständig agierende Teilnehmer, wird zu seinem eigenen »virtuellen Doppelgänger«. Der Mensch entfernt sich von sich selbst, wie von der Welt. Sein individueller Geist und seine Seele werden ausgeschaltet und durch beliebige Softwareprogramme ersetzt. Sein Körper, ohnehin schon von Seele und Geist abgespalten, wird ebenfalls computergesteuert.

Allerdings merken viele Benutzer eines Cyber-Space die psychosomatischen Folgen ihrer unangemessenen Software-Steuerung am eigenen Leib: mit Kreislaufproblemen, Schwindel und Orientierungsdefiziten. Die menschlichen Organe sind eben doch nicht auf die Funktionalität und industrielle Rationalität unserer High-Tech-Vorstellungen angelegt. Zum Glück, so könnten wir sagen, ist das Material unseres Körpers diesbezüglich »verfehlt«, aber auch so lebendig und regenerationsfähig, daß es sich nicht jeden Mißbrauch widerstandslos gefallen läßt.

Raum und Körper gehören zusammen; sie brauchen und durchdringen einander. Der Mensch muß sich im realen Raum orientieren. So ist es kein Wunder, daß sich die Angriffe der modernsten Technologien auf beide richten.

Die industrielle und die technische Revolution erleichterten schließlich dem Menschen die körperliche Arbeit, so wie die Revolution der Telekommunikationstechniken unserer Tage dem Menschen sein Arbeits- und Beziehungsleben erleichtern soll. Die gegenwärtig anbrechende und in die Zukunft des nächsten

Jahrhunderts führende Revolution der Implantationen und Transplantationen einer heute erst ansatzweise zu ahnenden High-Tech-Medizin wird den Menschen dagegen um Seele und Geist erleichtern!

»Der Verlust, oder genauer gesagt der Untergang des realen Raums jeder (physischen oder geophysischen) Ausdehnung zugunsten ausschließlich der Abwesenheit eines zeitlichen Intervalls der Teletechnologien der Echtzeit führt unweigerlich dazu, daß sowohl die Technik als auch die Micromaschinen in das Innere der Organe von Lebewesen eindringen [...]. Aus diesem Grunde steht das Phänomen der Miniaturisierung von Motoren, Sende- und Empfangsgeräten und anderer Microprozessoren am Ende dieses Jahrtausends im Zentrum des Problems der Technik und demzufolge auch im Zentrum der Frage des postindustriellen Designs.

Nach der industriellen Revolution und der Revolutionierung der Techniken für die unmittelbare Übertragung im Zeitalter der großen Massenkommunikationsmittel erleben wir jetzt den Beginn der allerjüngsten Revolution, diejenige der Transplantationen nämlich, die mit der Macht verbunden ist, den lebenden Körper mit stimulierenden Techniken zu bevölkern, was sage ich: zu versorgen, ganz so, als würde die Physik (die Microphysik) in einen direkten Wettbewerb mit der Chemie der Nahrungsmittel und der Rauschgifte eintreten wollen [...].«[24]

Der australische Tanzkünstler Stelarc scheint einer der visionären Vorreiter eines »neuen technologisierten Menschen« zu sein: »Ich versuche die Möglichkeiten des Körpers zu erweitern, indem ich die Technologie benutze. [...]

Heute arbeiten die Technologien genauer, und sie sind leistungsfähiger als der menschliche Körper. Heute beschränkt sich unser Raum nicht mehr auf die Biosphäre, wir sind auf einen außerirdischen Raum hin orientiert, während unser Körper nur für diese Biosphäre geschaffen ist. [...]

Ich glaube tatsächlich, daß die Evolution in dem Augenblick ihr Ende erreicht haben wird, in dem die Technologie sich des menschlichen Körpers bemächtigt hat. [...]

Heute klebt uns die Technologie auf der Haut, sie wird zu einem Bestandteil unseres Körpers – angefangen bei der Uhr bis zum künstlichen Herz. [...] Von nun an ist der Mensch dank der Nano-Technologie dazu in der Lage, die Technologie in sich aufzunehmen. Infolgedessen muß der Körper als eine Struktur verstanden werden. Die einzige Möglichkeit, unser Bewußtsein von der Welt wieder ins rechte Lot zu bringen, besteht darin, die Architektur des Körpers zu verändern. [...]

Mit anderen Worten, es muß die Frage gestellt werden: Wie ist ein menschlicher Körper umzugestalten, der unter Bedingungen existieren kann, die nicht mit denjenigen unserer Atmosphäre, der Gravitation oder unserem elektromagnetischen Feld identisch sind? [...]

Wir können den menschlichen Körper entleeren und in Zukunft die unnützen Organe durch die neuen Technologien ersetzen! [...] Die neue Perspektive besteht darin, daß der Körper mit miniaturisierten synthetischen Organen kolonisiert werden kann.«[25]

Es ist wirklich eine Schreckensvision: die Vision eines von implantierten Microprozessoren gesteuerten Körpers menschlicher Gestalt, ein Roboter aus Fleisch und Micro-Chips und -prozessoren – geist- und seelenlos.

Handelt es sich dabei bloß um eine Karikatur eines realitätsfernen Horror-Visionärs?

Der Leiter des Instituts für Evolutionswissenschaften an der Universität von Montpellier, Professor L. Thaler, schrieb dazu: »Die Abschwächung der Selektion macht eine Zunahme genetischer Mängel von Generation zu Generation vorhersehbar, und infolgedessen wird ein immer größer werdender Anteil der Menschheit eine immer größer werdende Zahl von Prothesen tragen, die ständig anwachsende Kosten im Gesundheitswesen nach sich ziehen.«[26]

Chirurgen und Transplantationsmediziner scheinen diese Prognose zu bestätigen, wenn sie davon ausgehen, »daß im Jahre 2000 Transplantationen und die Anbringung von Prothesen die Hälfte aller chirurgischen Eingriffe ausmachen dürften«.[27]

Wir müssen der historisch gewachsenen Tendenz widerstehen, unseren Körper einerseits als funktionales Werkzeug zu verherrlichen und als solches zu mißbrauchen, andererseits ihn als schwaches und vergängliches Glied zu verachten und auf ein rationales, leibfreies Leben im Jenseits zu hoffen.

Wir *haben* nicht nur einen Körper, den wir bewegen und benutzen können – wir *sind* auch unser Leib. Wir sind in unserem Leib inkarniert und haben damit unsere Aufgabe auf der Erde, diesen Leib mit Leben, Seele und Geist zu erfüllen.

Auch wenn unser physischer Leib seinem Material nach schwach und vergänglich ist, so hat er doch eine Reihe von Eigenschaften und Qualitäten, mit denen wir Sinnvolles anfangen können. Und wir können infolgedessen eine Zukunftsaufgabe darin sehen, im Bewußtsein der Qualitäten und Entwicklungsfähigkeiten unseres Leibes dessen Eigenschaften in seelisch-geistige Fähigkeiten zu verwandeln.

So könnte sich zum Beispiel die Festigkeit und Schwere des physischen Körpers in die seelisch geistige Qualität der Standfestigkeit und der Aufrichtigkeit steigern lassen, die physische Qualität von Widerstand und Grenze dagegen in die seelisch-geistigen Qualitäten von Mut und Selbstbehauptung methamorphisieren.

Oberfläche und Innenraum des physischen Leibes können sich in Offenbarung und Innerlichkeit verwandeln lassen.

Dies sind nur unvollständige Beispiele einer möglichen Metamorphose physisch-leiblicher Eigenschaften in seelisch-geistige Qualitäten. Damit soll zum Ausdruck gebracht werden, daß unser Leib nicht von Seele und Geist getrennt werden darf. Tun wir dies, wie es in der geschichtlichen Entwicklung unserer Zivilisation provoziert und gefördert wurde mit dem tatsächlichen Erfolg eines ungeheuren technischen Fortschritts – insbesondere auch in der Medizin –, weshalb diese Trennung und Zweiteilung des Menschen oberflächlich gesehen relativ gute Rechtfertigungsgründe vorweisen kann, so kommen wir gerade dadurch doch unweigerlich in die Gefahr, unsere existentielle Einheit, unsere Identität von belebtem Leib, Seele und Geist, das heißt unser Ich zu verlieren.

Die »Neuen Leiden« sind nicht nur psychosomatisch, wie es das in früheren Zeiten bereits gegeben hat; sie sind nicht nur die psychosomatischen Spiegelbilder unserer gesellschaftlichen und zivilisatorischen Entwicklung, wie das ebenfalls in der Geschichte schon immer der Fall war; die »Neuen Leiden« sind *konkrete Spiegelbilder* der gegenwärtigen Zerfallserscheinungen in Zivilisation und Mensch.

»Die von der Wissenschaft vollzogene Zergliederung der Wirklichkeit hinterläßt den Menschen, seiner Einheit beraubt, als Fragment in einer fragmentierten Welt.«[28] Diese Zerfallsphänomene zeigen sich – nicht nur, wohl aber urbildhaft – in den Qualitäten von:

- Raum und Körper
- Zeit und Leben
- Kommunikation und Beziehung
- Identität und Selbst

Allerdings dürfen wir, so meine ich, nicht kurzschlüssig die Krankheitssymptome einfach als Folge der Zeitphänomene verstehen, vielmehr sollten wir sie als Spiegelbilder sehen, in denen sich Gefahr und Chance zugleich zeigen kann – wenn wir uns mit ihnen wach und kritisch auseinandersetzen.

Übersichtstabelle

Raum	*Zeit*	*Kommunikation*	*Identität*
Körper	Funktion	Beziehung	Selbst
Leib	Leben	Psyche	Geist
Organe	Entwicklung	Innerlichkeit	Biographie
Anatomie	Physiologie	Soziologie	Philosophie
Morphologie	Biochemie	Psychologie	Anthropologie
Naturwissen- schaften	Sozialwissen- schaften		Geisteswissen- schaften
»stereos«	fließend beweglich	veränderlich	kontinuierlich
fest	funktionell	luftig	wandlungsfähig
körperlich mineralische Qualität	zeitlich rhythmisch vegetativ-vitale Qualität	Prozesse psychosoziale Qualität	Zeitgestalten biographische Qualität
	unbewußt	bewußt	selbstbewußt
physisch	lebendig	psychisch	geistig
materiell	z. B. Stoff wechselvorgän- ge, Wachstum, Regeneration	z. B. Atmung, Sexualität, Zielmotorik	»wissend« schöpferisch zielorientiert spirituell
Form Befund	Prozeß Befinden	Geschehen Erleben	Gestalt Haltung

Zeit

Ist Zeit vergänglich? Ist nicht jeder Augenblick, der jetzige, der nächste und der am weitesten entfernte?

Corona

Aus der Hand frißt der Herbst mir sein Blatt:
Wir sind Freunde.
Wir schälen die Zeit aus den Nüssen und lehren sie gehen:
Die Zeit kehrt zurück in die Schale

Im Spiegel ist Sonntag
im Traum wird geschlafen
der Mund redet wahr.

Mein Aug steigt hinab zum Geschlecht der Geliebten:
Wir sehen uns an
wir sagen uns Dunkles
wir lieben einander wie Mohn und Gedächtnis
wir schlafen wie Wein in den Muscheln
wie das Meer im Blut-Strahl des Mondes

Wir stehen umschlungen im Fenster, sie sehen uns zu
von der Straße.
Es ist Zeit, daß man weiß!

Es ist Zeit, daß der Stein sich zu blühen bequemt,
daß der Unrast ein Herz schlägt
Es ist Zeit, daß es Zeit wird.

Es ist Zeit.[29]

Paul Celan

Ob in der Vergangenheit oder in der Zukunft, immer ist der Augenblick Teil derselben großen Zeit, an der wir alle teilhaben – und die unvergänglich ist, weil sie ewig ist.

Das Wort »Zeit« stammt aus dem Sanskrit (Zeit = âyn) und bedeutet so viel wie »Lebenszeit«.[30] Es bezeichnet ein bemerkenswertes Phänomen. Seit gut hundert Jahren meinen die Menschen in den technisierten Ländern, sie hätten zu wenig Zeit. Deshalb beeilen sie sich immer mehr, erfinden Maschinen, mit denen alles schneller und noch schneller geht, werden immer ungeduldiger und ruheloser, nervöser und gereizter, weil sie ständig meinen, es müsse noch schneller gehen als bisher – denn schließlich wollen sie doch etwas erreichen: Sie wollen die Zeit wiederfinden, die sie meinen, verloren zu haben. »Die Suche nach der verlorenen Zeit« – Gleicht sie nicht einer Geschichte des modernen Menschen?

Etwa seit 1870 grassiert die Zeitnot und die Not mit der Zeit. »Nervosität« wurde damals zum Schlagwort aller modernen Menschen und die »Nervenschwäche« zur zeitgemäßen Modekrankheit. Sie bezog sich allerdings nicht auf die Nerven als Organe, sondern auf etwas Unsichtbares, das man einst »Lebenskraft«, später »Energie« nannte. Mit dem 1880 von dem New Yorker Nervenarzt George M. Beard verfaßten Buch *Neurasthenie*, das bereits ein Jahr später in deutscher Übersetzung vorlag, begann der Siegeszug dieser neuen Zeitkrankheit in den technisierten Ländern.[31]

Das Wesen dieses Leidens bestand in einer Überreiztheit und Erschöpfung, in Energielosigkeit und einer Beeinträchtigung vegetativer Körperfunktionen wie Kopfschmerzen oder Herzbeschwerden, Schlaf- und Verdauungsstörungen, sexuellen Störungen, Kraftlosigkeit, Nervosität und einer unglücklich depressiven Stimmungslage.

Das Leiden an der Zeit hatte als Krankheitserscheinung einen offiziellen Namen bekommen. Otto Erich Hartleben hatte darauf

1900 einen Vers geprägt, der bald zum geflügelten Wort wurde:

Haste nie,
raste nie,
dann haste nie
Neurasthenie.[32]

Der aussichtslose Versuch, durch Beschleunigung die verloren erlebte Zeit wiederzugewinnen, hat sich im Laufe unseres jetzt zu Ende gehenden Jahrhunderts zu einem Höhepunkt hin entwickelt. Dabei wird die Erfolglosigkeit, durch Geschwindigkeit Zeit zu gewinnen, allerdings noch nicht allgemein durchschaut. Allgemein erlebt allerdings werden die Leiden infolge der Hetze und Hektik in nahezu allen Bereichen des Lebens.

»Herr Fusi wurde immer nervöser und ruheloser, denn eines war seltsam: Von all der Zeit, die er einsparte, blieb ihm tatsächlich niemals etwas übrig. Sie verschwand einfach auf rätselhafte Weise. Seine Tage wurden erst unmerklich, dann aber deutlich spürbar kürzer und kürzer. Wie Herrn Fusi, so ging es schon vielen Menschen in der großen Stadt. Niemand schien zu bemerken, daß er, indem er Zeit sparte, in Wirklichkeit etwas ganz anderes sparte. Zeit ist Leben. Und das Leben wohnt im Herzen. Und je mehr die Menschen daran sparten, desto weniger hatten sie.«[33]

Unserem modernen Bewußtsein von Zeit ist das Wissen und Gefühl von *Rhythmus* verlorengegangen. Wir kennen die physikalische Zeit, die wir einteilen und messen können und die linear zu verlaufen scheint, und die psychische oder besser menschliche Zeit, die wir nicht messen, wohl aber erleben können – und die nicht linear, sondern rhythmisch und zyklisch verläuft.

Dem Zeit- und Beschleunigungswahn unserer Zivilisation steht die Erkenntnis aller Lebenswissenschaften (Anthropologie, Biologie, Physiologie, Zoologie und Humanmedizin) gegenüber, die uns deutlich eine »hierarchische Überlegenheit« alles Langsamen über das Schnelle und Kurzlebige zeigt. Doch »unsere Zivilisation« nimmt diese Erkenntnis offenbar nicht zur Kenntnis. Vielmehr jagen wir weiter den Schnelligkeitsrekorden hinterher – wo wir doch eher das Langsame oder die Langsamen auszeichnen sollten! Natürlich nicht nur der Langsamkeit wegen, sondern weil diese Rücksicht nehmen kann auf die Notwendigkeit einer Entstehungszeit, weil sie etwas zuläßt und geradezu fördert, was heilsam für unsere Zivilisation und ihre Schäden und Gefahren sein kann: Ästhetik, Künstlerisches Schaffen, Gestalten und Genießen.

Es war einmal ein Kaiser in Japan, der wünschte sich eines Tages eine schöne Zeichnung von einem Krebs. Er ließ den berühmtesten Zeichner seines Reiches zu sich kommen und gab ihm den Auftrag, eine schöne Zeichnung von einem Krebs zu machen.

Der Künstler stellte seine Bedingungen: eine Villa, in der er wohnen wollte und zehn Bedienstete sowie fünf Jahre Zeit und das notwendige Geld zum Leben. Der Kaiser gab ihm, was er verlangte.

Doch nachdem die fünf Jahre vergangen waren, hatte der Künstler noch keine Zeichnung fertig gebracht. Er bat den Kaiser noch einmal um fünf Jahre Zeit. Der Kaiser gewährte ihm diese Verlängerung.

Nachdem auch die zweiten fünf Jahre verstrichen waren, besuchte der Kaiser den Künstler in dessen Villa und sah zu seinem Erstaunen, daß der Künstler mit der Zeichnung noch nicht einmal begonnen hatte.

Der Maler lud den Kaiser ein, Platz zu nehmen, und eine Tasse Tee mit ihm zu trinken. Während sie beim Tee zusammensaßen, nahm sich der Maler ein Blatt Papier und zeichnete in einem Strich die schönste und bezauberndste Zeichnung eines Krebses, die es je gegeben hat.[34]

Neben all den Zeiteinteilungen wie Arbeitszeit, Produktionszeit, Fahrzeit, Besprechungszeit, Essenszeit, Freizeit, Urlaubszeit, Vorbereitungszeit, Schlafenszeit, mit denen wir unser Zeitgefühl systematisch erdrücken, scheint mir eine bestimmte Qualität besonders zu kurz zu kommen: die Entwicklungszeit. Die Zeit, in der etwas entsteht, wächst, heranreift, einem Höhe- und Wendepunkt zustrebt, wieder abnimmt, sich dabei verwandelt, metamorphosiert und schließlich vergeht.

Ich meine die Zeit des Lebens, die Zeit eines Menschen.

Wenn Du die Zeit
nicht zur Aufheiterung Deiner Seele verwendest,
wird sie entschwinden,
und Du wirst entschwinden,
und ein zweites Mal wird es nicht möglich sein,
sie zu verwenden.[35]

Marc Aurel

Wir haben keine Zeit – damit meine ich allerdings nicht die Klagen vielbeschäftigter Menschen, sondern ein Faktum, das mir wichtig erscheint: Wir *haben* keine Zeit – wir *leben* in der Zeit. Die Zeit, in der wir leben, ist unsere Zeit. In mehrfacher Hinsicht; historisch, gesellschaftlich und individuell.

Wir leben *in* unserer Zeit – und wir leben *unsere* Zeit. Durch jeden einzelnen Menschen wird Zeit gelebt. Die Zeit eines Menschen zeigt sich auch an seinem Leib: die Embryonalzeit, die Säuglingszeit, die Kindheit, die Pubertät, die Jugend, die mittlere Lebenszeit, das Alter, die Greisenzeit, die Sterbens- und Todeszeit. All diese Zeiten eines Menschen und noch viele mehr wie Schul- oder Berufszeit, Hochzeit oder Trennungszeit, Krankheits- oder Genesungszeit, Freudenzeit oder Trauerzeit sehen wir einem Menschen an. Wir sehen die Zeit an seinem Leib, an seiner

Haut oder seinem Haar, an seinen Augen oder Händen, an seinen Falten im Gesicht oder an der Haltung seines Körpers. Das alles ist »geleibte«, gelebte Zeit – Lebenszeit.

Das Verwirklichen von Zeit ist eine Eigenschaft des Lebens. Und dieses entsteht, entwickelt sich und vergeht wiederum in ihr.

Der Mensch »leibt« und *lebt* aber nicht nur in der Zeit, er *er*-lebt sie auch in ihren verschiedenen Phasen und Rhythmen. Er erlebt Entstehen und Vergehen, Freude und Schmerz, Kranksein und Gesundsein; wir erleben uns und die Welt um uns. Insofern ist Zeit in erster Linie immer Menschenzeit.

Zum Selbsterleben eines Menschen gehört das Erfüllen der eigenen individuellen Menschenzeit in Abgrenzung und Berührung mit seinen Mitmenschen. Dabei scheint es mir ein – wenn auch naheliegendes und verständliches, so doch nicht zutreffendes – Vorurteil zu sein, daß das Erleben der eigenen Lebenszeit immer wachbewußt sein müßte. Wir leben und erleben Zeit aber auch im Träumen; selbst wenn wir uns später nicht mehr an alles erinnern können. Und wir erleben sie auch im Schlaf. Wenn wir am Morgen, nach sechs oder sieben Stunden Schlaf, sagen können: »Ich habe gut geschlafen, es war eine gute Nacht.«, so haben wir träumend und schlafend dabei auch ein Stück unserer Zeit erlebt.

Selbst im Koma »leibt« und lebt der Mensch seine Zeit, und wir müssen es für denkbar halten, daß er sie auch *er*lebt – wenn auch in anderer Weise als wir – und daß er wohl auch seine Zeit erfüllt –, auch wenn es uns schwerfällt, einen solchen Zustand nachzuvollziehen. Indem wir aber Anfang und – naturgegebenes – Ende einer komatösen Menschenzeit zulassen, spüren wir, wie sich in Abgrenzung zu uns eine nicht mit uns identische – und nicht von uns zu beendende – Menschenzeit erfüllt.

Jede Menschenzeit hat somit ihr individuelles Wesen und ihre einmalige Gestalt; aber sie hat auch Berührung mit ihnen: in der gemeinsamen Geschichte, in der Zeitgenossenschaft und in der Wesensverwandtschaft mit allen Menschen.

Aber nicht nur die Qualitäten unserer Menschenzeit sind uns meist nicht mehr bewußt, auch die Beziehung zu der Naturzeit um uns hat sich uns entfremdet.

Wir haben uns von den Zeiten und Rhythmen der Natur entkoppelt und kein Verhältnis mehr zu ihnen. Es gibt heute zum Beispiel zu jeder Jahreszeit alle Früchte, die man sich nur wünschen kann, auch wenn sie der jeweiligen Jahreszeit nicht entsprechen oder in unserer Region nicht wachsen. Sie werden eben aus der ganzen Welt herbeigeschafft. So kann es kommen, daß Großstadtkinder zwar die aus Neuseeland stammende Kiwi kennen aber noch nie eine Streuobstwiese gesehen haben.

Wir reisen im Winter in den Süden, um der Kälte zu entfliehen, oder machen im Sommer Gletscherskifahrten. Wir versehen unsere Büro- und Geschäftshäuser mit Klimaanlagen – und die Fenster sind nicht mehr zu öffnen. Wir entkoppeln uns von den Jahreszeiten und entfremden uns ihnen. Mit der Tages- und Nachtzeit ist es etwas besser, aber auch hier gibt es in den Großstädten zunehmend schon Geschäfte, in denen wir jederzeit einkaufen können. Und die neuen Banken werben damit, daß sie rund um die Uhr per Telebanking erreichbar seien. Wozu also noch dieser lästige Wechsel von Tag und Nacht, wenn wir doch zu jeder beliebigen Zeit unseren Geschäften nachgehen können, ohne irgendeine Rücksicht nehmen zu müssen?

Wir übergehen damit aber nicht nur die Rhythmen und Eigenzeiten der Natur, sondern auch unsere individuellen menschlichen Rhythmen und persönlichen Eigenzeiten.

Es ist mittlerweile durch zahlreiche Untersuchungen belegt, daß eine der Hauptursachen unserer ökologischen Krise darin besteht, daß wir unsere Zivilisation aus den Zeiten und Rhythmen der Natur ausklinken und so tun, als wäre alles jederzeit und überall in gleicher Weise machbar, erreichbar und verfügbar. Entsprechend verhält es sich auch mit den gesundheitlichen Krisen in unserer Zivilisation. Durch die Mißachtung und Entkoppelung von allen menschlichen Rhythmen und individuellen Eigenzeiten, durch die Geschwindigkeitssucht unserer Gesellschaften und durch die ständig wachsende Beschleunigung, denen sich der Mensch in nahezu allen Arbeits- und Lebensbereichen aussetzt, wirft er sich schließlich selbst aus der Bahn eines erträglichen Lebens.

Unter den Zivilisationskrankheiten, die als körperliche Krankheiten an erster Stelle stehen, sind die Herz-Kreislauferkrankungen zu nennen, also verhärtende, sklerosierende Erkrankungen der Blutgefäße, die vor allem durch die Geschwindigkeit und Hektik unserer Tage verursacht werden. Immerhin stirbt in Deutschland jeder zweite Mensch an einer Herz-Kreislauferkrankung.

Ist es verwunderlich, daß sich Entrhythmisierung, Hektik und Ruhelosigkeit gerade an dem zentralen Organ unseres eigenen inneren Rhythmus zeigen, an unserem Herzen? Ist dies nicht schon ein Bild unserer Zivilisation, daß die Herzen der Menschen Infarkte erleiden, weil die blutführenden Gefäße verhärtet und verstopft sind?

Als zweiter Bereich, der sich auf organischer Ebene manifestierenden Zivilisationskrankheiten sind jene des Immunsystems zu nennen. Bei den allergischen Erkrankungen[36] ist ein enormer Zuwachs zu verzeichnen. In Deutschland leiden 25 Millionen Menschen an einer Allergie, 5 Millionen an Neurodermitis, jeder siebte hat Heuschnupfen und jedes zehnte Kind leidet an Asthma.

»Würde allergisches Asthma von Krankheitserregern verursacht, müßten wir von einer Epedemie sprechen.«[37]

Auch die Krebserkrankung ist im Zusammenhang mit dem Immunsystem zu nennen. Handelt es sich bei den allergischen Erkrankungen um eine Überreaktion des Immunsystems in der Abwehr harmloser Fremdstoffe, so liegt bei der Krebserkranung eine Schwäche des Immunsystems vor.

Unser körpereigenes, hochkompliziertes und schädigende Fremdstoffe abwehrendes Immunsystem entwickelt sich ebenfalls nach einem organspezifischen Rhythmus im Laufe des Lebens.

Schließlich ist in diesem Zusammenhang natürlich auch AIDS zu nennen, als derzeit mit großem Aufwand erforschte aber immer noch nicht endgültig geklärte und immer noch nicht heilbare Infektionskrankheit.[38]

Als ein besonderer Fall von Zivilisationsfolge kann auch die in allen Industriegesellschaften schwindende Fruchtbarkeit genannt werden. Nach Aussage von Experten hat sich die nichtgewollte Unfruchtbarkeit im Laufe der letzten vierzig Jahre verdoppelt. So bleibt in Deutschland schätzungsweise jedes siebte Paar auf Dauer ungewollt kinderlos.[39] Zuletzt, aber nicht an letzter Stelle, müssen noch die psychosomatischen und psychischen Krankheiten erwähnt werden. Bei diesen beiden großen Krankheitsgruppen ist eine deutliche Zunahme vor allem in den hochindustrialisierten Ländern der Erde zu beobachten, und hier vor allem in den Städten.

Eine besonders aussagekräftige Untersuchung stammt von Heinz Schepank aus dessen »Mannheimer Kohorten-Projekt«.[40] Danach zeigten 50 % der Bevölkerung der Stadt Mannheim »im Sinne einer Punkt-Prävalenz deutliche psychogene Symptome. 25 % der Bevölkerung zwischen 20 und 50 Jahren waren echte ›Fälle‹; Sie waren durch psychogene Störungen, einschließlich Sucht, nennenswert beeinträchtigt«.[41] Das besagt nichts anderes, als daß ein beträchtlicher Teil der Bevölkerung dieser mittelgroßen deutschen Industriestadt »als psychisch gestört angesehen werden muß, das heißt die Adaption an ihre kulturellen Bedingungen nur um den Preis von (neurotischen) Symptomen leistet. Dabei sind Frauen viel häufiger betroffen, besonders von Psychoneurosen und psychosomatisch-funktionellen Störungen, während Männer eher Persönlichkeitsstörungen aufweisen, an Alkoholismus leiden oder auch Suizide und Delinquenz vorzuweisen haben«.[42]

Unsere Zivilisation macht den Menschen krank. Sie macht ihn chronisch körperlich, und sie macht ihn psychisch und psychosomatisch krank. Die Zunahme der Krankheiten fordern die Medizin heraus, aber diese reagiert mit einer immer stärkeren Technisierung und Apparatisierung im Sinne einer High-Tech Medizin. Damit ist sie gut gerüstet gegen Unfälle, Verletzungen und akute Erkrankungen. Sie ist optimal in der Rettungs- und Intensiv-Medizin. Aber sie erweist sich als überfordert im Umgang mit chronischen, psychischen und psychosomatischen Erkrankungen.

Nach einer Untersuchung der Columbia-Universität in New York, in deren Rahmen Daten von 43.000 Menschen aus Städten in allen Regionen und Ländern der Welt berücksichtigt wurden, verdoppelte sich die Zahl der Neuerkrankungen an Depressionen bei der Stadtbevölkerung, gerade bei jungen Menschen zwischen fünfzehn und fünfundzwanzig Jahren, innerhalb von zehn Jahren.

Schließlich ist noch die Zunahme von Suchterkrankungen aller Arten (Arbeitssucht, Beziehungssucht, Eßsucht, Schlankheitssucht, Alkoholsucht, Drogensucht, Leistungssucht, Anerkennungssucht, Erfolgssucht, Zufriedenheitssucht – um nur einige zu nennen) ein alarmierendes Zeichen der Entwicklungstendenzen unserer Zivilisation. Es weist auf eine globale Überforderung des Menschen durch die Ansprüche der von ihm selbst geschaffenen Zivilisation hin.

Diese Zeitsymptome haben alle mit unserem hektischen und unrhythmischen Umgang mit der Zeit zu tun. Die Zeichen der Zeit sprechen eine deutliche Sprache. Sie können mit den Worten des französischen Philosophen Michel Serres folgendermaßen charakterisiert werden: »Zuviel Lärm, zuwenig Rhythmus, keine Melodie.«[43] Wir sollten uns wieder auf die Qualitäten der Zeit besinnen. Ich vermute, es reicht nicht aus, wenn wir uns notgedrungen bemühen, mehr Langsamkeit, Geduld, Rhythmus und einen bewußteren Umgang mit der Zeit in unser Leben einzuführen. Das ist zweifellos wichtig und soll in seiner Bedeutung keineswegs geschmälert werden. Wir müssen uns jedoch wieder auf die Rhythmen der Natur und des Menschen besinnen, uns wieder einkoppeln in die Gezeiten des Kosmos, der Erde, des menschlichen Organismus und unserer Seele. Denn im Leben mit diesem Rhythmen liegt eine unmittelbar gesundende Kraft.

Aber in unserem Verhältnis zur Zeit, haben wir uns – so scheint mir – inzwischen so weit von ihrem Wesen entfernt, daß eine Rückbesinnung auf jene Rhythmen allein nicht mehr ausreicht. Davon abgesehen, daß eine Rückbesinnung auf ein langsameres und »natürlicheres« Leben nicht die Lösung unserer Probleme darstellen kann.

Darüber hinaus ist ein *neues Verständnis* vom Wesen der Zeit und ein neues Umgehen mit ihren Qualitäten gefragt – heute vielleicht mehr denn je. Das heißt zum Beispiel, daß wir nicht allein bei unserer gewohnten und von der Physik geprägten linearen Zeitvorstellung und Zeithandhabung bleiben können.

Die Einteilung und Messung der Zeit und die Erfindung der Uhr – in Italien zwischen 1330 und 1335 – war für unsere Zivilisation eine wesentliche Leistung. Aber unsere Seele richtet sich nach keiner Uhr. Unser Zeiterleben hat andere Maßstäbe als die eines Sekunden- oder Minutentaktes. Unser Leben hat seine eigenen Rhythmen. Und unser Leib zeigt eben nicht die Uhrzeit, sondern die Zeiten unseres Lebens und Erlebens. Und die Erfüllung unserer Zeit geschieht aus unserem geistigen Vermögen, aus unserer Willens- und Verwirklichungskraft. Wenn wir, durch inneres oder äußeres Erleben angeregt, über etwas nachdenken und diesen Gedanken zu Ende denken und daraus zu einem Entschluß und einer Handlung kommen, so sind wir auf dem Wege, unsere Zeit zu erfüllen.

»Die meiste Zeit«, so der Bankier Alfred Herrhausen, »geht dadurch verloren, daß man nicht zu Ende denkt.«[44]

Unser Leben in und mit der Zeit ist nicht linear. Was wir erinnern und wissen, was wir erleben und denken, was wir erwarten und wollen geht in unserer Seele ständig hin und her, vermischt und durchdringt sich in unterschiedlicher Dynamik und Intensität. Es herrscht eine »chaotische Ordnung« in unserer inneren Zeitorganisation. Wollen wir diesem Umstand gerecht werden, so brauchen wir eine »perichoretische Zeitaufassung«[45]

Ich möchte mein Verständnis einer solchen perichoretischen Zeitauffassung (unabhängig von den Darstellungen von Iljine und Petzold) kurz andeuten. Die allgemein verbreitete und von der Physik stark beeinflußte Zeitauffassung geht davon aus, daß es drei Zeiten gäbe: Vergangenheit – Gegenwart – Zukunft. Die Zeit verlaufe nun in einem linearen Strom von der auf uns zukommenden Zukunft durch die Gegenwart in die Vergangenheit. Dieser Zeitstrom sei linear, das heißt unumkehrbar und immer gleichmäßig.

Die Vergangenheit ist demnach geschehen und unabänderlich. Die Zukunft kommt auf uns zu, das heißt, wir haben sie vor uns und können noch nichts von ihr wissen. Die Gegenwart ist im Moment, ist nur jetzt im augenblicklichen Erleben.

»Es wird nun der Vorschlag gemacht, daß die Integration von Information in Zeitintervallen von etwa drei Sekunden jenes Zeitintervall definiert, das wir subjektiv als gegenwärtig erleben. Die Gegenwart erhält so einen experimentell testbaren Sinn. Wir bezeichnen das als gegenwärtig, was uns jeweils für wenige Sekunden mental verfügbar ist.«[46]

Nach anderen empirischen Untersuchungen ist die Dauer eines Moments mit einer Zeitspanne von 102,8 msec. (+/- 0,82 msec. Varianz) tatsächlich extrem kurz, nämlich aufgerundet nur 0,1 Sekunden.[47]

Die Vergangenheit ist also vorbei; die Gegenwart ist extrem kurz; die Zukunft kommt auf uns zu, was wir auch tun, sie wird sich ereignen. Einem solchen Verständnis von Zeit als einem fließenden Strom, in dem wir darinstehen, ohne Möglichkeit, etwas daran zu ändern, wie ein Kiesel im Flußbett, den die Macht der fließenden Zeit allmählich rund und glatt formt oder hinwegspült, mit sich reißt – einem solchen Verständnis können wir ein anderes Bild von der Zeit und eine andere Haltung gegenüberstellen.

Solange wir so tun, als wäre die Zeit ein solcher Strom und wir bestenfalls ein Kiesel im Flußbett, solange, glaube ich, werden wir mit so manchen Zeitproblemen auch dann nicht fertig werden, wenn wir uns um eine Verlangsamung und Entschleunigung bemühen.

Wir erleben aber zum Glück die Zeit ganz anders, denn in einem linearen stetigen Zeitstrom gäbe es keine Spannung und keine Langeweile; die Zeiten wären uns immer gleich. So ist es aber gerade nicht, wie jeder leicht bestätigen kann.

In Erinnerungen ist die Vergangenheit in unserer Gegenwart lebendig und zwar sowohl die eigene persönliche Vergangenheit, als auch die unserer Familie, unseres Volkes und schließlich die der ganzen Menschheit.

Es gibt genug Momente, in denen die Vergangenheit sehr viel stärker in der Gegenwart präsent ist, als es dasjenige ist, was ich in diesem Moment von der mich umgebenden Welt wahrnehme.

Und auch wenn wir relativ wach und bewußt wahrnehmen, was sich unseren Sinnen im Moment bietet, so ist doch immer in unserem Innern auch die Vergangenheit gegenwärtig. Die Vergangenheit ist geschehen – aber sie ist nicht vorbei. Sie ersteht in uns immer wieder auf und kann immer wieder aufs neue in uns – erinnernd und nachempfindend – geschehen. Dabei können wir immer wieder neue Standpunkte finden und beurteilen, welches Verhältnis wir zu dieser – unserer – Vergangenheit haben möchten; und welches Verhältnis diese Vergangenheit zu uns haben soll. So ist die Vergangenheit geschehen und gegenwärtig und wirkt sogar noch in unsere Zukunft hinein, indem wir aus unserer Vergangenheit Entschlüsse gefaßt haben, die wir ausführen wollen; indem wir von unseren Erfahrungen geprägt sind in bezug auf unsere Erwartungen und Verhaltensweisen; und indem wir schließlich bemüht sind, aus Erfahrung zu lernen und uns dementsprechend nicht immer wie »Neulinge« zu verhalten, sondern als »erfahrene« Menschen.

Die Vergangenheit ist also alles andere als geschehen, vorbei und unwiderruflich! Sie ist wirksam im Gegenwärtigen und Zukünftigen, und deshalb ist sie auch immer noch veränderbar, nämlich in ihrer Bedeutung und Wirkung.

Und was ist mit der Zukunft? Wirkt sie nicht auch in unsere Gegenwart, in unser Erleben, unser Fühlen, Denken und Handeln hinein? Bemühen wir uns nicht, in die Zukunft zu planen, und vor allem: Erwarten wir nicht alle etwas von ihr?

Mit den Vorstellungen und Erwartungen, die wir hier und heute von unserer Zukunft haben, gehen wir ihr auch entgegen. Wir gehen auf unsere Zukunft zu, wir nehmen sie uns, mit den Fähigkeiten und Absichten, den Ängsten, Hoffnungen und Erwartungen, die wir uns gebildet haben. Wir gestalten uns unsere Zukunft mit all dem, was aus der Vergangenheit in uns nachwirkt und was wir an Neuem in uns bilden in Berührung mit der Gegenwart.

Wir haben die Zeit nicht hinter uns. Wir haben sie nicht vor uns. Wir haben die Zeit *in* uns.

• *in*	Denken	Fühlen	Wollen
• *in*	Erinnerung	Erlebnis	Erwartung
• *in*	Erfahrung	Empfindung	Absicht

Die drei Zeitqualitäten der Vergangenheit, der Gegenwart und Zukunft leben in unserer Seele in allgegenwärtiger, wechselseitiger Durchdringung. Das ist ein perichoretisches Zeiterleben; es ist das *menschenmögliche* Zeiterleben. Darin bewegt sich – nicht linear, sondern rhythmisch und in unterschiedlichen Zyklen und Phasen – die Zeit; Zeit, die durch Menschen ist. Menschenzeit.

Wir können unsere Zeit nicht nur einteilen und messen; wir können sie nicht nur erleben und erleiden; wir können sie eben auch erfüllen und gestalten. Ebenso können wir die statischen und scheinbar unabänderlichen Begriffe von Vergangenheit, Gegenwart und Zukunft durch unseren Geist beleben, aktivieren und dynamisieren und sie damit aus ihrer Abgeschlossenheit und Trägheit befreien.

• Aus Vergangenheit kann	Vergänglichkeit oder Beständigkeit,
• aus Gegenwart	Gegenwärtigkeit,
• aus Zukunft	Zukünftigkeit werden.

Was heißt das? Ich bin gegenwärtig. Und ich nehme mir die Freiheit und die Macht, in mir selbst aufzurufen, was für meine Gegenwart im Hier und Jetzt gegenwärtig sein soll. Ich grenze mich in meiner Gegenwärtigkeit von derjenigen der anderen ab; und ich berühre mit der meinigen andere in ihrer Gegenwärtigkeit. Dies sollte immer ein freies, wechselseitiges Beziehungsleben sein. Kein ungefragtes Eindringen, kein beherrschendes In-Beschlag-Nehmen.

Denn es scheint mir gerade ein Übel unserer Zeit zu sein, daß wir einerseits aggressiv und besitzergreifend mit der Gegenwart anderer umgehen, andererseits uns selbst auch zu oft wehrlos in Beschlag nehmen lassen. Begreifen wir dagegen Gegenwart nicht als etwas Gegebenes, sondern gestalten wir sie als etwas Eigenes, bringen wir sie zur Entfaltung. Dabei kann sich meine Geistesgegenwart nicht nur auf den jetzigen Moment beziehen, sondern ich kann sie natürlich auch auf Vergangenes oder Zukünftiges richten. Dabei müssen wir Vergangenheit und Vergänglichkeit unterscheiden.

Vergangenheit ist etwas, das vergangen ist. Vergänglichkeit ist etwas, das vergehen kann, das ich aus meiner Seele, aus meinem Bewußtsein gehen lassen kann oder von dem ich mich vielleicht sogar gern trennen möchte; damit es mich zum Beispiel nicht weiter belaste; damit ich frei werde für anderes, neues.

Vergänglichkeit kann ich zulassen oder veranlassen. Ich kann aus meiner Seele etwas in sie überführen, wenn es zum Beispiel für mich erledigt, verkraftet oder verziehen ist. Wenn es das aber noch nicht ist, wenn etwas Vergangenes in meiner Seele noch aktiv ist und rumort, dann sollte ich es noch weiter bearbeiten, um es dann wirklich in die Vergänglichkeit entlassen zu können, nachdem ich die entsprechenden Schritte nachgeholt habe. Diese seelischen Verarbeitungsschritte sind im Rahmen einer Psychotherapie von psychosomatischen oder psychischen Erkrankungen wesentliche Elemente. Dabei zeigt sich immer wieder, daß es schwere und anspruchsvolle Schritte sind und daß sie oft sehr viel Mühe, Mut und Kraft des Betreffenden erfordern. Sie sind aber notwendig, und niemand kann sie einem abnehmen. Es sind Schritte, die man selbst tun muß, für die es aber hilfreiche Begleitung – zum Beispiel im Rahmen einer Psychotherapie – geben kann.

Das Vergangene ist allerdings nicht *nur* vergänglich. Wir können es in uns auch lebendig halten und bewahren. Das kann sowohl »autonom«, das heißt unbewußt und ungewollt geschehen – als auch willkürlich und bewußt intendiert sein. Wir können mit Vergangenem in der Vergegenwärtigung bewußt und kreativ umgehen; wir können Erfahrung, Sicherheit, Hilfe und Gewinn davon haben. Vergänglichkeit und Beständigkeit sind zwei wesentliche Möglichkeiten, seelisch und geistig mit Vergangenem umzugehen.

Einmal können wir in die Vergänglichkeit entlassen, was uns erleichtert, was wir bewältigt, was wir verziehen haben; zum andern sind wir befähigt, in die Beständigkeit der Verinnerlichung (das heißt Erinnerung) aufzunehmen und zu bewahren, was schön, gut und wichtig für uns sein kann. Im inneren Bewahren von Geschehnissen in der Vergangenheit liegen die Quellen für Entwicklung und Reifung, wenn es uns gelingt, das Vergangen-Bewahrte ungeschönt, aber auch ungeschwärzt in den eigenen Weg zu integrieren und dabei auch noch offen zu bleiben für das Gegenwärtige und das Kommende.

Zukunft ist, was auf mich zukommt. Zukünftigkeit ist, worauf ich meinen Blick richte. Ich kann in meiner Seele bestimmen, wohin ich mich bewegen will. Was ein Mensch gerne, mit Überzeugung und Begeisterung tut, darin verwirklicht er seine Zukünftigkeit. Aber auch alles, was er ungern, unfreiwillig, gezwungen oder getrieben tut, hat seine Auswirkung auf die Zukunft wie auch all das, was er *nicht* tut – obwohl er es könnte.

Diese Zukünftigkeit kommt nicht auf uns zu. Wir sind es selbst, die aus ihr kommen – so wie es Juan Ramón Jiménez in den folgenden Zeilen ausdrückt:

Lauf' nicht, geh langsam:
Du mußt nur auf dich zugehn!
Geh' langsam, lauf' nicht,
denn das Kind deines Ich, das ewig
neugeborene,
kann dir nicht folgen![48]

Wir sind die Gestalter unserer Menschenzeit.

Eine 57jährige Patientin erzählte mir einmal von einem Traum, den sie seit vielen Jahren immer wieder habe: Sie sitzt auf einer Insel, von der sie mit einem Boot abgeholt werden möchte, um sie herum liegt verstreut ihr gesamtes Hab und Gut. Sie muß es einpacken, damit es aufs Boot gebracht werden kann, aber sie weiß nicht, wo sie anfangen und wohin sie es packen soll. So kann sie die Insel mit dem Boot nicht verlassen und bleibt zurück.

In der psychotherapeutischen Bearbeitung dieses Traums verstanden wir, daß mit den verstreuten Gegenständen, die sie einpacken sollte, ihre Erfahrungen und Erlebnisse, ihre Enttäuschungen und Verletzungen gemeint sind.

Die Aufgabe bestand nun darin, daß sich die Patientin bewußt darauf vorbereiten sollte, welche der »Sachen« sie beim nächsten Traum mitnehmen und welche sie zurücklassen wollte. Sie sollte sich eine tragbare Zahl von Koffern oder Taschen vornehmen, in die sie ihre »Erinnerungsstücke« einpacken würde.

Für die Patientin war es die Aufforderung, sich jetzt zu entscheiden, was für sie der Vergänglichkeit angehören sollte – und was sie für ihre Zukünftigkeit mitnehmen wollte.

Nicht immer kommt uns ein Traum so schön zu Hilfe.

Leben

Leben ist ein vielschichtiges Phänomen. Entsprechend ist auch der Begriff Leben vielschichtig und vieldeutig. Es hängt Leben sowohl sprachgeschichtlich, wie auch erlebnismäßig mit »Leib« zusammen. Unser Leib ist belebt, er ist ein Lebendiger. Ein toter Leib ist zum Körper geworden. Körper können lebendig oder leblos sein. Körper können auch Gegenstände sein, mit denen wir uns umgeben.

Leben ist also einerseits etwas, was unserem Leib innewohnt, andererseits ist es als ein Prinzip der Natur nicht auf unseren Leib beschränkt. Leben kommt überall vor in der Natur. Wir wollen uns daher hier auf das menschliche Leben beschränken.

Aristoteles bezeichnet in seinem berühmten Werk über die Seele *De Anima* das Leben als »Entelechie«. Entelechie ist das, was ein Ziel in sich selbst hat, also etwas, dem ein eigenes, auf ein Ziel hin orientiertes Sein zugesprochen werden muß.

Dieses Selbstsein ruft in einem lebendigen Leib Bewegung hervor, Bewegung, die aus nichts anderem kommt, als aus sich selbst. Sie hat ihren Ursprung im eigenen lebendigen Sein.

Diese Bewegung des Lebens zeigt sich vom ersten Moment der Befruchtung an. Die Samenzelle bewegt sich auf die Eizelle zu. Dann gibt es Zell- und Teilungsbewegungen, schließlich Wachstumsbewegungen und dann Gestaltbildebewegungen. Die embryonalen Wachstums- und Gestaltbildebewegungen sind die anatomische Grundlage für die späteren Lebensfunktionen der Organe.[49]

Selbstbewegung als ein Phänomen des Lebens ist ein altes Problem der Philosophie – und ein aktuelles der Neurophysiologie. »Es ist das aktuelle Problem der Selbstbewegung. Dazu braucht man wirklich nicht Philosoph zu sein, um zu wissen, daß eine der Grunderfahrungen, die wir am Lebendigen machen, die Selbstbewegung ist.«[50]

Bei Plato allerdings wird das Prinzip der Selbstbewegung »Psyche« genannt, was soviel heißt wie »Atem, Hauch, das ungreifbare Etwas, das auf ganz unverwechselbare Weise die Lebenden von den Toten scheidet«.[51] Menschliches Leben können wir tatsächlich immer nur an der Bewegung des Atems wahrnehmen.

Hört die Atembewegung auf, hat der Mensch seinen letzten Atem ausgehaucht, und sein Leben hört auf. In der Intensivmedizin können wir bei einer Reanimation unter Umständen die zum Stillstand gekommene Atmung eines Menschen vorübergehend von außen wieder bewegen und den Patienten so wieder beleben. In der Bezeichnung »Reanimation« liegt aber auch schon die Beziehung zwischen Leben und Seele versteckt. Denn Anima ist die lateinische Übersetzung des griechischen Wortes »Psyche«.

Die Sprache deutet auf den Zusammenhang hin, daß menschliches Leben immer auch ein beseeltes Leben, ein von der Seele getragenes ist.

»Nun gibt es im Griechischen zwei Ausdrücke für Leben, die wir beide gewohnt sind, in Fremdwörtern zu gebrauchen: ›zoe‹ und ›bios‹. Die Differenzierung wäre gar nicht ganz leicht, und doch weiß jeder, daß man, wenn man ›Zoologie‹ sagt, nicht ›Biographie‹ meint. Warum man das nicht meint, enthält aber bereits die ganz wesentliche Einsicht, daß ›bios‹, das sich selbst auslegende oder für andere verstehbare Leben ist.«[51]

Ein »sich selbst auslegendes« ist ein reflektierendes Leben, das Bewußtsein von sich hat und sich über sich selbst Rechenschaft geben kann. Damit erfüllt sich die Entelechie des Lebens, *geistvolles* Leben zu sein.

Worauf es in unserem Zusammenhang ankommt, ist das Phänomen, daß Leben, ob physiologisch oder psychologisch, ob biologisch oder biographisch, immer *in der Zeit* verläuft, sich in ihr entfaltet, entwickelt, entsteht und vergeht. Die Bewegungen organischen Lebens in unserem Leib können wir somit als Lebensprozesse beschreiben; nach Rudolf Steiner[52] sind es:

- Atmung
- Wärmung
- Ernährung
- Absonderung
- Erhaltung
- Wachstum
- Reproduktion

Wir können diese Lebensprozesse auch als zeitlich-rhythmisch geordnete Organfunktionen beschreiben. Das harmonische oder disharmonische Funktionieren der Organe ist Gegenstand der Medizin; denn Organfunktionsstörungen deuten auf Krankheit hin.

Diese jeweils in ihrer Eigenheit sehr differenzierten, zeitlich rhythmischen Lebensprozesse unserer Organe reagieren in unterschiedlicher Empfindlichkeit oder Vulnerabilität (Verletzlichkeit) auf Einflüsse von außen; nicht zuletzt auf zeitliche Einflüsse, das heißt, auf Einwirkungen, welche die Eigenzeiten und Eigenrhythmen unserer Organfunktionen aus ihrem Gleichgewicht bringen. Dies bemerken wir schon in vielleicht harmloser Weise beim sogenannten »Jet-Lack« nach transkontinentalen West-Ost-Flügen, oder wenn wir uns müde, abgespannt und überreizt fühlen, wenn wir vegetative Störungen haben und unsere Konzentration und unsere psychische Verfassung deutlich darunter leiden.

Unser Leben, das zwar aus sich selbst heraus seine Lebensbewegungen hervorbringen kann, ist dennoch in jeder Weise ein »offenes System«. Das heißt, es ist empfänglich, ja sogar angewiesen auf Anregungen und Einwirkungen aus seiner Umgebung. Naturgemäß können solche Einwirkungen sowohl unterstützend wie hemmend, gesundend und kränkend sein.

Wir spüren den Zustand unseres Lebens als Befindlichkeit. Müdigkeit oder Munterkeit, Leistungsfähigkeit oder Abgeschlagenheit, Wohlbefinden oder Mißbefinden sind klassische Grundbefindlichkeiten unseres am Leib erlebten Lebens.

Kommunikation

Kommunikation hat Hochkonjunktur. Wir wollen alle teilhaben am großen, inzwischen globalen Kommunikationsprozeß.

Kommunizieren bedeutet eigentlich: »Sich besprechen mit« einem anderen. Damit setzt es ein Ich und ein Du voraus, die willens und in der Lage sind, sich miteinander zu verständigen. Eine Grundvoraussetzung für Kommunikation ist demnach, daß die Kommunikationspartner die gleiche Sprache sprechen. Kommunikation als wechselseitiger Austausch oder Verständigungsvorgang zwischen Menschen heißt, daß man eine Beziehung eingeht zu seinem Partner.

Nach Karl Jaspers ist Kommunikation außerdem ein Vorgang, in dem ein Ich als Selbst sich dadurch verwirklicht, daß es sich einem anderen offenbart. Kommunikation stellt somit eine Verbindung dar, eine, so Jaspers, »Gemeinschaft von Selbst zu Selbst«.

Wahrnehmungsfähigkeit, Ausdrucksvermögen, Verständnis und Reaktionsfähigkeit gehören zu den menschlich-psychologischen Voraussetzungen für Kommunikation. Dazu muß sich dann die Offenheit und Akzeptanz dem Partner gegenüber gesellen, die Bereitschaft und das Interesse, dem anderen zuhören und ihn verstehen zu wollen, das heißt, ich muß in der Kommunikation meinen eigenen Ort mindestens vorübergehend verlassen und mit meinem Partner ein Stück seines Weges mitgehen, eine gewisse Zeit seinen Standort einnehmen, um ihn, seine Sprache und seine Gedanken, verstehen zu können. In der bildhaften Sprache der Indianer heißt das »eine Meile weit in den Mokassins des anderen gehen«.

Um antworten zu können, muß ich dann wieder ganz bei mir sein, muß aus mir heraus mich zu dem Gehörten und Verstandenen äußern, muß mir meines Standortes bewußt und in der Lage sein, angemessene Ausdrucksformen zu finden, die den anderen erreichen und ihm wiederum verständlich machen können, was ich ihm mitteilen will.

Kommunikation ist ein zwischenmenschlicher Verständigungsprozeß, der Nähe und Abstand erfordert, der Bereitschaft und Offenheit braucht, der aus Interesse und Mitteilung lebt.

Karl Jaspers nannte Kommunikation »einen Kampf, der als solcher zugleich Liebe ist: Liebender Kampf, [...] der bei unvergleichlicher Solidarität, der so sich Berührenden, von forderndem Anspruch ist.«[53] Wir können diese anspruchsvolle Formulierung vielleicht in den beiden Gesten jeder Kommunikation wiederfinden: in der Hingabe, um den anderen verstehen zu können – und in der Abgrenzung, um die eigene Antwort finden und formulieren zu können.

Ob diese psychologischen Grundqualitäten bei unseren normalen, alltäglichen Kommunikationsvorgängen zur Geltung kommen und in welchem Maße, das ist sicher eine offene Frage.

Eine andere, und – wie die Entwicklung zeigt – immer drängender werdende ist die, inwieweit die genannten Qualitäten durch die Telekommunikationsmittel geradezu pervertiert werden. Telefon, Telefax, Radio, Fernsehen und globale Computernetze (Internet) verändern unser Kommunikationsverhalten und damit auch unser Beziehungsleben beziehungsweise mitmenschliche Begegnungsmöglichkeit radikal.

Allein mit den beliebten Mobiltelefonen ist man in jedem Moment erreichbar – und dies auch noch potentiell weltweit an jedem beliebigen Ort. Wenn der Schritt vom Standtelefon zum Mobiltelefon noch ein kleiner ist – so ist der Schritt online via Internet oder E-Mail schon gravierender.

»Online ist das Zauberwort der neunziger Jahre. Kaum eine Technologie hat – ohne daß wir es noch recht merken – unser Alltagsleben so verändert wie die neuen High-Tech-Kommunikationsmittel. Regionale, nationale und internationale Netzwerke tauschen in Sekunden Daten aus und machen so das Leben leichter, aber auch gefährlicher. Da wächst vieles zusammen, was nicht zusammen gehört.«[54]

Was wir »online« vorfinden, ist Information, die von dem sich mitteilenden Kommunikationspartner losgelöst und abgetrennt ist. Sie ist menschlich vollkommen anonymisiert, denn sie identifiziert sich ausschließlich über die Internet-Anschlußnummer. Welche Menschen sich dahinter verbergen, ist dem Internet-Benutzer oft nicht möglich zu erfahren. So entstehen durch die unbegrenzten Online-Kommunikationsmöglichkeiten anonyme Mitteilungen, vorgetäuschte Bereitschaft und falsche Nähe. Die Interessen sind meist rein egoistischer Natur. Offenheit wird zu

Distanzlosigkeit, wenn nicht sogar zu Unverschämtheit; Abstand wird übergangen und mißachtet. Auf diese Weise entsteht eine Kommunikationsebene, die von distanzloser Nähe und unnahbarer Intimität gekennzeichnet ist.

»Meine Frau will sich scheiden lassen, nach 19 Jahren Ehe! Sie sagt, der Computer habe ihr die Augen geöffnet für eine ganz neue Welt. Täglich klebt sie mindestens fünf Stunden vor dem Ding, tauscht E-Mail aus mit Piloten, Geschäftsführern und Poeten. Nennt man das Fortschritt?!« So schreibt ein enttäuschter Ehemann in einer amerikanischen Zeitschrift.

Die professionellen Online-Voyeure verweisen gerne darauf, wie leicht wir nach Äußerlichkeiten urteilen; das falle bei Internet-Kontakten fort. Man brauche sich nicht frei zu machen, könne sich ganz locker geben; aber Vorsicht! Vertrauensvolle Mitteilsamkeit könne beides werden: Schlüssel zur rechten Partnerschaft oder Auslöser schlimmer Erfahrungen.

So schrieb eine Amerikanerin eine Lesezuschrift an eine Zeitschrift: »Ich bin schon 45 und sollte nicht mehr so leicht den Verlockungen des Internet verfallen. Aber ich wurde chat-roomsüchtig, gab 300 Dollar monatlich für on-line aus und 400 Dollar für Telefonate mit Männern, die ich on-line kennenlernte. Mit einem von ihnen traf ich mich und wurde vergewaltigt. Das kurierte mich keineswegs. Nach weiteren Monaten on-line fuhr ich zu einer Tagung von Chat-room-Fans. Ich war entsetzt über die Art von Leuten, denen ich meine tiefsten Gefühle anvertraut hatte. Mir wurde klar, daß etwa 60 % der Männer on-line verheiratet sind und ausnutzen, daß so viele Frauen verzweifelt nach Intimität suchen. Für sie ist das alles nichts weiter als ein bißchen Spiel am Feierabend.«

Ein anderer Leserbrief bestätigt dies: »Mein Mann sitzt bis zwei Uhr nachts am Computer. Er ist mit einer Gruppe verbunden, die wechselseitigen Verbal-Sex betreibt. Er sagt, das gefährde unsere Ehe nicht, weil es ja nicht zu physischem Kontakt mit on-line Partnern komme. Ich bin anderer Meinung. Er kann morgens nicht aufstehen, schläft auf dem Sofa ein, und ich kann mich nicht erinnern, wann wir das letzte mal intim waren. Meine Ehe ist zerstört.«[55]

Im August 1997 wurde empört über das Urteil anläßlich eines Kindersexangebots im Internet berichtet. Damals hatten ein Kraftfahrer und eine Verkäuferin im Internet Kinder zu Sex- und Folterorgien angeboten. Über einen angeblichen Kunden kam es zu einer Strafanzeige und zu einem Verfahren. Die beiden wurden vom zuständigen Landgericht in Traunstein freigesprochen. Die Richter hielten die perversen Angebote des Paares im Internet nicht für ernst gemeint. Es habe sich dabei sicherlich nur um Phantasie gehandelt. Und Phantasien entziehen sich dem Strafrecht. »Die Strafjustiz begibt sich hier auf Neuland, muß aber zunächst feststellen, daß Phantasien, und seien sie noch so widerwärtig, sich dem Strafrecht entziehen. Tatsächlich standen die Richter in Traunstein vor einer dürftigen Beweislage. Aber der Prozeß gab Einblick in eine virtuelle Welt, in der sich ein moralischer Niedergang ohne gleichen ereignet, und leider ist nicht auszuschließen, daß der Umgang mit virtuellen Verbrechen die Hemmschwellen im realen Leben herabsetzt.«[56]

In distanzloser Nähe tauschen die Online-Kommunikationspartner intime Gefühle oder sexuelle Phantasien aus, ohne daß sie ihren Partner im Internet kennen, der Ihnen als Mensch genauso unnahbar bleibt wie die wahren Absichten und Hintergründe der Angebote und Mitteilungen im Internet.

Von den virtuellen Möglichkeiten eines Lebens online können wir uns heute kaum eine Vorstellung bilden, obwohl sie schon auf Kongressen vorgestellt und in Pilotstudien erprobt werden.

Ein Vorblick kommender Verhältnisse: »Die Computer werden medizinische Behandlungsmethoden und chirurgische Eingriffe in den Körper des Menschen verändern. Blinde sollen über rechnergestützte Netzhautprothesen sehen lernen. Schon im Jahre

2000 werden Menschen von Computern täglich einen Gesundheitscheck durchführen lassen können – als Routinevorgang wie das Zähneputzen. Und wer sich olfaktorisch benachteiligt fühlt, kann bis zum Jahre 2008 auf eine künstliche Nase zurückgreifen, die jeden nur erdenklichen Duft verspürt. Visionär klingende Zukunftsaussichten, die auf Kongressen indes sehr real diskutiert werden.

Computermedizin wird die Behandlungsmethoden revolutionieren, Ferndiagnosen und Fernoperationen werden die Hausbesuche teilweise ersetzen. Schon heute wird erprobt, ob Inhaftierte im US-Bundesstaat Texas ihr Gefängnis für den Arztbesuch künftig nicht mehr verlassen müssen. In einem Versuch der Firma Compression-Labs untersuchten Ärzte ihre Patienten on-line per PC-Videokonferenz. Die Instrumente vor Ort sind an den Computer angeschlossen, das Ärzte-Team sitzt weit ab. In fünfzehn Jahren werde dies in Europa Klinik-Alltag sein, wurde auf dem ersten ›innovativen Medizinkongreß‹ in Nürnberg festgehalten. Chirurginnen und Chirurgen würden dann ›wie Bomber-Piloten‹ in einem Cockpit sitzen und Operationsroboter steuern, die sich durch winzige Schnitte den Weg bis in den letzten Winkel des Körperinnern bahnen. Bei der ›virtuellen Endoskopie‹ blicken Medizinerinnen und Mediziner bis in die letzten Verästelungen der Gefäße ohne einen Schnitt am Körper. Ziel der Forschung ist bereits die Entwicklung motorisierter Sonden, die im Körper winzige Schadstellen reparieren, so der Physiker Christoph Burckhard von der Eidgenössischen Technischen Hochschule in Lausanne. Andere Forscher, wie der Berliner Molekularmediziner Detlev Ganten, setzen auf Gentherapie und wollen dank eingeschleuster Killergene Krebszellen töten und mit weiteren künstlichen Genen die körpereigene Abwehr stärken.«[57]

Die Beispiele sollen genügen, um auf die Gefahren der High-Tech-Telekommunikationsmittel aufmerksam zu machen, die das menschliche Beziehungsleben beeinträchtigen.

Beziehung

Seit den bahnbrechenden Untersuchungen von René A. Spitz, *Vom Säugling zum Kleinkind,* wissen wir, daß Leib und Leben zugrunde gehen können, wenn dem Menschen die belebenden seelischen, das heißt emotionalen Beziehungen fehlen. Und dies gilt durchaus nicht nur für Säuglinge – wie wir inzwischen auch gelernt haben.

Zwischenmenschliche, sogenannte psycho-soziale Beziehungen, sind lebensnotwendig. Denn der Mensch ist seiner Natur nach ein soziales Wesen und somit auf Gemeinschaft und Begegnung hin orientiert. Er ist kein Einzelwesen, er kann und soll nicht autonom für sich allein leben.

Erst in der Begegnung mit dem *Du* kann das *Ich* seiner selbst gewahr werden. Durch die Beziehung zu anderen Menschen erfährt das Ich, erfährt der Mensch etwas von seiner Ausstrahlung, seiner sozialen Wirkung, etwas von seinem Wesen. Wir offenbaren uns in jeder Begegnung – auch, wenn wir uns verschleiern oder verbergen wollen.

- Wir nehmen wahr – und wir werden wahrgenommen.
- Wir haben Gefühle – und wir wecken Gefühle.
- Wir haben Wünsche – und wir wecken Wünsche.
- Wir haben Interessen – und wir stoßen auf Interessen.
- Wir haben Absichten – und wir treffen auf Absichten.
- Wir fühlen Angst – und wir machen Angst.
- Wir empfinden Wut – und wir wecken Wut.
- Wir üben Verstehen – und wir finden Verständnis.
- Wir suchen Glück – und wir finden Sehnsucht.
- Wir leben uns – und wir finden uns, indem wir auch gelebt, gesucht und gefunden werden.

Eine Beziehung ist ein wechselseitiges Geben und Nehmen; ein gemeinsames Sein. In ihr können aber auch Absichten oder Interessen verfolgt werden. Dann sind es Nutz- oder Zweckbeziehungen, wie es im Berufsleben häufig anzutreffen ist. Oft ohne Offenheit, ohne wechselseitiges Verstehen, ohne emotionale Nähe.

Enttäuschungen stellen sich dann in Beziehungen ein, wenn unausgesprochene Erwartungen bestehen, die kaum erfüllt werden können, weil sie eben nicht ausgesprochen werden. Oder wenn Beziehungen sehr einseitig ausgelebt werden, immer zu ungunsten des Schwächeren. Hier liegen Gefahrenquellen für Beziehungen, für die Seele, für Leben und Leib.

Rückzug, Einsamkeit oder Fluchttendenzen treten auf, wenn Beziehungen in die Brüche gehen. Wut und Aggression stellen sich ein, wenn das Gefühl, ausgenutzt worden zu sein, entstanden ist. Resignation, Depression, Krise und Krankheit, unter Umständen sogar Suizid können als schwere Folgen aus gestörten Beziehungen entstehen. – Sie zu pflegen ist daher eine entscheidende Aufgabe.

Identität – Selbst

Ein Gespenst geht um in der »postmodernen Kultur«: Der Mensch, das Individuum oder das Selbst sei theoretisch und praktisch »am Ende«.

Schließlich hatte schon Nietzsche das Subjekt »für eine Fikstion« erklärt. An die Stelle der »gestorbenen Individualität« wird eine – mißverstandene – Beliebigkeit gesetzt. »In der postmodernen Welt werden wir uns mehr und mehr darüber bewußt, daß die Dinge, von denen wir sprechen, nicht so sehr ›in der Welt‹ sind, wie sie Produkte von Perspektiven sind. Somit hören Prozesse wie

Gefühl und Verstand auf, wirkliche und bestimmte Wesensbereiche von Personen zu sein, vielmehr nehmen wir sie im Lichte des Pluralismus als Betrüger wahr, als Ergebnis unserer Art und Weise, sie in Begriffe zu fassen.

Unter postmodernen Bedingungen befindet sich eine Person im fortwährenden Zustand des Aufbaus und Wiederaufbaus; es ist eine Welt, in der alles akzeptiert wird, worüber verhandelt werden kann. Jede Wirklichkeit des Selbst gibt einer rückbezüglichen Befragung nach, einer Ironie, und schließlich dem spielerischen Ausprobieren einer weiteren Wirklichkeit. Die Mitte gibt keinen ausreichenden Halt.«[58]

Was daraus für ein Verständnis von Individualität und Persönlichkeit entsteht, entbehrt dann jeden Charakters. Es wurde der Begriff von der »Patchwork-Identität«[59] geprägt oder der Begriff der »gemischten Persönlichkeit«. Die gemischte Persönlichkeit ist »ein soziales Chamäleon, das sich fortwährend Teile von Identitäten jeglicher verfügbaren Quellen ausleiht, und sie nach Nutzen oder Wunsch für die jeweilige Situation konstruiert«.[60]

Beliebigkeit und Nützlichkeit, Oberflächlichkeit und eine Tendenz zu Gestaltverlust scheinen die Merkmale dieses »Neuen Menschenbildes« zu sein. Ein typisches Erscheinungsbild des Menschen im Zeitalter der High-Tech-Telekommunikation ist die »Multiphrenie«: »Dieses Syndrom könnte als Multiphrenie bezeichnet werden, da es allgemein auf die Spaltung des Individuums als eine Vielfalt von Selbstinvestitionen bezogen ist. Dieser Zustand ist zum Teil das Ergebnis der Weltbevölkerung, zum Teil aber auch eine Folge der Bemühungen des bevölkerten Selbst, das Potential der Beziehungstechnologien auszunutzen. So kommt es zu einer zyklischen Spiralentwicklung, zu einem Zustand der Multiphrenie hin. [...] Es wäre ein Fehler, diesen multiphrenen Zustand als eine Form von Krankheit anzusehen, weil er oft mit einem Gefühl der Erweiterung und des Abenteuers einhergeht. Eines Tages wird es vielleicht tatsächlich nichts mehr geben, das Multiphrenie von ›einfach normal leben‹ unterscheidet.«[61] Wie nach den vorangegangenen Betrachtungen[62] nicht anders zu erwarten ist, kommt den »Beziehungstechnologien« eine bedeutende Rolle zu in der Pathologisierung menschlicher Beziehungen und des Menschen selbst.

»Doch während an der Vergangenheit festgehalten wird, die fortwährend bereit ist, sich in die Gegenwart einzuschalten, gibt es gleichzeitig eine Beschleunigung der Zukunft. Das Tempo der Beziehungen ist hastig, und Entwicklungsprozesse, die einst Monate oder Jahre erforderten, können nach Tagen oder Wochen abgeschlossen sein. Vor einem Jahrhundert, beispielsweise, ging man oft zu Fuß oder zu Pferd zu einem Treffen, wenn man um einen Partner warb, oder man schrieb sich gelegentliche Briefe. Stunden des Austausches waren oft mit langen Perioden des Schweigens unterbrochen, die den Weg von der Bekanntschaft zur Intimität sehr lang machten. Mit der heutigen Technik ist es einem Paar jedoch möglich, eine fast fortwährende Verbindung zu halten. Nicht allein, weil die Barrieren geographischer Distanz durch die heutigen Verkehrstechnologien aus dem Weg geräumt sind, sondern auch, weil der andere durch Telefon (sowohl fest installiert als auch kabellos), Postbeförderung über Nacht, Kassetten- und Videoaufnahmen, Fotos und E-Mail fast ständig ›gegenwärtig‹ sein kann. Das Werben um einen Partner kann sich so in kurzer Zeit vom Zustand der Aufregung zur Erschöpfung hin bewegen. Ein Alleinstehender hat im Laufe seines Lebens nicht einige wenige Liebesbeziehungen, sondern vielleicht Dutzende. Auf diese Weise wird oft auch die Entwicklung von Freundschaften beschleunigt. Durch die existierenden Technologien kann aus einem Gefühl der Anziehung innerhalb eines kurzen Zeitraumes ein Gefühl der gegenseitigen Abhängigkeit werden.« [63]

Wie kann oder soll ein Mensch in diesen angedeuteten Situationen unserer heutigen Zivilisation noch in seinem Selbst, in seiner Identität, unangefochten bestehen?

Wer fühlt sich heute – unter dem Primat der Beliebigkeit und des »Multi« – noch mit sich selbst eins und identisch?

Spielen wir in dieser Welt nicht Rollen im Leben, die auch jeweils anders sein könnten, weil sie uns doch nicht auf den Leib geschrieben sind? Wären wir nicht gern – zumindest gelegentlich – anders, als wir sind? Fühlen wir uns nicht manchmal anders – zumindest anders, als wir meinen gesehen zu werden? Wollen wir nicht manchmal mehr scheinen, als wir sind? Stimmen Schein und Sein immer zusammen? Ist in unserer Gesellschaft das Design nicht schon wichtiger als das Sein?

Sein oder Design – das ist manchmal schon die Frage nach der Identität, nach der inneren und äußeren Übereinstimmung eines Menschen mit seinem Wesen. Die Fragen nach Identität und Selbst-Sein des Menschen sind somit identisch mit den Fragen nach Person und Mensch-Sein in der modernen Ethik-Diskussion.

Wenn von manchen Wissenschaftlern zwischen Mensch und Person unterschieden und dem Mensch-Sein nur eine biologische Qualität zugebilligt wird, wie sie anderen Lebewesen, Tieren und Pflanzen ebenfalls gemein ist, dem Person-Sein dagegen eine höhere Qualität, die aber an bestimmte Eigenschaften wie Wachbewußtsein, Rationalität und selbstbestimmtes Handeln gebunden ist, so wären nach Meinung solcher Wissenschaftler alle die Menschen nicht mehr Personen – und damit nicht mehr im Besitz der Menschenrechte –, die über die betreffenden Eigenschaften nicht mehr (oder noch nicht) verfügen wie beispielsweise Kinder, geistig Behinderte oder Demenzkranke.

Die schrecklichen und unmenschlichen Folgen solchen Denkens sind bekannt und auch die modernen Vertreter einer solchen Ideologie, so daß deren Namen hier nicht mehr genannt zu werden brauchen.

Es ist hier nicht der Ort, auf diese Ethik-Diskussion näher einzugehen; es sollte aber deutlich sein, daß sich aus meiner bisherigen Betrachtung eine radikal andere Auffassung vom Mensch- und Person-Sein, von Identität und Selbst-Sein ergibt. Ich möchte sie kurz mit einem Zitat von Robert Spaemann andeuten: »Personalität ist nicht das Ergebnis einer Entwicklung, sondern immer schon die charakteristische Struktur einer Entwicklung. Da Personen nicht in ihre jeweils aktuellen Zustände versenkt sind, können sie ihre eigene Entwicklung als Entwicklung und sich selbst als deren zeitübergreifende Einheit verstehen. Diese Einheit ist die Person. [...]

Es kann und darf nur ein einziges Kriterium für Personalität geben: Die biologische Zugehörigkeit zum Menschengeschlecht [...] Das Sein der Person ist das Leben eines Menschen. [...] Denn die Person ist der Mensch und nicht eine Eigenschaft des Menschen.«[64]

Identität als Identitätserleben, als Gefühl oder Bewußtsein entsteht in diesem Sinne im Selbst-Sein zwischen Abgrenzung und Beziehung in der Kommunikation mit der Welt und mit meinem Selbst. Dieser Gedanke wird auch von Juan Ramón Jiménez aufgegriffen:

> Ich bin nicht Ich.
> Ich bin jener,
> der an meiner Seite geht, ohne daß ich ihn erblicke,
> den ich oft besuche,
> und den ich oft vergesse.
> Jener, der ruhig schweigt, wenn ich spreche,
> der sanftmütig verzeiht, wenn ich hasse.
> Der umherschweift, wo ich nicht bin,
> der aufrecht bleiben wird, wenn ich sterbe.[65]

Das Ich ist der individuelle geistige Wesenskern eines Menschen. Es kann sich als Ich-Organisation physisch in einem Menschenleib inkarnieren und ist das unsterbliche seelisch-geistige

Zentrum des Menschen – in jeder Lebenslage, unabhängig von anderen Eigenschaften, Zuständen oder Fähigkeiten, von Gesundheit oder Krankheit.

Als Selbst verwirklicht sich das Ich im sozialen Leben zwischen Kommunikation und Abgrenzung – so wie es sich zwischen Selbst und Welt in Wahrnehmung und Bewußtsein bis zum Selbst-Bewußtsein konstituiert. So kann *Selbst*wahrnehmung nur in Abgrenzung von *Welt*wahrnehmung entstehen und auch das *Selbst*bewußtsein nur in Auseinandersetzung mit *Welt*bewußtsein gebildet werden.

Identität ist die dem Menschen eigene Einheit seines leiblich-lebendigen, seelisch-geistigen Wesens. Sich seiner Identität bewußt zu sein, ist eine fakultative Qualität, die, wenn sie nicht vorhanden ist, deshalb die ursprüngliche Identität nicht in Frage stellt oder vermindert.

Aber wir können unsere Identität aufsuchen, im Sinne eines Selbstgefühls, einer Selbstwahrnehmung. Dann ergibt sich unser Identitätserleben, unser Identitätsgefühl oder unser Identitätsbewußtsein als das geglückte Leben, Erleben und Erfüllen in Begegnung und Abgrenzung zwischen Welt und Selbst.

Schlafend ist unser Leib.
Der Anker,
den unser Wesen zurückläßt
auf dem Meeresgrund unseres Lebens.[66]

Typische Krankheiten unserer Zeit

Die von der Wissenschaft vollzogene Zergliederung der Wirklichkeit hinterläßt den Menschen, seiner Einheit beraubt, als Fragment in einer fragmentierten Welt. Die Situation des Patienten in einer allein der Naturwissenschaft verpflichteten Medizin spiegelt die Situation des modernen Menschen schlechthin.[67]

WERNER SCHWARZ

Psychosomatische Leiden

Auf den Panoramawandel der Krankheitsbilder im Laufe unseres Jahrhunderts wurde schon hingewiesen. Zu dessen Beginn waren es die entzündlichen Erkrankungen, dabei vor allem solche der Atmungsorgane (Lungenentzündung und Tuberkulose), die in großer Zahl auftraten und die häufigste Todesursache bildeten.

Heute sind es die chronischen sklerotisierenden Erkrankungen des Herzens und der Blutgefäße sowie psychische und psychosomatische Leiden.

Da die Antwort der Medizin zunächst in einer forciert naturwissenschaftlich orientierten und technisch-apparativen Entwicklung von Diagnostik und Therapie bestand, erwies sie sich zunehmend als unbefriedigend gegenüber diesen neuen chronischen und psychischen Erkrankungen.

Die moderne »Heiltechnik« beziehungsweise High-Tech-Medizin erwies sich als überaus erfolgreich in der Akutmedizin, in der Behandlung von Unfällen und Verletzungen sowie in der Chirurgie und Transplantationsmedizin.

Auf diese Weise hat sie sich in eine Krise manövriert – gemeinsam mit dem gesamten Gesundheitswesen –, an der sie derzeit schwer zu leiden hat.

»Heute artikuliert sich ein wachsendes Unbehagen an der sogenannten Reparaturmedizin als einer bloßen Heiltechnik, die sich dem ursprünglichen Ganzheitsgedanken in der Heilkunde mehr und mehr entfremdet hat.

Immer mehr Kranke nehmen volkskundlich überlieferte Naturheilverfahren als Angebote wahr, reagieren auf die Anonymisierung von Diagnose und Therapie nicht selten mit einem Rückgriff auf magisch-religiöse Praktiken. Dabei spiegelt die aktuelle Identitätskrise der Medizin nur die Ambivalenz des wissenschaftlichen Weltbildes der Moderne, seiner Rationalitätsprinzipien, seines Natur- und Umweltverständnisses, seines Menschenbildes. [...]

Verselbständigt sich heute in der Medizin ein wissenschaftlicher Fortschritt, der sich allein am technisch Machbaren orientiert?

Gleicht die Eroberung des menschlichen Körpers gar jenem utilitaristischen Verhältnis zur Natur, das in der Rede vom ›ökonomischen Eroberungsfeldzug‹ seinen pointierten Ausdruck findet?

Neben dieser Fragwürdigkeit darf nicht übersehen werden, daß durch die Vereinseitigung der naturwissenschaftlichen Medizin seit dem 19. Jahrhundert und trotz des Verlustes ihrer spirituellen Dimension überwältigende praktische Erfolge in Diagnostik, Therapie und Prävention erzielt worden sind. In dieser Hinsicht korrespondiert die medizinische Entwicklung mit der Geschichte anderer Disziplinen: Auch die Geisteswissenschaften, zum Beispiel Philosophie oder Theologie, haben sich im Zuge ihrer Verwissenschaftlichung immer weiter von Krankheit und Gesundheit, von der Leiblichkeit des Menschen, der Biologie und der Natur entfernt.«[68]

Die Antwort der kranken Menschen fällt eindeutig aus: 60 bis 70 % der chronisch Kranken suchen Heilpraktiker auf, weil sie sich von ihren Ärzten nicht mehr angemessen und gut genug behandelt fühlen; 60 % der niedergelassenen Ärzte haben sich ihrerseits darauf eingestellt und verwenden Arzneimittel und Heilmethoden der besonderen Therapierichtungen (anthroposophische Medizin, Homöopathie oder Naturheilverfahren) sowie Methoden der sogenannten Außenseitermedizin (Akupunktur, Bachblüten oder anderes).

Mit Recht wird von Patienten wie auch von kritischen, zukunftsoffenen Medizinern die »kosmologisch-anthropologische Durchdringung, die Verbindung von Natur und Kultur im Verständnis von Gesundheit und Krankheit, in der Durchführung von Diagnose und Therapie« erwartet.[69]

Konsequenterweise fordert deshalb auch der Lübecker Ordinarius für Medizin- und Wissenschaftsgeschichte Dietrich von Engelhardt »Der Medizinische Wissenschaftsbegriff darf sich nicht nur am Wissenschaftsbegriff der Mechanik und Physik orientieren; Biologie und noch mehr die Geisteswissenschaften, die in der Medizin als einer ›Heilkunst‹ eine zentrale Rolle spielen, verlangen nach einer ihnen gemäßen Wissenschaftstheorie.«[70]

Weiter schreibt von Engelhardt, damit gewissermaßen ärztliche Erfahrung aus mindestens zweieinhalb Jahrtausenden aufgreifend und für unsere Zeitform entsprechend formulierend: »Gesundheit und Krankheit sind keineswegs nur körperliche Erscheinungen, sie beziehen sich auf Natur und Kultur, stellen Beschreibungen und Bewertungen dar, gehören wesentlich zum Leben des Menschen; Steine können weder krank werden noch gesunden, Pflanzen leiden nicht. Was wir unter Gesundheit und Krankheit verstehen, wirkt sich fundamental auf Diagnose und Therapie aus, auf Einstellung und Verhalten des Arztes, auf den Umgang des Kranken mit seinem Kranksein wie ebenfalls auf die sozialen Reaktionen.« [71]

Diese Einsicht ist besonders wichtig; gerade auch für die Entwicklung der Medizin: Leider ist sie noch lange nicht allgemein anerkannt.

Krankheit ist kein ausschließlich körperliches Phänomen. Sie betrifft immer einen Menschen; und dieser ist unteilbar. Insofern ist immer der *ganze* Mensch erkrankt und nicht nur ein Teil oder ein Organ von ihm. Deshalb sprechen wir lieber von Kranksein als von Krankheit. Wenn ein Mensch also krank ist, auch wenn er seine Krankheit als Schmerz nur an einem ganz bestimmten Ort seines Körpers empfindet, den Krankheitsprozeß also sehr genau lokalisieren und begrenzen kann, so fühlt er sich doch als ganzer Mensch betroffen. Er wird sich, vielleicht kurz, vielleicht sehr intensiv Gedanken um sein Kranksein machen, er wird mehr oder weniger stark die Gefühle von Schmerz und Leiden, von Beeinträchtigung oder Behinderung erleben und sich entsprechend um Hilfe zur Linderung oder Bewältigung seiner Leidenssituation bemühen.

Er wird also bestrebt sein, mit seinem Kranksein so umzugehen, daß er entweder wieder gesund wird, daß er nicht darunter leidet, oder daß er trotz allem ein für ihn sinnvolles Leben führen kann.

Anders ausgedrückt heißt dies, daß ein kranker Mensch nicht nur einen pathologischen Befund an irgendeinem seiner Organe oder auch in seinem Seelenleben hat, den ein Arzt feststellen kann; er hat auch ein verändertes Befinden in leiblicher und funktioneller Hinsicht von sich, das heißt, er spürt, daß etwas nicht mehr so gut funktioniert, daß er etwas nicht mehr so gut kann, wie er das bisher von sich gewohnt war. Dies kann sich auf körperliche, wie auch auf seelische Funktionen beziehen.

Weiter wird der kranke Mensch sich in seinem Gefühlsleben, in seinen Stimmungen und vielleicht sogar in seinem Selbstgefühl, wie auch im Empfinden und Erleben seiner Umgebung und seiner Mitwelt verändert oder beeinträchtigt erleben, und dies kann häufig mehr Leiden hervorrufen als ein körperlicher, organischer Schmerz.

Schließlich wird der kranke Mensch zu seinem Organbefund, seinem eingeschränkten Befinden und Schmerzerleben, eine persönliche Einstellung finden, aus der heraus er mit seinem Leiden so souverän wie möglich umgehen will.

Für jede dieser »Ebenen des Krankseins« wird der Kranke heute von einer zeitgemäßen Medizin angemessene Hilfe erwarten können.

Dies ist von einer naturwissenschaftlich orientierten Medizin aber nicht zu erhoffen, da sich nur ein pathologischer Befund auf der physischen Organ- oder Körperebene mit naturwissenschaftlichen Methoden erfassen läßt. Schon die Ebene des funktionalen Befindens des Patienten, ist nicht mehr ausschließlich naturwissenschaftlich erfaßbar. Die seelischen und geistigen Bereiche entziehen sich vollkommen eines solchen Zugriffs.

Eine Medizin, die dem kranken Menschen nicht nur auf der einen oder anderen Ebene seines Krankseins gerecht werden will, muß sich entsprechend entwickeln und erweitern. Die klassische Naturheilkunde zum Beispiel scheint vor allem die Ebene des Befindens und der funktionellen Phänomene zu berücksichtigen. Die psychosomatische Medizin will dem Menschen speziell auf der psychisch-sozialen Ebene gerecht werden. Damit stellen sie notwendige Ergänzungen zur naturwissenschaftlichen Medizin dar.

Die anthroposophische Medizin arbeitet mit Arzneimitteln aus den Naturreichen, die nach besonderen pharmazeutischen Verfahren hergestellt werden; mit speziellen physiotherapeutischen und balneotherapeutischen, sogenannten »äußeren« Anwendungen; des weiteren mit spezifischen kunsttherapeutischen Verfahren (plastisch-therapeutisches Gestalten, Maltherapie, Musiktherapie, therapeutische Sprachgestaltung und Heileurythmie) und mit einer biographisch-entwicklungs-orientierten »spirituellen« Psychotherapie. Damit wird sie den menschlichen Seinsqualitäten gerecht, die von einer Naturwissenschaft nicht – oder nicht genügend – berücksichtigt werden, das heißt, sie ist menschengemäß. Sie versteht sich insofern konsequenterweise nicht als eine Alternative, sondern als eine Ergänzung zur modernen naturwissenschaftlichen Medizin.

Schließlich setzt sich langsam die Erfahrung durch, daß Krankheit nicht nur ein physisches Phänomen ist, sondern daß immer – und nicht nur bei den anerkannten psychosomatischen Krankheiten – neben dem physischen Aspekt auch die psychische, soziale und geistige Ebene des Menschen berührt wird.

»Krankheit betrifft nie nur den Körper. Krankheit erweist sich vielmehr stets als physische, psychische, soziale und geistige Erscheinung. Medizin muß deshalb auch Technik mit Kunst und Kultur verbinden. [...]

Krankheit ist immer auch eine psychische Erscheinung, eine Veränderung des Körpergefühls, des Raum- und Zeitempfindens, der allgemeinen Stimmung und des Selbstwertgefühls. [...]

Krankheit ist zugleich stets eine soziale Erscheinung. Die physischen und individuellen Seiten der Erkrankung haben soziale Folgen, so wie Entstehung und Verlauf der Krankheit und besonders ihre subjektive Wahrnehmung umgekehrt auch von sozialen Voraussetzungen abhängen oder mit bedingt sein können.

Der Kranke leidet unter den sozialen Auswirkungen nicht selten sogar stärker als unter der Krankheit selbst.

Krankheit ist schließlich immer ebenfalls eine geistige Erscheinung – jenseits von Biologie, Soziologie und auch Psychologie. Künste, Theologie und Philosophie haben durchgängig in der europäischen Geschichte Gesundheit, Krankheit und Sterben dargestellt und gedeutet.«[72]

Eine Medizin, die dem kranken Menschen heute wirklich helfen will, muß sich entsprechend weiterentwickeln. Sie darf nicht mehr nur Naturwissenschaft sein und muß den – möglicherweise derzeit erreichten – Höhepunkt einer »Heiltechnik«, einer »High-Tech«-Medizin als Wendepunkt begreifen und zu einem neuen Verständnis von »Heilkunst« finden.

Die Zeichen der Zeit sprechen dafür – und besonders die Anzeichen der »Neuen Leiden« scheinen diese Entwicklung deutlich zu fordern.

»Verschiedene Strömungen der Gegenwart haben neue Akzente gesetzt und sind zu weltweit beachteten Alternativen in der Medizin geworden; [...] Eine spezifische Entmedikalisierung der Wirklichkeit ist das gemeinsame Ziel dieser Strömungen: Die Überwindung der Kluft zwischen Krankenhaus und Lebenswelt, die Selbstverantwortung jedes Menschen für Gesundheit und Krankheit, das geistige Verständnis von Schmerz und Leiden. Kunsttherapeutische Richtungen gewinnen ihrerseits zunehmend in der Medizin wieder an Beachtung. [...] Kunst kann zur

Therapie werden, Therapie ist selbst eine Kunst. Medizin und Kultur gehören zusammen.«[73]

Wir brauchen ein neues Verständnis von Gesundsein und Kranksein – und entsprechend eine »neue Medizin«.

Auch die anthroposophische Medizin muß sich entsprechend der veränderten Zeit auf die in ihr liegenden Entwicklungspotentiale besinnen. Ich denke dabei besonders an die »aktiven Therapien«, die Kunsttherapien und die »spirituelle« Psychotherapie. Hier liegen die förderungswürdigen Schätze für die Medizin der Zukunft.

Ein neues Verständnis von Gesundsein und Kranksein kommt nicht ohne ein geistiges Verständnis dieser zum Menschen gehörenden Phänomene aus: Kranksein ist ein biographisches Phänomen individueller Entwicklung, das auf körperlicher, funktioneller, psychischer und sozialer Ebene zu Symptomen führen kann. Die Ursachen für individuelles Kranksein sind daher multifakturiell.

Letzten Endes liegen sie im krankgewordenen Menschen. Aber nicht zwangsläufig nur in seiner Vergangenheit. Auch – oder gerade – die Zukunft kann ihre »Forderungen« einer Entwicklung an die Gegenwart stellen, zum Beispiel in Gestalt einer Erkrankung oder einer Krise.

Gesundsein ist dementsprechend nicht das Freisein von Krankheit; auch nicht nur ein umfassendes Wohlbefinden[74], sondern es ist die Fähigkeit jedes Menschen, sich selbst als Individualität sinnvoll im Leben zu verwirklichen – unter Umständen auch mit Schmerzen, Kranksein, Leiden oder Behinderung. Diese Elemente des Krankseins gegebenenfalls in das Leben zu integrieren und damit konstruktiv, kreativ, sinnvoll umzugehen – in Abhängigkeit von der Art der Erkrankung oder Behinderung und des Alters, kann dies auch eine Aufgabe von Angehörigen oder Mitmenschen des Kranken oder Behinderten sein – ist die höchste Qualität von Gesundheit.

Einem Menschen dazu zu verhelfen, aus seinem Kranksein oder seinem Leiden zu einem Sinn seines Lebens zu finden, ist daher die anspruchsvollste Aufgabe einer Therapie.

Chronische Erkrankungen

Trotz der unbezweifelbaren Fortschritte und Erfolge der modernen Medizin, ist die Zahl der Krankheiten und die Zahl der kranken und leidenden Menschen nicht geringer geworden. Im Gegenteil. Andere, neue Krankheiten treten auf. Es sind chronische körperliche, psychosomatische oder psychiatrische Erkrankungen, die in der Regel chronisch verlaufen.

Die Zahl der chronisch Kranken hat in unserer Gesellschaft derart zugenommen, daß heute 70 bis 80 % aller Patienten der ärztlichen Praxen chronisch Kranke sind.

Die Kliniken, die mit ihren hochtechnisierten apparativen Ausrüstungen vor allem für die Behandlung akuter Erkrankungen eingerichtet sind, müssen feststellen, daß auch immer mehr der stationär zu behandelnden Patienten chronisch erkrankt sind, das heißt, daß sie im Verlauf einer akuten Verschlechterung, einer Komplikation oder einer akuten Krise im Rahmen einer chronischen Erkrankung vorübergehend der stationären Behandlung bedürfen.

Ist es nicht ein bemerkenswertes Phänomen, daß einerseits im Laufe unseres Jahrhunderts durch Errungenschaften der Technik in unserer Kultur und Zivilisation alles immer schneller geworden ist und die Menschen groteskerweise immer weniger Zeit haben?

Andererseits hat sich im gleichen Zeitraum bei den Krankheiten der Wechsel von den akuten Erkrankungen zu den chronischen Leiden vollzogen, das heißt, zu den langsam chronisch über viele Jahre hin verlaufenden Krankheiten, die das Bild unseres modernen Gesundheitswesen nachhaltig verändern.

Chronische Krankheiten sind anders als akute. Sie erfordern vom Betroffenen wie vom ihn behandelnden Therapeuten eine andere Einstellung und andere Handlungsweisen. Sie verlaufen entweder permanent fortlaufend über Jahre, Jahrzehnte oder von ihrem Ausbruch an lebenslänglich, können aber auch chronisch rezidivierend, das heißt in immer wiederkehrenden Schüben auftreten und dazwischen teilweise oder mehr oder weniger vollkommen abheilen. Sie können lange Zeit unbemerkt, sehr symptomarm verlaufen oder mit Schmerzen, beziehungsweise mit erheblichen Einschränkungen und Behinderungen verbunden sein.

Sie können auch, wenn sie selbst jahrelang unbemerkt verlaufen sind, plötzlich in akute Krankheiten übergehen, wie zum Beispiel der Schlaganfall oder der Herzinfarkt im Rahmen einer chronischen Gefäßsklerose, ein Koma im Rahmen eines Diabetes, Panikattacken im Rahmen einer Angstneurose.

Sie betreffen den Menschen in seinem Lebensvollzug, in seiner Lebensgestalt. Sie sind in ihrem Verlauf stärker als akute Krankheiten von der Persönlichkeit, ihren Beziehungen und individuellen Lebensumständen abhängig. Insofern ist es bei ihnen noch naheliegender als bei den akuten Erkrankungen, von Krank*sein* statt von Krank*heit* zu sprechen.

Ein solches Kranksein heißt, über viele Jahre – vielleicht das ganze verbleibende Leben – behandelt zu werdem, immer wieder Ärzte aufsuchen zu müssen, sich untersuchen zu lassen, regelmäßig Medikamente einzunehmen, vielleicht sich wiederholt operieren zu lassen oder andere therapeutische Maßnahmen ergreifen zu müssen. Im Extremfall kann es auch bedeuten, abhängig zu werden von bestimmten therapeutischen Maßnahmen, seien es Medikamente oder sei es eine apparative therapeutische Versorgung wie eine Prothese oder ein Dialyseapparat.

I. Häufige chronische Erkrankungen mit einem fortdauernden Verlauf sind zum Beispiel:

- chronische Bronchitis
- chronische Hepatitis
- chronische Polyarthritis
- chronische Pyelonephritis
- Gefäßsklerose
- Parkinsonsche Erkrankung,
- Multiple Sklerose
- Neurosen
- Psychosomatosen

II. Häufige chronische Erkrankungen, die in Schüben rezidivierend verlaufen und unter Umständen einen Lebensphasen begleitenden Charakter haben:

- Asthma bronchiale
- Chronisch entzündliche Darmerkrankungen wie Colitis Ulcerosa oder Morbus Crohn
- Ulcus duodeni
- Psoriasis
- Herzinsuffizienz
- Psychosen
- Psychosomatosen
- Chronisches Schmerzsyndrom
- Chronisches Müdigkeitssyndrom

III. Stumm oder symptomarm verlaufende chronische Erkrankungen, die unter Umständen in eine akute Erkrankung übergehen können:

- Bluthochdruck
- koronare Herzkrankheit

- Diabetes mellitus
- Leberzirrhosen
- perniziöse Anämie
- Leukämien
- Krebserkrankungen

Während akute Krankheiten durch die ihnen innewohnende Gefahr und Bedrohung zum rettenden und therapeutischen Handeln herausfordern und beim Nachdenken eher Fragen nach dem Woher und Wodurch, also nach den Ursachen in der Vergangenheit nahelegen – regt die Auseinandersetzung mit chronischem Kranksein vielmehr zu Auseinandersetzung mit den Fragen nach dem »Wofür« und »Woraufhin«, nach den Gründen in der zukünftigen Biographie des krankgewordenen Menschen an; »Warum gerade ich?« – »Wofür habe ich diese Krankheit bekommen?« – »Womit habe ich das verdient?« – »Wie soll ich das schaffen können?« – »Das ist eine übermenschliche Aufgabe!« Es ist eine Auseinandersetzung mit Fragen nach dem Sinn und der Bedeutung des Krankseins, nach den Möglichkeiten damit weiterleben zu können, nach der möglicherweise im Kranksein verborgenen Aufgabe für das eigene Leben, nach der Biographie und dem Sinn des Lebens und schließlich nach Sterben und Tod. Es sind persönliche, tiefgehende, metaphysische und religiöse Fragen, die in der Auseinandersetzung mit chronischem Kranksein aktuell werden. Allerdings werden im Verlauf des chronischen Krankseins verschiedene Phasen durchlebt, in denen jeweils unterschiedliche Fragen, Erlebnisqualitäten und Verhaltensweisen dominieren. So ist eine erste Phase häufig dadurch gekennzeichnet, daß die Patienten die Tatsache ihres chronischen Krankseins nicht wahrhaben wollen, daß sie es bezweifeln und sich so verhalten, als wären sie vielleicht doch nur eine längere Zeit von einer akuten, aber heilbaren und vorübergehenden Erkrankung heimgesucht.

Wenn sich dann allerdings im weiteren Verlauf keine Besserung oder Heilung einstellt, setzt häufig ein Prozeß der Verdrängung ein, der Verleugnung und des Überspielens, daß es sich vielleicht um einen Irrtum handelt, daß sie doch so weiterleben können wie vorher, daß alles gar nicht so schlimm sei.

Erweist sich im weiteren Fortschreiten der Erkrankung auch dieses Verhalten als fruchtlos, kommt es nicht selten zu Depressionen als Reaktion auf die Unübersehbarkeit ihres Zustandes.

Tabelle 1

Raum – Zeit – Kommunikation – Selbst

Durch chronisches Kranksein verändertes Erleben von:

I. Raum und Leib:	• Begrenzung und Einengung
	• Gefühl von Gefangensein
	• Körperschema-Störung
	• Leiberlebensstörung
	• Möglichkeit der Neuentdeckung und Neuorientierung
II. Zeit – Funktion – Leben:	• neue und veränderte Zeitbedeutungen für den chronisch Kranken
	• veränderte Funktionen von Organen
	• veränderte Rhythmen von Organen, Körperfunktionen oder Gewohnheiten
	• veränderte Wahrnehmung der Lebenszeit und des Lebenszustandes, des Befindens und der Lebensmöglichkeiten und Erwartungen
	• Aufforderung zur Neueinstellung und Neubesinnung der Zeit und dem Leben gegenüber

Anstelle der Depression oder an sie anschließend kann sich auch eine Haltung von Trotz und Aggression gegen alle Einschränkungen und Behinderungen entwickeln, mit denen fortan gelebt werden muß. Dieses aggressive und trotzige Verhalten richtet sich dann häufig auch gegen alle diagnostischen und therapeutischen Maßnahmen, so daß diese Phase zu einem besonders kritischen Abschnitt wird.

Nach geglückter Überwindung dieser Phase beginnt der Kranke oft, sich ernsthaft mit seiner Situation auseinanderzusetzen, sich angemessen mit den Fragen, Grenzen und Möglichkeiten

III. Kommunikation - Beziehung:	• neue, zunächst schmerzhafte Veränderung des Lebensgefühls, der Stimmung und der Seelenlage
	• Gefühle des Krankseins und Leidens. Tendenzen des Abwehrens, Verdrängens und Verleugnens
	• Erleben von Behinderung, Sorge und Isolation
	• Chance der Vertiefung und der inneren Beschäftigung

IV. Selbst – Identität:	• Gefahr für das alte bisherige Selbsterleben und Selbstwertgefühl
	• Einschränkung und Verminderung der bisherigen Selbstverwirklichungsmöglichkeiten
	• Fragen nach Sinn und Bedeutung
	• Notwendigkeit zur Umwertung bisheriger Werte und zur Neuorientierung im Leben

seiner inzwischen eingetretenen Lebenslage zu befassen und mit dem Versuch, sich wohl oder übel damit einzurichten.

Gelingt dieser Schritt, so kann es schließlich zu der entscheidenden seelisch-geistigen Leistung der Akzeptanz, des inneren Annehmens und Integrierens des chronischen Krankseins in die eigene Biographie kommen. Dann ergeben sich im weiteren Verlauf fruchtbare Erfahrungen und Einsichten über Aufgabe, Sinn und Wert dieses Schicksals.

Schließlich finden wir, daß chronisches Kranksein zu einem veränderten Leben eben jener vier Grundqualitäten führt, die wir bereits ausführlich in ihren anthropologischen Zusammenhängen und ihren Veränderungen im Laufe unseres Jahrhunderts besprochen haben und die in *Tabelle 1* (Seite 98/99) zusammengefaßt sind. Wichtige Voraussetzungen für die Behandlung sind:

1. Eine gute therapeutische Betreuung für den Patienten, in der er sich ernstgenommen und verstanden fühlen kann.
2. Eine umfassende Information und Aufklärung für den Patienten über sein chronisches Kranksein.
3. Tragfähige, begleitende zwischenmenschliche Beziehungen mit dem Patienten.
4. Auseinandersetzung mit dem chronischen Leiden und schließlich Akzeptanz desselben beim Patienten.
5. Was dann zur Integration des Krankseins oder Leidens in die eigene Lebensgestalt und damit zur eigenen biographischen Aufgabe führen kann.

Tabelle 2 zeigt in einer Zusammenfassung die wichtigsten qualitativen Unterschiede zwischen akutem und chronischem Kranksein, was oft auch identisch ist mit den Unterschieden zwischen körperlichem und seelischem Kranksein.

Diese angedeuteten Unterschiede und die besonderen Qualitäten und Herausforderungen des chronischen Krankseins an den Patienten fordern auch vom Arzt, den Therapeuten und Pflegenden andere Qualitäten und Handlungsweisen als die Behandlung akuter Erkrankungen.

»Mehr als die Behandlung akuter Krankheit zwingt die Teilhabe an chronischem Kranksein sowie die Begegnung und der Umgang mit chronisch Kranken zum Individualisieren, zum Denken in Modalitäten des Seins und Werdens, nicht des Fest-Stellens, sondern des Mit-Lebens, des Mit-Bewegens.«[75]

In der therapeutischen Begleitung solcher Menschen müssen sich daher auch Ärzte und Therapeuten mit den Fragen nach Sinn und Bedeutung, nach den Lebensmöglichkeiten und dem Lebenswert mit einer chronischen Behinderung, nach den Selbstverwirklichungsmöglichkeiten mit chronischen Schmerzen, nach den Möglichkeiten oder Notwendigkeiten der Umorientierung im Leben und der Neubewertung von Möglichkeiten und Grenzen im Leben befassen. Das sind Fragen, die eindeutig metaphysischen oder philosophischen Charakter haben.

Chronische Erkrankungen sind also nicht nur für die betroffenen Patienten eine existentielle Herausforderung, sondern auch eine Lern- und Entwicklungsherausforderung für Ärzte, Therapeuten und Pflegende.

»Eine Medikalisierung des persönlichen und gesellschaftlichen Lebens droht, wenn die Menschen alle Probleme von Geburt und Tod, Pubertät und Alter, Mißbefinden und Unbehagen dem Arzt als Aufgabe zuweisen – und wenn dieser sich unbesonnen darauf einläßt.«[76]

Nehmen Ärzte und Therapeuten diese Herausforderung nicht an, so werden sie ihren Aufgaben nicht gerecht und können chronisch kranke Menschen nicht kompetent und menschenwürdig begleiten. Die Patienten fühlen sich dann zu Recht nicht gut behandelt und vor allem von ihren Ärzten oder Therapeuten nicht

Tabelle 2

Krankheitsprozeß Erlebensebene

1	2	3	4	5	6	7
Körperlich	akut	leibbetroffen	ärztliche Verantwortung	Fremdverhalten	Krankheit	Gefahr
↕	↕	↕	↕	↕	↕	↕
psychisch	chronisch	selbstbetroffen	Selbstverantwortung	Selbstvertrauen	Kranksein	Behinderung, Leiden

Tabelle 2

Krankheitsebene anthropologische Ebene ärztliche Handlung

8	9	10	11	12	13
Angst	objektiver Befund	Organe	diagnostisch	apparative Diagnostik	Operationen
↑			↑		
	subjektives Befinden, funktionelle Abläufe			Untersuchung	Physiotherapie
		Funktion			
	Krankheitserleben, Gefühle des Krankseins,	Leib Leben		Anamnese	Medikamentöse Therapie
	Stimmung, seelische Verfassung	Psyche		Gespräche	Kunsttherapie
↓			↓		
Sorge	Individuelle (bewußte)Haltung und Einstellung zu Kranksein, Leiden und Biographie	Ich	therapeutisch	Begleitung	Psychotherapie

ernstgenommen. So ergab eine Umfrage der Patientenbefragungsstelle COCO in Zürich über die häufigsten Klagen, daß sich 61 % der Patienten von ihren Ärzten (in niedergelassener Praxis) nicht ernst genommen fühlten.

Bei stationärer Behandlung fühlten sich 54 % der Patienten vom Krankenhauspersonal nicht ernstgenommen. 51 % klagten über eine unpersönliche Behandlung im Krankenhaus, 41 % darüber, daß sie sich erfolglos gegen unerwünschte Maßnahmen wehrten, und 34 % beklagten, daß ihnen notwendige Informationen verweigert wurden. 36 % der Patienten fühlten sich rechtlos, 35 % ausgeliefert und 13 % schutzlos. Ein wahrhaft erschreckendes Ergebnis![77]

Tabelle 3

Verhaltensweisen und Umgangsmöglichkeiten von Patienten mit ihrem chronischen Kranksein

I. *Anpassung*	*Akzeptanz*	*Nachgeben, Regression*
als Kranker leben	mit dem chronischen Kranksein leben	für die Krankheit leben, unselbständig werden, Gefahr von Abhängigkeit und Sucht

II. *Verdrängen*	*angemessene Haltung*	*Überkompensieren*
»trotz« des chronisch Krankseins leben wie die anderen Menschen, alles weitermachen, wie vorher	aus neuer Selbst-Bewertung neue Aufgaben suchen	»weil« man nicht chronisch krank sein will, entwickelt man gesteigerte Aktivitäten, um das chronische Kranksein, das Leiden zu überspielen

Bei der helfenden und therapeutischen Begleitung chronisch Kranker geht es nicht wie bei der Behandlung akut Kranker um die Beherrschung oder Beseitigung krankhafter Symptome oder Organstörungen. Es geht vielmehr um Helfen und Begleiten auf einem schwierigen und langwierigen Lebensweg, um Lindern und Erträglichmachen von Beschwerden aber mehr noch um das Ertragenkönnen, um das Annehmen und Integrieren von Leiden als zur eigenen Persönlichkeit und zum eigenen Lebensweg gehörig. Vor allem aber geht es darum, als Arzt und Therapeut den chronisch Kranken in seinen persönlichen Ängsten und Fragen, Nöten und Zweifeln, Hoffnungen und Einsichten, Leidenserfahrungen und Leidensfrüchten anzunehmen und ihn helfend und

III. *Verleugnung* *Verheimlichen*	*angemessener* *Umgang*	*dazu stehen*
Verbergen des chron. Krankseins »So tun als ob«	Leidensfähigkeit und Neues Selbstgefühl entwickeln	»Coming out« offen mit dem chronischen Leiden leben

IV. *Verzweiflung*	*Neuorientierung*	*Hoffnung*
Erleben der Sinnlosigkeit dem chronischen Kranksein gegenüber	Neue Werte und Ziele im Leben finden	Hoffen auf Heilung, auf ein Wunder, daraus Kraft und Durchhaltevermögen schöpfen u. U. aber auch passiv werden

V. *Kampf*	*Integration*	*Identifikation*
gegen das Leiden und chronische Kranksein kämpfen	das Erkennen von Aufgabe und Sinnhaftigkeit im Leben mit chronischem Leiden	mit dem chronischen Kranksein, mit dem Leiden, mit der Behinderung

stützend zu begleiten; ihm nicht zu viel abzunehmen, ihm aber auch nicht zu wenig abzufordern. Ihm aber vor allem niemals das abzufordern, was ihm nicht angemessen ist. Das einem *Angemessene* kann nur in einer guten, ehrlichen und mit Feinfühligkeit geführten therapeutischen Beziehung gespürt werden. *Tabelle 3* soll die Gefahren und Chancen von Verhaltensweisen und Umgangsmöglichkeiten mit chronischem Kranksein zusammenfassen.

Anders als bei akuten Krankheiten, zeigen uns die Erfahrungen mit chronischem Kranksein, daß wir die allseits beliebte Polarität von gesund oder krank aufgeben müssen.

Chronisch Kranke sind nicht in dem Sinne krank, daß sie wie bei einer akuten Erkrankung für einen bestimmten überschaubaren Abschnitt ihres Lebens intensive Hilfe nötig hätten und ein wenig von ihrer Selbstverantwortung in dieser Zeit abgeben können, um danach wieder ihr Leben in mehr oder wenig gewohnter alter Weise weiterführen zu können. Sie sollen und können die Verantwortung für ihr Leben erhalten oder wiedergewinnen und in Selbstvertrauen und unter Umständen neu zu erringender Kompetenz erfüllen. Sie brauchen Unterstützung und Begleitung, aber sie können und sollen ihren eigenen Lebensweg, ihre eigene Lebensgestalt finden und leben.

Chronisch kranke Menschen befinden sich zunächst in einem Prozeß des »bedingten Gesundseins«, mit der Möglichkeit, aus dem Reifungsprozeß durch das fortdauernde Leiden schließlich bedingungslos und unbedingt »Ja« sagen zu können zu ihrem Schicksal mit seinem Licht und Schatten im Leben und im Leiden, im Sterben und im Tod.

Chronische Erkrankungen fordern Zeit und Geduld – Qualitäten, die uns in schnellebiger Zeit mangeln aber not tun. Außerdem stellen sie Fragen an den Kranken und an den Arzt, und sie fördern ungeahnte Fähigkeiten und Kräfte aus vorher unbekannten Quellen des leidenden Menschen, der im Leben – nicht im

Bewältigen oder Besiegen, sondern im Aushalten, im Akzeptieren und Ertragen – eine Leistung vollbringt, die Beachtung und Bewunderung verdient; die viel schwerer wiegt als berufliche Erfolge, Rekorde oder Siege: das Ertragen des unbedingt Stärkeren.

Eine Gesellschaft, in der Leistung und Gewinn, Durchsetzungsvermögen und Härte, Schnelligkeit und Wohlstand, Macht und Gesundheit zu den positiven und von der Zivilisation in allen Bereichen geförderten Werten gehören, braucht als notwendendes Mittel zur Veränderung einer Situation, die sich als Sackgasse einseitigen gewinn- und wachstumsorientierten Denkens erwiesen hat, die Fähigkeit, aus Leiden lernen und an ihm wachsen und reifen zu können.

Aber was wird in unserer Gesellschaft weniger geübt, was mehr verdrängt, was durch alle erdenklichen Mittel und Methoden, wo es nur geht, beseitigt, ohne eine Frage nach dem Woher und Wofür, nach Aufgabe und Bedeutung, nach Sinn und Ziel? Leiden ist unmodern und ganz aus dem Blickfeld geraten. Wir haben es verlernt, mit dem Leiden sinnvoll umgehen zu können, wir können es nicht mehr. Aber wir können es wieder lernen.

Spezielle Erscheinungsbilder der Neuen Leiden

Wer, wenn nicht diejenigen unter Ihnen, die ein schweres Los getroffen hat, könnte besser bezeugen, daß unsere Kraft weiter reicht als unser Unglück, daß man, um vieles beraubt, sich zu erheben weiß, daß man enttäuscht, und das heißt, ohne Täuschung, zu leben vermag.[78]

Ingeborg Bachmann

Chronisches Schmerzsyndrom

Es ist ein offenkundiges Geheimnis, daß der Mensch zu allen Zeiten seelische Erlebnisse, Konflikte oder Probleme nicht nur seelisch, sondern auch körperlich zu bewältigen versucht hat. Immer war und ist es dem Menschen gegeben, seinen Körper gewissermaßen als Werkzeug, als Instrument für das Offenbarwerden der Dissonanz einzusetzen.

Oft sind die zugrundeliegenden seelischen Gefühle als Motive erkennbar, wie zum Beispiel Angst, Aggression, Ehrgeiz, Demütigung oder Machtstreben, Selbstbehauptung, Überzeugung bis hin zu Fanatismus, Verzweiflung oder Wut. Neben diesem instrumentellen Weg, den Körper einzusetzen, um seelisches Erleben in einem sozialen, zivilisatorischen oder kulturellen Prozeß auszutragen, steht dem Menschen eine noch ältere, noch weniger bewußt zu handhabende Variante zur Verfügung: die Möglichkeit, den eigenen Körper *sprechen* zu lassen. Die Organe, Gliedmaßen oder Systeme des Körpers drücken dann in ihrer Sprache aus, was der Mensch seelisch erlebt hat aber nicht zu bewältigen vermochte, was er weder mit Hilfe seelisch-geistiger Mittel lösen, noch auf dem psychosozialen Weg ausdrücken oder bereinigen konnte. Es ist sicher ein Glück, daß es diesen Weg des körperlichen Ausdrucks, der Sprache der Organe gibt. Wir nennen ihn in der Medizin »Somatisierung«. Denn es ist ein Weg, der von der Seele in den Körper führt.

Da viele Gefühle und Affekte – vor allem im Kindes- und Jugendalter – primär körperlich erlebt beziehungsweise wahrgenommen und erst im Laufe der psychischen Entwicklung schrittweise »leibfrei«, das heißt seelisch erlebt und ausgedrückt werden können, bezeichnen wir den eben genannten Weg, der vom psychischen Erleben wieder in leibliche, also somatische Ausdrucksformen zurückführt, auch als »Re-Somatisierung«.

Historisch und ontogenetisch gesehen, ist es also eine früh erworbene Möglichkeit, ein alter Weg zur Erlebnisbewältigung oder Konfliktlösung, überwiegend wenn nicht sogar ausschließlich den Körper einzusetzen beziehungsweise sprechen zu lassen. Vielleicht liegt es daran, daß dies ein archaischer Weg ist, daß wir die Zeichen an ihm, die körperlichen Signale und damit die Sprache unserer Organe so wenig verstehen und deuten können – die Wissenschaft noch weniger als der sogenannte »Volksmund«.

Die Körpersignale haben sich im Laufe von Jahrhunderten zum Teil verändert, so daß es heute andere, neue somatische Erscheinungsformen von psychischem Erleben, von Konflikten, Krisen oder Problemen gibt.

Schmerz allerdings ist eine der ältesten körpersprachlichen Ausdrucksmöglichkeiten. Daß er kein primär körperliches Phänomen ist, wußte bereits Aristoteles, der den Schmerz ein »Leiden der Seele« nannte. Leider ist diese Erkenntnis bei Ärzten wie bei Patienten gründlich in Vergessenheit geraten.

»Schmerz ist ein unangenehmes Sinnes- und Gefühlserlebnis, das mit aktueller oder potentieller Gewebeschädigung verknüpft ist oder mit Begriffen einer solchen Schädigung beschrieben wird.«[79]

Diese Definition korrigiert in entscheidender Weise frühere Vorstellungen. Denn Schmerz ist nicht immer Ausdruck und Folge einer körperlichen Gewebeschädigung. Eine solche ist tatsächlich weder eine notwendige noch eine hinreichende Bedingung für Schmerz. Er ist auch kein primär sensorisches Phänomen, das heißt nicht in erster Linie oder ausschließlich eine Sinneswahrnehmung und von entsprechenden Sinnesreizen ausgelöst. Vielmehr kann er auch unabhängig von körperlicher Schädigung (Verletzung oder Entzündung zum Beispiel) und ohne entsprechende Sinnesreize als Gefühlserlebnis auftreten und verstanden werden. Er ist eine subjektive Empfindung, derer es objektivierbare, körperliche, reizauslösende Vorgänge oft gar nicht bedarf. Er hat weniger mit Sinneswahrnehmung, sondern mehr mit Gefühlswahrnehmung zu tun. »Schmerz hat damit mehr Ähnlichkeit mit Empfindungen wie Müdigkeit, Hunger oder Durst und viel weniger mit sensorischen Qualitäten wie Sehen, Hören oder Riechen, die primär Auskunft über die Umgebung geben.« [80]

Schmerz ist also ein subjektives seelisch-körperliches Erleben, das etwas über den inneren Zustand des Betroffenen aussagt. In der Regel wird er auf ein Organ, einen Körperteil oder eine Körperregion lokalisiert erlebt. Es ist eine unangenehme, übersteigerte Leib-Sinneswahrnehmung in Verbindung mit einem schwer zu ertragenden, unangenehmen Gefühl.

Schmerz ist aber auch eine zwischenmenschliche Ausdrucksgebärde und ein psychosozialer Kommunikationsprozeß. Er sagt in mindestens zweierlei Hinsicht etwas aus: zum einen dem Betroffenen; zum anderen sagt der Schmerzleidende auch etwas seinen Mitmenschen, seiner Mitwelt.

Schmerz ist in seiner Qualität meist schwer zu beschreiben und seine Aussage oft kaum zu verstehen. Er ist in seiner Intensität auch nicht immer leicht zu ertragen, und er ist nach Ursache, Auftreten und Bedeutung nicht einfach zu behandeln. Vor allem ist er aber immer eine Herausforderung für den Leidenden wie für den Helfenden, auf die eine angemessene Antwort gesucht werden muß.

Dabei ist zwischen akutem und chronischem Schmerz zu unterscheiden. Kann der akute, wie in der Medizingeschichte immer geschehen, als ein Warnsignal vor einer bestehenden Gefahr verstanden und meist als Ausdruck einer Verletzung, einer Entzündung oder einer anderen bedrohlichen Erkrankung diagnostiziert werden, so sind die Verhältnisse beim chronischen Schmerz ganz anders.

Dieser hat keine Warn- und auch keine Rehabilitationsfunktion, die, wie beim akuten Schmerz, zu Vorsicht, Ruhe und Schonung zwingt, um eine Verschlimmerung zu vermeiden. Chronischer Schmerz steht für etwas anderes: Er ist Ausdruck für einen primär inneren Vorgang des Menschen, der keine akute Gefahr oder Bedrohung bedeutet. Chronischer Schmerz kann und darf daher nicht wie akuter Schmerz gesehen und behandelt werden. Er sollte deshalb auch nicht mit allen medizinischen Möglichkeiten (apparativ, operativ, medikamentös) beseitigt werden, denn das hieße, seinen Ausdruckscharakter ignorieren und seine Entstehung und seinen Verlauf verkennen.

Chronischer Schmerz kann Ausdruck für ein anderes, altes, vielleicht noch schlimmeres Übel sein oder von seelischem Schmerz, worunter seelische und psychosoziale Konflikte, vor allem depressive Verstimmungen, Verzweiflungsgefühle, Ängste und Schuldgefühle zu verstehen sind; chronische Schmerzen können anstelle von Depressionen auftreten; sie können sich auch als Ventil von (gehemmten) Aggressionen bemerkbar machen oder Ausdruck sein für die Sehnsucht nach Zuwendung beziehungsweise für die Unfähigkeit, allein sein zu können und das Bedürfnis nach Aufrechterhaltung einer partnerschaftlichen oder anderen zwischenmenschlichen Beziehung. Chronische Schmerzen können auftreten als Entlastung, »legitime Befreiung« oder akzeptable Verweigerung von biographischen Aufgaben, seelischen Problemen oder psychosozialen Konflikten. Sie können im besonderen Fall sogar als ein Mittel der Sühne durch Leiden erlebt und verstanden werden; und schließlich können sie natürlich auch Ausdruck einer chronischen körperlichen Erkrankung sein, die – was in den meisten Fällen zutrifft – psychosomatischer Natur ist.

Chronischer Schmerz ist immer ein *Stellvertreter*. Deshalb muß es die vordringliche therapeutische Aufgabe sein, den leidenden Menschen hinter dem chronischen Schmerz zu sehen, zu hören und zu verstehen. Gelingt es dann, diesem Patienten in seiner schmerzvollen Not zu helfen, so wird sich auch der stellvertretende Schmerz bessern.

Nach einer Schätzung soll es in Deutschland 7 Millionen Schmerzkranke geben. Nach der Einteilung der Klassifikation der Internationalen Gesellschaft zum Studium des Schmerzes (IASP) sind davon 20 % primär organisch verursacht, 25 % primär psychogener Entstehung und 55 % haben eine psychosomatische Schmerzursache.[81]

Das heißt, nur bei einem Fünftel aller Menschen, die unter chronischen Schmerzen leiden, liegt eine primäre organische Verursachung vor. Bei vier Fünfteln dagegen liegen psychosomatische oder psychische Ursachen dem chronischen Schmerzleiden zugrunde. Da aber auch bei den primär körperlich verursachten chronischen Schmerzerkrankungen psychische Folgen wie zum Beispiel reaktive depressive Verstimmungen hinzukommen, liegt es auf der Hand, chronische Schmerzpatienten immer auch psychotherapeutisch oder psychiatrisch mitzubehandeln.

Erinnern wir uns an die oben zitierte Aussage von Aristoteles, Schmerz sei »ein Leiden der Seele«, so ist es folgerichtig und naheliegend, unter Schmerzen und insbesondere an chronischen Schmerzen leidende Menschen auch seelisch zu behandeln. Unabhängig davon, welche Ursache wir in dem einen oder anderen Fall finden: Das Erleben und Erleiden eines chronischen Schmerzes ist immer einer seelischen Mitbehandlung würdig.

Schließlich soll an dieser Stelle noch einmal darauf aufmerksam gemacht werden, daß es eine enge Verbindung zwischen Schmerz und Depression gibt. Depressive Erkrankungen, welcher Ursache auch immer, können sich in lokalisierten und wandernden Schmerzen äußern, die vom Patienten eindeutig als körperliche Schmerzen erlebt werden. Solche Zustände, die sich ausschließlich in Form körperlicher Schmerzen manifestieren und so gut wie keine seelischen depressiven Symptome aufweisen – zumindest vordergründig nicht –, werden daher seit langem als larvierte oder maskierte Depression diagnostiziert und neuerdings auch als somatisierte Depression bezeichnet.

Körperliche Schmerzen können als Depressions-Äquivalent auftreten. Organische Schmerzen ersetzen dann das Erleben einer seelischen depressiven Verstimmung, das heißt, sie stehen stellvertretend für einen seelischen Schmerz. Patienten, die in ihrem Leben sowohl depressive Verstimmungen als auch körperliche Schmerzen durchgemacht haben, äußerten sich, nach dem Ergebnis verschiedener Befragungen, eindeutig und übereinstimmend dahingehend, daß sie lieber einen körperlichen Schmerz tolerieren würden als eine seelische Depression. Auch meine eigene Erfahrung bei der Behandlung depressiver und schmerzkranker Menschen bestätigt diese zunächst überraschende Aussage. Ich erinnere mich in diesem Zusammenhang an einen Patienten, den ich wegen einer Depression behandelt hatte und der Jahre später an einem Hirntumor erkrankte mit erheblichen neurologischen Ausfällen und Beschwerden. Er versicherte mir ernsthaft, er hätte lieber den Hirntumor als noch einmal eine solche Depression, wie er sie vor Jahren erlebt habe.

Von seelischen Schmerzen kann sich der Mensch weniger oder gar nicht mehr distanzieren, weil sie ihm unmittelbar nahe gehen. Insofern ist es nachvollziehbar, daß es eine Erleichterung darstellt, wenn seelische Schmerzen in körperliche verwandelt werden können. Vielleicht liegt darin schon eine Begründung, warum es seit Jahrzehnten in zunehmendem Maße dieses »chronische Schmerzsyndrom« gibt. Körperliche Schmerzen treten an die Stelle von seelischen; sie sind in dieser Form vom Betroffenen leichter zu ertragen und werden von den Mitmenschen und unserer Gesellschaft eher akzeptiert. Von Angehörigen wie von Ärzten werden körperliche Schmerzen zunächst fraglos ernstgenommen und führen immer zu verständnisvoller Zuwendung und Hilfe, bei Ärzten zu diagnostischen Maßnahmen und bereitwillig zu therapeutischen Angeboten von der Verordnung von Schmerzmitteln über Akupunktur und physiotherapeutische Maßnahmen bis hin zu operativen Eingriffen.

Es dürfte an dieser Stelle kaum noch nötig sein zu erwähnen, daß viele, wenn nicht die meisten dieser operativen Eingriffe bei Schmerzpatienten unnötig sind, weil sie nicht nur die bestehenden Schmerzen der Patienten nicht lindern, sondern im Gegenteil häufig noch Ursache für weitere und heftigere Schmerzen darstellen.

Schon 1974 gab es in den USA eine Untersuchung des Senats, die zu dem Ergebnis kam, »daß amerikanische Ärzte 2,4 Millionen unnötige Operationen vorgenommen hätten, wobei sie 11.900 Todesfälle und Kosten von 3,9 Milliarden Dollar verursachten«.[82]

»Was zu Charcots Zeiten die Hysterie-Patienten waren, sind heute die Schmerzpatienten. Dies belegt nicht nur der Umsatz mit Analgetika (Schmerzmitteln) der 1995 immerhin 1,937 Milliarden DM betrug.«[83]

Schmerzpatienten können und müssen verständlicherweise nicht mehr all ihre Aufgaben und Probleme im Privat- oder Berufsleben meistern. Sie sind entschuldigt und dürfen sich schonen; sie werden entlastet, es wird ihnen einiges abgenommen. Denn sie haben es ja schwer genug. Insofern führt der chronische Schmerz tatsächlich auch zu einer Entlastung von den Lebensaufgaben und -problemen. Aber schließlich wird *er* dabei zum beherrschenden und einzigen Lebensproblem.

Das chronische Schmerzsyndrom, das als »anhaltende somatoforme Schmerzstörung« (ICD-10) oder als »somatoforme Schmerzstörung« (DSM III R) oder als »Somatisierungsstörung« (DSM III R) nach den neuesten Klassifikationen diagnostiziert werden kann, wird nach dem DSM III R folgendermaßen definiert: »Hauptmerkmale dieser Störung sind rezidivierende und vielgestaltige körperliche Beschwerden von mehrjähriger Dauer, für die medizinische Hilfen gesucht werden, die aber offensichtlich nicht durch eine körperliche Störung bedingt sind. Die Störung beginnt vor dem 30. Lebensjahr und hat einen chronischen aber fluktuierenden Verlauf. Die Beschwerden werden oft in dramatischer, vager und übertriebener Weise vorgebracht und sind Teil der komplizierten medizinischen Vorgeschichte, bei der viele körperliche Diagnosen in Betracht gezogen wurden.«

Oder nach ICD 10: »Die vorherrschende Beschwerde ist ein andauernder schwerer und quälender Schmerz, der durch einen physiologischen Prozeß oder eine körperliche Störung nicht vollständig erklärt werden kann. Er tritt in Verbindung mit emotionalen Konflikten oder psychosozialen Problemen auf. Diese sollten schwerwiegend genug sein, um als entscheidende ursächliche Einflüsse zu gelten. Die Folge ist gewöhnlich eine beträchtliche persönliche oder medizinische Betreuung oder Zuwendung«.

Der Beginn einer chronischen Schmerzerkrankung fällt häufig mit einer biographischen Krise, einer schwierigen Lebenssituation, insbesondere mit Beziehungskrisen oder Konflikten zusammen. Diese Krisen können dann nicht mehr in der gewohnten, für diese Menschen typischen, tüchtigen und leistungsorientierten Art und Weise bewältigt werden. Vielmehr fühlt sich der Betroffene jetzt von dem Ereignis überwältigt, das ihm widerfahren ist. Er fühlt sich nicht mehr Herr der Lage, nicht mehr »Herr im eigenen Haus« und erlebt sich ohnmächtig und hilflos – eine Situation, mit der er nicht gewohnt ist, umgehen zu können. Er hat weder für sich noch für seine Mitmenschen eine plausibel erscheinende Erklärung für diese ihm unerträgliche seelische Situation. Da kommt der körperliche Schmerz zu Hilfe. Er tritt an die Stelle der unerträglichen seelischen Situation, des seelischen Schmerzes. Vielleicht hat sich in zeitlichem Zusammenhang ein unbedeutender Unfall mit einer kleinen Verletzung ereignet, vielleicht wurde eine Operation durchgeführt, oder es meldet sich ein früher vorhandener organischer Schmerz wieder aufs neue. Aber der sich jetzt einstellende körperliche Schmerz, ob er nun eine aktuelle organische Grundlage hat oder nicht, weicht nicht mehr von der Seite des Betreffenden. Der Schmerz wird jetzt sein ständiger Begleiter; »Das ganze Elend dieser Patienten ist auf den Schmerz focusiert, und diesen wollen sie, durch welches Mittel auch immer, beseitigt wissen.«[84]

Wenn die Schmerzen nicht wären, sagen typische Schmerzpatienten, so hätten sie kein Problem – und die Schmerzen sind körperlicher Herkunft und müssen vom Arzt beseitigt werden, egal womit. Aber nicht mit Psychotherapie. Denn schließlich sind die Schmerzen ja körperlich. Immer weitere diagnostische Maßnahmen und immer mehr körperorientierte medizinisch-therapeutische Angebote und Eingriffe bestärken den Patienten darin, seine Beschwerden für körperlich zu halten. Auch wenn all diese Maßnahmen ihm keine Erleichterung bringen. Der Somatisierungsprozeß scheint beim chronischen Schmerzpatienten für etliche Jahre eine Einbahnstraße zu sein. Viel Leiden auf Seiten des Patienten und viel gut gemeinte aber unnötige und fruchtlose ärztlich-diagnostische und therapeutische Leistungen auf der anderen Seite scheinen gegenwärtig noch nötig zu sein bis ein Wendepunkt erreicht wird und die seelischen Faktoren und Leiden so unübersehbar geworden sind, daß psychiatrische oder psychotherapeutische Hilfe in Anspruch genommen wird. Käme die Einsicht in die seelische Natur des chronischen Schmerzes schneller, so wäre den chronischen Schmerzpatienten besser zu helfen.

Aber chronische Schmerzpatienten klagen eben nicht über seelische Probleme oder seelische Schmerzen. Sie klagen in erster Linie (zwischen 40 bis 70 %) über Rückenschmerzen! Rückenschmerzen sind nach grippalen Infekten in den westlichen Industrienationen der zweithäufigste Grund, einen Arzt aufzusuchen.[85]

An zweiter Stelle der chronischen Schmerzpatienten stehen Klagen über Kopfschmerzen und Beschwerden über wandernde oder multilokuläre Schmerzen (je 22 %). Gefolgt von Gesichtsschmerzen (13 %), Schulter-/Armschmerzen (11 %) und LWS-Schmerzen (10 %). Mehr als 63 % geben ununterbrochene

Schmerzen in wechselnder Stärke an, 23 % beschreiben eine »unregelmäßige Wiederkehr« der Schmerzen.

Oft braucht es viele Jahre (im Durchschnitt sechs oder mehr) bis unter chronischen Schmerzen leidende Patienten die ihnen angemessene therapeutische Hilfe finden. Welche therapeutischen Maßnahmen für welche Patienten angemessen sind, kann dabei nicht generell gesagt werden. Es sollte sich aber sinnvollerweise um eine Kombination von verschiedenen therapeutischen Maßnahmen handeln, je nach Lokalisation des Schmerzes und je nach der biographischen und psychosozialen Situation des Patienten. Wie schon mehrmals erwähnt, sollte eine psychiatrische oder psychotherapeutische Hilfe bei chronischen Schmerzerkrankungen immer mit einbezogen werden. Vor Schmerzmitteln sei dagegen gewarnt, da sie das eigentlich vorliegende Problem verdecken, häufig zu Nebenwirkungen und wiederum schmerzhaften Folgeerkrankungen beziehungsweise nach längerem Gebrauch zu psychischer und physischer Abhängigkeit führen können.

Schmerz ist offensichtlich ein Phänomen, das weder nur körperlich noch rein seelisch angemessen verstanden und behandelt werden kann. Es bedarf unbedingt einer ganzheitlichen Sicht, die Körperliches wie Seelisches, Psychosoziales wie Biographisches zusammenzusehen in der Lage ist.

In der Terminologie der anthroposophischen Medizin entsteht das Empfinden körperlichen Schmerzes durch ein zu starkes Engagement der seelischen Organisation (Astralleib) mit Affekten, Emotionen, Gefühlen, Trieben, Begierden und Wünschen im physischen Leib beziehungsweise in Teilen des Körpers oder in einzelnen Organen. Anders ausgedrückt ist Schmerz eine innermenschliche, intraindividuelle Beziehung zwischen Seele und Leib, beziehungsweise zwischen seelischen Affekten mit bestimmten Organen, wobei die individuelle Organwahl oder Schmerzsymptom-Lokalisierung jeweils aus persönlichen biographischen Gesichtspunkten des Patienten verständlich werden kann.

So kann es nachvollziehbar sein, wenn ein ehrgeiziger, leistungsorientierter und zu Perfektionismus neigender Mensch in beruflichen oder privaten Belangen wiederholt Situationen erlebt, die ihn in Leistungskonflikte, Enttäuschungen und gesteigerte Anspannung bringen. Wenn der Betreffende dann noch so »verkopft« ist, daß er seine Gefühle nicht spürt oder nicht spüren will, er sich lieber doppelt anstrengt (anspannt), den »Nacken steif hält«, um nicht zu versagen oder auch nur nachzugeben, dann sind Kopfschmerzen die körperliche Antwort auf Einstellung und Verhalten des Betreffenden..

Ganz anders zeigt sich die Situation beim Herzschmerz, mit Stechen, Reißen, Herzrasen, Schweißausbruch und Angst (im Sinne funktioneller Herzbeschwerden bis zur Herzphobie). Hier bringt das Herz in seiner unüberhörbaren Sprache Gefühle zum Erleben, die niemand gern zugibt: Unsicherheit, Ambivalenzkoflikte, Angst, Gefahr von Verlassenwerden, Trennung, Alleinsein. Neigt der Mensch eher zum melancholisch-depressiven Typus mit einer ambivalent-unsicheren Haltung zu seinen Gefühlen und zwischenmenschlichen Beziehungen, so können Herzschmerzen mit Angst ihm signalisieren, woher Gefahr droht – nicht vom Herz! – und wo eine entscheidende Haltung von ihm gefragt ist.

Wieder verschieden ist die psycho-physische Schmerzentstehung in den Bewegungsorganen, zum Beispiel in der Muskulatur von Rücken und Gliedmaßen (Lumbago, »Hexenschuß«, Schulter-Nackenschmerzen, Muskelrheumatismus, Mylagie-Syndrom oder ähnliches). Hier sind es häufig Stimmungen und Gefühle von Hingabe, Aufopferung Selbstbeherrschung und Sanftmut, die mit mehr oder weniger uneingestandenen Absichten und Gefühlen von Egoismus, Aggressivität, Beherrschenwollen und Versorgtwerdenwollen in unbewußtem Widerstreit stehen und infolge längerer Auseinandersetzungen und innerer Anspannung oft zu chronischen oder rezidivierenden Schmerzen in den genannten Lokalisationen führen.

In diesem angedeuteten verstärkten Engagement oder zu tiefen Eingreifen der seelischen Gefühlsorganisation in körperliche Bereiche der Bewegungsorgane, der Sinnesorgane oder der inneren Organe erkennen wir den oben bereits erwähnten Weg der Somatisierung eigentlich seelischen Erlebens. Das – mehr oder weniger – vom Körper fakultativ freie seelische Leben psychosozialer zwischenmenschlicher Beziehungen kann sich entweder intrapsychisch, zum Beispiel durch Rationalisierung oder Sublimierung ausleben, oder seelisch-geistig, zum Beispiel im Herausbilden einer neuen eigenständigen inneren Haltung, neuer individueller Wertsetzungen und Beurteilungen. Oder eben psychosomatisch durch Projektion seelischer Gefühle oder Konflikte in den Körper beziehungsweise auf ein bestimmtes Organ. Auf diesem Weg entstehen, allgemein gesprochen, somatisch sich manifestierende Erkrankungen, in unserem Beispiel konkret körperliche Schmerzen – und bei ungelöster und unbehandelter seelischer konflikthafter Ausgangssituation das chronische Schmerzsyndrom.

Der therapeutische Weg wird nach diesem anthroposophisch-medizinischen Verständnis des chronischen Schmerzgeschehens – in Übereinstimmung mit den Erkenntnissen der modernen Schmerzforschung – in einem mehrdimensionalen therapeutischen Angebot bestehen, mit dem gemeinsamen Ziel, den Weg der Somatisierung seelischer Erlebnisse wieder zurück in die Seele zu führen, in psychosoziales Aufarbeiten, in innerseelisches Verstehen und Bewältigen oder in seelisch-geistiges Erkennen und Ertragen.

Auffallend und in diesem Zusammenhang verständlich ist die überall beschriebene und immer wieder zu beobachtende Erfahrung, daß chronisch schmerzkranke Patienten im privaten oder im Berufsleben Beziehungsprobleme haben, daß sie diese im Rahmen ihres Schmerzleidens nicht in adäquater Weise realisieren und angehen und daß sich ein für sie durch den Schmerz psychosozial erträglicher Status Quo einstellen kann, der allerdings ohne den chronischen Schmerz nicht aktzeptabel wäre. Allerdings kann ein chronisches Schmerzleiden auch sekundär zu neuen Beziehungsproblemen in Form von Abhängigkeit beziehungsweise Rückzug führen.

Schmerz ist ein innermenschliches, seelisch-körperliches Beziehungsproblem – beziehungsweise ein zwischenmenschliches psychosoziales Kommunikationsproblem. Deshalb sollte auch der jeweiligen Beziehungsebene im Rahmen einer angemessenen therapeutischen Hilfe Rechnung getragen werden.

Eine gute, tragfähige, warmherzige, mitmenschliche Beziehung ist eine gute Hilfe und wichtige Voraussetzung für die Therapie eines chronisch schmerzkranken Menschen.

Allergische Erkrankungen

»Allergie ist die Fähigkeit, auf einen Reiz, der bereits früher einmal eingewirkt hatte, anders zu reagieren, als den Umständen nach zu erwarten gewesen wäre.«[86] Eine allergische Reaktion ist also dem Wort und dem Sinn nach eine überraschende und unerwartete Antwort auf einen Reiz aus der Außenwelt. Bei der Allergie wirken die inneren, körpereigenen (immunologischen) Kräfte den von außen kommenden, fremden Kräften entgegen. Es ist also ein Prozeß der Abgrenzung zwischen Selbst und Nicht-Selbst, ein Vorgang der Selbstbehauptung.

Ein Mensch, der in einem bestimmten Fall gegen äußere Einwirkungen, zum Beispiel auch Krankheitserreger, unverletzlich ist, ist immun. Für die Selbsterhaltung und Aufrechterhaltung der eigenen Unversertheit und Gesundheit gegen die verschiedenen Einflüsse der Außenwelt hilft uns unser Immunsystem. Es erfüllt dabei komplizierte und vielfältige Lebensvorgänge auf der Stufe eines hochentwickelten Systems im Dienst einer Abgrenzung, Unterscheidung und Selbsterhaltung des Organismus. Für diese Aufgabe, Fremdes von Eigenem zu unterscheiden, bedient sich das Individuum auf der Ebene der Lebensvorgänge seiner immunologischen Kompetenz, das heißt der Unterscheidungsmöglichkeit der den menschlichen Organismus berührenden beziehungsweise in ihn eindringenden Stoffe, wobei es sich in den meisten Fällen um körperfremdes Eiweiß handelt. Dabei gilt es, diese in einem Verdauungsvorgang entweder soweit abzubauen, bis sie ihre Fremdheit verloren haben, oder sie möglichst schnell wieder aus dem Organismus auszuscheiden.

Dabei muß das Immunsystem nicht nur zwischen körpereigenen und körperfremden Stoffen unterscheiden können, sondern sinnvollerweise auch zwischen potentiell schädigenden – zum Beispiel Krankheitserreger – und ungefährlichen Stoffen – etwa Nahrungsmittel. Es geht im Rahmen der Differenzierung und Abgrenzung zwischen Selbst und Nicht-Selbst auch um Akzeptanz und Toleranz von ungefährlichem Nicht-Selbst.

Abgrenzung und – im übertragenen Sinne – Selbst-Behauptung gibt es auf allen Ebenen des Seins. In der unbelebten Natur physisch-materieller Körper bedarf es allerdings keiner besonderen Fähigkeiten der Abgrenzung, weil es eine Eigenschaft aller fester Körper ist, daß sie durch ihre Festigkeit ihre Form bewahren und als Objekt kein anderer Gegenstand an ihrer Stelle sein kann. Es ist unmöglich, daß zwei Gegenstände gleichzeitig am selben Ort sein können. Festigkeit oder mindestens eine undurchdringliche Grenze, Haut oder Oberfläche, erfüllen also quasi »immunologische Kompetenz« innerhalb der unbelebten Natur. Fehlen Härte oder feste Oberfläche zur Formerhaltung und Raum-Behauptung einer Materie, handelt es sich also um weiche, plastische, flüssige, gasförmige oder wärmehafte Zustände, so ist in diesen Qualitäten wechselseitig Formverlust und räumliche Durchdringung möglich; die Unversertheit der Materie, der Gestalt und des Ortes im Raum ist bei ihnen nicht mehr gegeben.

Bei Lebewesen finden wir verschiedene Möglichkeiten, um zwischen Eigenem und Fremdem, zwischen Selbst und Nicht-Selbst unterscheiden zu können. Viele Pflanzen haben harte äußere Schichten, eine Rinde beispielsweise, mit denen sie sich nicht nur vor Eindringlingen schützen, sondern auch nach außen hin abgrenzen.[87] Auch bei Tieren kennen wir diese einfache »immunologische Fähigkeit« in Gestalt von harten undurchlässigen Häuten, Hüllen und Panzern.

Allerdings nehmen wir bei Pflanzen auch eine ganz erstaunliche Verträglichkeit von Teilen verschiedener Arten und Gattungen untereinander wahr. Wir kennen das vom Gärtner, der Knospen oder Zweige von einem Baum auf einen anderen verpflanzen kann, so daß der neue Pflanzenteil auf dem alten Organismus weiterwächst ohne abgestoßen zu werden. Im Gartenbau ist es das Okulieren der Rosen oder Pfropfen der Obstbäume, das durch diese nicht vorhandenen immunologischen Abwehrvorgänge möglich ist.

Bei niederen Tieren finden wir bereits ein sehr einfaches Abwehrsystem von Phagozytose und Verdauung vor, wobei es auf dieser Stufe noch keine Differenzierung oder Spezialisierung bestimmter Zellen für die Funktion von Abwehrvorgängen gibt. Hier sind noch alle Zellen in gleicher Weise »immunologisch kompetent«. Erst bei etwas höheren Tieren finden wir die bereits erwähnte, sehr einfache und grobe Spezialisierung von Organismusteilen zu Abwehraufgaben. Die Entwicklung von Häuten, Hüllen und Panzern verhindert das Eindringen von gefährlichen Fremdstoffen oder Krankheitserregern, wie auch die Verletzung im Kampf mit den natürlichen Feinden. Erst bei den höher entwickelten Wirbeltieren kommt es dann zur Ausbildung eines Immunsystems im eigentlichen Sinn, das die Eiweißspezifität des Individuums bewahrt.

Beim Menschen ist die immunologische Kompetenz im Sinne der Selbsterhaltung, der Fremdabwehr oder der Fremdtoleranz präzise und differenziert entwickelt. Diese Differenzierungs- und Abstoßungsvorgänge von Fremdeiweiß macht zum Beispiel in der Transplantationsmedizin große Probleme, da sich gesunde immunologische Abstoßungsprozesse auf die transplantierten Organe beziehen. Nach einer Organtransplantation müssen also die immunologischen Vorgänge beim transplantierten Menschen unterdrückt werden. Was ihn bekanntermaßen für Infektionskrankheiten besonders anfällig macht.

Differenzierungsprozesse zwischen Selbst und Nicht-Selbst, Abwehr und Selbstbehauptungsverhalten wie auch Akzeptanz und Toleranz von Fremdem gibt es allerdings nicht nur auf materieller oder biologischer Ebene, wo wir einerseits ein unspezifisches Immunabwehrsystem haben (zum Beispiel Tränenflüssigkeit, Speichel, Flimmerepithelien, schließlich auch die Haut) und andererseits das spezifische Immunsystem mit seinen zellulären und humoralen Anteilen unterscheiden. Wir haben auch im Seelischen und im Geistigen eine »immunologische Kompetenz«. Im psychosozialen Erleben und Verhalten sind es primär die Gefühlsqualitäten von Sympathie und Antipathie, die sich in Zuwendung oder Abwendung, in Freundschaft oder Feindschaft, in Akzeptanz oder Aggression äußern können. Wir haben eine Fülle von differenzierten Möglichkeiten, uns in dem vielgestaltigen psychosozialen Netz von Selbstwahrnehmung und Weltwahrnehmung zu bewegen.

Im mentalen, geistigen Leben schließlich steigern sich die eben charakterisierten psychischen Möglichkeiten zur anspruchsvollen Fähigkeit von Selbsterkenntnis und Welterkenntnis und zur Wahrnehmung und Abgrenzung zwischen *Ich* und *Du*, Selbst und Welt. Der Mensch besitzt also Abwehrkräfte in allen Seinsbereichen auf der physisch-materiellen Ebene das unspezifische Immunabwehrsystem in Form von Häuten, Hüllen, und spezifischen Organschutzfunktionen wie zum Beispiel die Tränenflüssigkeit, der saure Magensaft oder das Flimmerepitel der Atemwege oder die verschiedenen Schleimhäute. Auf der biologisch-physiologischen Lebensebene hat er das Immunsystem im eigentlichen Sinne, auf der psychosozialen Ebene Wahrnehmungs- und Differenzierungsfähigkeiten, mitbestimmt von den emotionalen Qualitäten Sympathie und Antipathie und den sozialen Fähigkeiten von Abgrenzung und Akzeptanz; auf der geistig-biographischen Ebene schließlich die Begabung zur Entwicklung und Differenzierung von Selbsterkenntnis und Welterkenntnis.

Kehren wir zum Problem der Allergie zurück, so wird uns die Feststellung nicht mehr überraschen, daß auch hier nicht nur immunologische Abwehrvorgänge im engeren Sinne existieren, die, eiweiß- oder fremdkörperorientiert, unser spezifisches Immunsystem erfüllt, sondern auch ein seelisches, psychosoziales Abwehr- und Selbstbehauptungs- oder Toleranzverhalten. Schließlich sprechen wir nicht zufällig von einer »allergischen Reaktion«, wenn wir zum Beispiel einen Mitmenschen »nicht mehr riechen können« oder er uns so unsympathisch ist, daß wir ihm aus dem Weg gehen wollen, oder daß es immer zu Streit und Auseinandersetzungen kommt, wenn wir mit ihm zu tun haben. Es sei in diesem Zusammenhang aber auch an die Trotzphase des kleinen Kindes erinnert, wenn die Kinder im Alter zwischen zwei und drei Jahren, noch bevor sie *Ich* zu sich sagen, eine Zeitlang zu allem *Nein* sagen, was nicht von ihnen selbst kommt. Ein offensichtlich für das kindliche Bewußtsein notwendiger Abgrenzungsprozeß, um anschließend dem jetzt erst unterscheidbaren Erleben zwischen *Ich* und *Nicht-Ich* im wörtlichen Sinne Ausdruck geben zu können, nämlich im *Ich*-Sagen.

Später gibt es Wiederholungen dieses Phänomens auf höherer Ebene, wenn der Mensch im Erkenntnisleben zwischen Eigenem und Fremdem oder in seiner Lebensgestaltung zwischen Selbst und Nicht-Selbst unterscheidet und in seiner Biographie schließlich seine Individualität und seinen individuellen Weg abgrenzt von den mit ihm lebenden anderen Individualitäten und deren jeweils eigenen Wegen. Eine Abgrenzung, die auf geistigem wie auch auf seelischem Gebiet unbedingt notwendig ist, die aber ebenso unbedingt von gleichzeitiger Toleranz und Akzeptanz des Gegenüber im *Du* begleitet sein muß.

Unser biologisches Immunsystem ist nun mit seinen vielfältigen differenzierten Leistungen nicht isoliert und unabhängig von unseren übrigen Abgrenzungs- und Selbsterhaltungsfähigkeiten. Vor allem von der Seite des seelischen und psycho-sozialen Erlebens und Verhaltens wie auch von mentalen, kognitiven Erkenntnis- und Beurteilungsfähigkeiten wird unser Immunsystem mit seinen spezifischen Leistungen in anregender oder hemmender Weise beeinflußt.

»Das Immunsystem ist zu einem wichtigen Glied in der psychosomatischen Funktionskette geworden. Daß die infektiöse Reaktionsweise und der Verlauf von Infektionskrankheiten von Erlebnisfaktoren abhängig ist, kann auf differenzierte Forschungen am Immunabwehrsystem im Zusammenspiel mit stressinduzierten Hormonen der Nebenniere, Schilddrüse usw. aufbauen. Die Interaktionen von psychoendokrinen Einflüssen und Immunantwort ist komplex. [...] Für den Ausbruch und den Verlauf von Infektionskrankheiten gilt, daß interindividuelle Zusammenhänge im konkreten Einzelfall auf ihre subjektive Wertigkeit hin geprüft werden müssen. Seit Virchovs Untersuchungen der Typhusepedemie in Oberschlesien 1848 ist der Einfluß sozialer Gesichtspunkte bei epidemischen Infektionskrankheiten anerkanntes Faktum. Gleichwohl sind Infektionskrankheiten, von wenigen Ausnahmen abgesehen, Individualpathologie. Nur die Einführung subjektiver Momente kann dann deutlich machen, wie aus einer allgemeinen Situation der Exposition eine kritische Situation und eine Krankheit wurde.«[88]

Das heißt, eine Infektion, der daran anschließende Ausbruch einer Infektionskrankheit und ihr Verlauf hängen nicht ausschließlich und vor allem nicht in erster Linie von der Existenz eines Erregers ab, seien es Bakterien, Viren oder anderes. Von größerer Bedeutung ist die Disposition, in der sich ein Mensch zum Zeitpunkt der Exposition einem Krankheitserreger gegenüber befindet.

Mit Disposition ist hier die Bereitschaft gemeint, auf einen Krankheitserreger in sichtbarer oder unsichtbarer, in heftiger oder schwacher Weise mit dem Immunsystem zu reagieren. Und das Immunsystem selbst, das seinerseits die momentane Gesundheits- oder Krankheitsdisposition zumindest beeinflußt, wenn nicht gar bestimmt, ist über endokrine, humorale und zentralnervöse Zusammenhänge emotionalen, kognitiven und mentalen Einflüssen gegenüber empfänglich. Mit anderen Worten heißt dies, daß die jeweilige Abwehrlage unseres Immunsystems weniger von außen, sondern vielmehr von innen, von unserem seelischen Erleben, von unseren Stimmungen, im besonderen von unserer inneren Haltung abhängt. Nicht das äußere Lebensereignis, das mir widerfährt, führt zur Schwächung meines Immunsystems, sondern die Art und Weise, wie ich seelisch-geistig darauf antworten kann. Ob ich auf einen Schicksalsschlag resignativ, depressiv, wütend, verzweifelt, fatalistisch schicksalhaft hinnehmend, positiv akzeptierend oder konstruktiv integrierend antworte – davon wird jeweils mein Immunsystem in seiner Kompetenz und Aktivität bestimmt. Die Frage, mit welcher inneren Haltung ein Mensch lebt und sein Schicksal zu meistern versucht, wird zu einer individuellen Konstitutionsfrage. Und die individuelle Konstitution prägt unsere jeweilige Krankheits- oder Gesundheitsdisposition und entscheidet damit durch die Beeinflussung des Immunsystems in vielen Fällen über Ausbruch und Verlauf von Erkrankungen.

»Daß eine Krankheit, ein kritischer Einbruch, nicht nur eine Niederlage, sondern auch Ausdruck einer Wandlung, einer neuen Situation sein kann, wurde gerade auch an der Angina tonsillaris gezeigt. Psychoanalytiker, unter anderem Freud, beschrieben eine Immunität vieler Neurotiker gegenüber Infektionskrankheiten. Bei Abbau der neurotischen Abwehr während einer Analyse sei erstmals die Fähigkeit zu einer körperlichen Krankheit zu beobachten. So berichtet Viktor von Weizsäcker von einem Patienten mit einer neurotischen Symptomatik, daß die während der Analyse auftretende Angina tonsillaris nicht nur mit dem Verlust neurotischer Symptome einherging, sondern mit der Überwindung dieser körperlichen Krankheit und der Genesung auch eine neue Lebenssituation gegeben war.«[89]

Unser Immunsystem scheint neben der normalen und angemessenen Toleranz harmloser, beziehungsweise der Abwehrmöglichkeiten gefährlicher Stoffe auf drei verschiedene Weisen unangemessen (pathologisch) reagieren zu können:

1. in einer überschießenden immunologischen Reaktion: einer *Allergie;*
2. in einer verminderten immunologischen Antwort: einer *Anergie;*
3. in einer verirrten, unangemessenen immunologischen Antwort auf körpereigene Stoffe: einer *Autoimmunerkrankung.*

Zu den Autoimmunerkrankungen

Unter Autoimmunerkrankungen verstehen wir krankhafte Prozesse, die durch eine immunologische Abwehr körpereigener Stoffe hervorgerufen werden. Dabei scheint das Immunsystem verunsichert und partiell nicht mehr in der Lage zu sein, zum eigenen Organismus Gehöriges als solches zu erkennen. Durch die heftige Abwehr körpereigener Gewebe oder Stoffe kommt es dann entsprechend den unterschiedlichen Lokalisationen der betroffenen Organe zu unterschiedlichen, in der Regel aber schweren Krankheitsbildern. Wir rechnen heute zu den Autoimmunerkrankungen zum Beispiel die Addison-Krankheit, die Basedow-Krankheit, wie auch die Hashimoto-Thyreoiditis, den jugendlichen insulinabhängigen Diabetes mellitus, die Multiple Sklerose, die Myasthenia gravis, die perniziöse Anämie, die Glomerulonephritis nach Streptokokken-Infektion, die Schuppenflechte, die rheumatoide Arthritis, die Sklerodermie und den Lupus erythematodes.

Die Zuordnung dieser Krankheitsbilder zu den Autoimmunerkrankungen ist allerdings noch nicht in allen Fällen gesichert, sondern befindet sich größtenteils noch im Bereich der wissenschaftlichen Erforschung.

Zu den sogenannten anergischen Erkrankungen

Sie beruhen auf einer zu schwachen immunologischen Abwehr von Krankheitserregern. Infolgedessen kommt es dann zu einer Infektion. Infektionskrankheiten, insbesondere das Auftreten wiederholter Infektionen wie zum Beispiel immer wiederkehrende grippale Infekte oder ähnliches, gehören zu den anergischen Reaktionen.

Auch bei der Krebserkrankung weiß man inzwischen, daß das Immunsystem geschwächt ist und der Organismus sich deshalb zu wenig gegen die ihm fremden Wachstumsprozesse abgrenzen und wehren kann.

Die schwerste und erst seit den achtziger Jahren bekannte Immunschwächekrankheit ist das »erworbene Immunmangelsyndrom« AIDS infolge HIV-Infektion.

Die Infektion kann symptomlos verlaufen, oder es kann sich ein relativ unspezifisches erstes Stadium der Krankheit in einem gippeähnlichen Bild zeigen mit Erschöpfung, Kopfschmerzen, Gliederschmerzen, geschwollenen Lymphknoten, Hautausschlägen und Fieber. Nach einer häufig jahrelangen sogenannten Latenz- oder Inkubationszeit (zweite Phase), in der keinerlei HIV-typische oder verdächtige Krankheitsbeschwerden bestehen, das heißt, der Patient gesund ist, die HIV-Infektion aber durch den entsprechenden Test nachgewiesen werden kann – kommt es schließlich zur dritten Krankheitsphase nach der HIV-Infektion. Diese Phase nennt man das LAS-Stadium, das heißt Lymphadenopathie-Syndrom, das Syndrom der geschwollenen Lymphknoten. Gleichzeitig oder bald danach kommt es dann zur Ausbildung der vierten Phase, die von vielfältigen Krankheitszeichen geprägt ist. Vor allem verschiedene »opportunistische Infektionskrankheiten« treten in diesem Stadium auf. Sie entstehen infolge der geschwächten Immunabwehrsituation des Patienten. Diese Infektionskrankheiten können sich an verschiedenen Organen manifestieren. Am häufigsten sind wohl Lunge und Zentralnervensystem betroffen, in Form der Pneumozystis Carinii, einer Toxoplasmose oder anderer viraler oder Pilzinfektionen von Hirn oder Hirnhäuten. Auch bakterielle Darminfektionen mit Durchfallerkrankungen sind häufig. Weiterhin können verschiedene Krebserkrankungen im Zusammenhang mit einer AIDS-Infektion auftreten, wobei besonders das Kaposi-Sarkom zu erwähnen ist, ein Tumor der Blutgefäße in der Haut und bösartiger Wucherungen in den lymphatischen Geweben. Im weiteren Verlauf der Erkrankung werden die Krankheitsbilder immer schwerer, die Kräfte- und Abwehrsituation der Patienten immer geringer infolge der weiteren Ausbreitung des Immunmangelsyndroms, also der eigentlichen AIDS-Symptomatik. Häufig treten in diesem letzten, jetzt fünften Krankheitsstadium auch schwere seelische Veränderungen in den Vordergrund. Schließlich führt die

AIDS-Erkrankung nach dem bisherigen Stand der Behandlungs- und Erkenntnismöglichkeiten im Verlauf der chronischen Infektions- und Krebserkrankungen infolge der aufgebrauchten, verlorengegangenen Abwehrkräfte langsam zum Tod.

Bei dem Phänomen der sogenannten »opportunistischen Infektionen« zeigt sich eine Besonderheit der AIDS-Erkrankung: Es ist ein Grenzverlust zwischen Mensch und Welt. Im Laufe der HIV-Erkrankung wird der menschliche Organismus immer offener, empfänglicher und verletzlicher für die Einwirkungen fremden Lebens (Pilze, Bakterien, Viren), das sich dann innerhalb des Organismus ausbreiten kann, weil es keine inneren Energien und Abwehrkräfte mehr gibt.

Abgrenzungsverlust und Grenzverletzungen gehören aber, so scheint es, schon vor Ausbruch der Erkrankung, also schon vor der HIV-Infektion, zur konstitutionellen Charakteristik späterer HIV-Patienten. In der Erzählung: *Die Geschichte meines Todes* des amerikanischen Schriftstellers Harold Brodkey schildert der Autor sein Leben und Sterben, nachdem bei ihm im Februar 1993 anläßlich einer Lungenentzündung, die sich als Pneumozystis Carinii herausgestellt hatte, die Diagnose AIDS gestellt wurde. In freimütiger, herber und doch feinfühliger Weise schildert der Autor seine inneren Kämpfe und Auseinandersetzungen mit dem Stigma, AIDS-krank zu sein.[90] Er zeigt, wie er zu dem Ruf kam, ein »gesichtsloser Mensch«, ein »Spiegel für die anderen« zu sein. Diese außergewöhnliche Fähigkeit, ohne Abgrenzung, ohne Selbstbehauptung, gewissermaßen selbstlos nur widerzuspiegeln, was er in der Seele anderer Menschen fand, zeichnet das Werk Brodkeys aus – und genau diese konstitutionelle Eigenschaft von selbst- und grenzenloser Weltoffenheit führte schließlich zu der Infektion mit dem Virus. Selbstlosigkeit und Weltoffenheit in übersteigertem Maße, bis es in Extremfällen zum Selbst-Verlust bei ausgelebter Weltlust kommt, scheinen konstitutionell und dispositionell HIV-begünstigende Faktoren zu sein.

Zu den Allergien

»Immerhin schätzungsweise mindestens 20 % der Bevölkerung sind gegen irgendeine Substanz allergisch. Die meisten Betroffenen leiden an allergischer Rhinitis, zu der insbesondere der Heuschnupfen zählt, oder an Bronchialasthma: Sie niesen oder ringen nach Luft, nachdem sie bestimmte Pollen oder andere im allgemeinen harmlose Substanzen eingeatmet haben. Viele Kinder und einige Erwachsene reagieren auch allergisch auf Nahrungsmittel. Andere erleiden Hautausschläge oder sogar einen allergischen Schock, nachdem sie Medikamente wie Penizillin erhalten haben. Bei wieder anderen rufen Bienenstiche starke lokale Schwellungen oder schwere systemische – den gesamten Organismus erfassende – Störungen hervor. Im Extremfall können allergische Anfälle sogar zum Tod führen.«[91]

Prinzipiell kann fast jeder Stoff in unserer Umwelt eine Allergie auslösen. Für mindestens 2. 000 Substanzen ist nach vorsichtigen Schätzungen eine allergieauslösende Wirkung inzwischen bekannt. Die Zunahme der allergieauslösenden Stoffe liegt sicher auch an der rasanten Veränderung unserer Lebenswelt infolge der ständigen Neuentwicklung von synthetischen also neuartigen Substanzen; aber auch in der weiten Verbreitung von Impfungen und Antibiotika und ähnlichen Medikamenten, die eine »natürliche« Infektion mit den »normalen« Krankheitserregern verhindern. Eine Theorie der zunehmenden allergischen Reaktionen besagt, daß unser Immunsystem durch die Vermeidung »gesunder« Infektionen unterbeschäftigt geworden ist und sich deshalb »stellvertretend« auf harmlose Stoffe stürzt und dadurch gewissermaßen zu einer »hausgemachten« Krankheit führt.

Offenbar gibt es aber allergische Reaktionen schon seit langem. So lesen wir zum Beispiel bei Lucretius im ersten vorchristlichen Jahrhundert: »Was des einen Nahrung, ist des anderen

Gift.« Diese Formulierung könnte darauf hinweisen, daß schon damals Nahrungsmittelallergien beobachtet werden konnten. Bei Galen (129 bis 199 n. Chr.), dem Leibarzt des römischen Kaisers Marc Aurel, finden wir die Beschreibung, daß einzelne Menschen in Gegenwart bestimmter Pflanzen Nießanfälle bekommen haben, eine offensichtliche allergische Reaktion.

Die häufigsten Allergieauslöser sind heute: Pflanzenpollen 11 %; Tierhaare 7 %; Hausstaubmilbe 6 %; Nahrungsmittel 6 % und Schimmelpilze 5 %; Arzneimittel 5 %; Insektengifte 3 %.[92] Die klassischen und häufigsten allergischen Erkrankungen sind:

- Asthma bronchiale
- Chronische Bindehautentzündung
- Chronischer Schnupfen
- Chronische Durchfälle
- Ekzeme
- Chronische Gelenkbeschwerden
- Heuschnupfen
- Neurodermitis
- Quinckeödem
- Urtikaria

Auch wenn prinzipiell – wie schon gesagt – jede natürliche oder synthetische Substanz bei einem allergisch empfindlich reagierenden Menschen eine entsprechende Reaktion auslösen kann, so sind die im Körper ablaufenden zellulären und molekularen Wechselwirkungen bei jeder allergischen Reaktion sehr ähnlich, unabhängig davon, auf welche Substanzen der einzelne anspricht und welche Symptome er entwickelt. Dies scheint darauf hinzudeuten, daß die allergische Reaktion als überschießende Immunantwort eines Individuums mehr über das Individuum aussagt, als über den allergieauslösenden Stoff. Sie ist hierin vielleicht dem chronischen Schmerz in gewisser Weise ähnlich, der als ein Gefühlserlebnis ja auch primär etwas über den betroffenen Menschen aussagt und weniger eine Erkenntnis über die Umwelt gibt. So könnte es sich auch bei der allergischen Reaktion um eine somatisierte seelische Gefühlsreaktion handeln, eine affektiv betonte, körperliche Antwort auf ein harmloses Erlebnis, auf welches das eine Individuum eben allergisch, das andere in harmloser Weise reagiert.

»Tatsächlich fand sich bei einer Untersuchung chronisch-allergischer Asthmatiker, daß sie, unabhängig davon, ob sie mit ihren spezifischen Inhalationsallergenen, mit unspezifischen Reizgasen, ob sie einem körperlichen Schmerzreiz ausgesetzt waren oder in einem Gespräch mit ihrer inneren Situation konfrontiert wurden, immer fand sich bei ihnen die gleiche ›allergeische Reaktion‹ der Atemwege, das heißt, sie bekamen einen ›allergischen Asthmaanfall‹. Also auch ohne Anwesenheit von Allergenen kann es schließlich zu allergischen asthmatischen Reaktionen kommen.«[93]

Jedem erfahrenen Arzt dürften Beispiele der folgenden Art bekannt sein: Eine auf Rosen allergische Dame bekam beim Anblick einer künstlichen Rose einen allergischen Asthmaanfall; ein Pollenallergiker reagierte vor dem Gemälde einer Heuernte von Monet mit einem heftigen Heuschnupfenanfall; eine rauchüberempfindlich allergisch reagierende Patientin bekam im Kino einen Asthmaanfall beim Anblick einer rauchenden Lokomotive; der auf Erdbeeren allergische Junge bekam seine allergische Reaktion beim Anblick einer Marzipan-Erdbeere. Offensichtich handelt es sich bei der allergischen Reaktion, wie diese Beispiele zeigen, um eine seelisch-körperliche und körperlich-seelische Überempfindlichkeitsreaktion, die sich wechselweise gegenseitig anregt und verstärkt, so daß eine sensible und von – unbewußten – Erwartungen stark geprägte habituelle Grundhaltung zu einer überempfindlichen, schließlich allergischen Disposition führt, die sich beim unglücklichen Zusammentreffen von einer seelischbelastenden Situation (zum Beispiel im Zusammenhang mit einer ängstlichen Erwartungshaltung) und der Exposition einer potentiell allergischen Substanz zu einer allergischen Reaktion entwickelt. Wobei es sich dann – wie gezeigt – im Laufe einer allergischen Erkrankung offenbaren kann, daß weniger der Stoff, das sogenannte Antigen, als vielmehr die ängstlich überempfindliche Erwartungshaltung des Patienten zu berücksichtigen ist.

Veränderte Lebensbedingungen, insbesondere in unseren hochtechnisierten und weltweit kommunizierenden Zivilisationen mit allzeit verfügbaren exotischen Nahrungsmitteln, mit ständig zunehmenden chemisch-synthetischen Substanzen, mit der Verbreitung antibiotischer und ähnlicher Arzneimittel, mit ängstlicher Vermeidung aller auch noch so harmlosen Infektionskrankheiten, mit einer generell weit verbreiteten Angst vor Ansteckung, Verletzung und Krankheit scheinen ein Klima zu schaffen, in dem wirkliche Auseinandersetzung, Abgrenzung und Selbstheilung kaum noch stattfinden können. Stellvertretend dafür treten die allergischen Überempfindlichkeitsreaktionen als eine besondere Art der Somatisierung in den zivilisationsgeprägten Gesellschaften am Ende unseres Jahrhunderts auf.

Nach einer Umfrage 1983 waren es in Deutschland 37 % aller erwachsenen Bundesbürger – das waren damals 17,7 Millionen Menschen – die an einer Allergie litten. Nach einer Schätzung von 1997 sind es bereits 25 Millionen Menschen, die an allergischen Reaktionen leiden; jeder siebte leidet an Heuschnupfen, 5 Millionen haben Neurodermitis, und bereits jedes zehnte Kind leidet unter Asthma. Die Tendenz ist offenbar weiter steigend, auch unter den – vor allem im Kindes- und Jungendalter – verbreiteten Nahrungsmittelallergien, sowie die in allen Lebensaltern vorkommende Hausstauballergie. Inzwischen wurde für diese kaum noch überschaubare Allergiesierungstendenz in unserer Gesellschaft auch schon eine neue Bezeichnung gefunden: das »Panallergie-Syndrom« als »Krankheit des 20. Jahrhunderts«.[94]

Das chronische Müdigkeitssyndrom/CFS

»Chronic-Fatigue-Syndrom«

Wir leben in einer Zeit der Machbarkeit. Die Zivilisation der westlichen Industrienationen ist vom technologischen Fortschritt geprägt. In ihr gelten die Ideale des Machens, der Leistung, der Effizienz und des Gewinns. Für den Prototyp des modernen westlichen Menschen bedeutet Fortschritt: machen, was zu machen ist. Fortschritt ist immer und notwendigerweise mit Wachstum und Steigerung verbunden. Er ist zum Maß unserer Zivilisation geworden. Wer nicht mitmacht, ist rückschrittlich, denn es geht schließlich um die Befreiung des Menschen.

»Die Neuzeit begann mit der Forderung nach der Emanzipation des Menschen. Dies erschien als eine großartige, wahrhaft verehrungswürdige Idee: Der aller Abhängigkeiten ledige, zu sich selbst befreite, autonome Mensch. [...] Warum wurde nichts daraus, oder doch so erschreckend wenig? Es scheint, daß der Mensch durch diese Autonomie überfordert wurde. Jedenfalls ist die Geschichte der Neuzeit die Geschichte seiner gescheiterten Autonomie, genauer: einer neuen und anderen, von ihm selbst geschaffenen Heteronomie. Denn der zu sich selbst befreite Mensch entdeckte, womit er am wenigsten gerechnet hatte – daß er in sich selbst keine Standfestigkeit hat, sondern in lauter Labilität versinkt. Er stieß auf den Defekt seiner inhaltslosen, ins Nichts gehaltenen Existenz. [...] Seitdem ist es, trotz aller verbalen Beteuerungen, mit der Würde und Selbstachtung des Menschen vorbei. Und nun verkehren sich, ganz geräuschlos, aber radikal, seine Emanzipationsbemühungen ins genaue Gegenteil: Nicht zu sich selbst, sondern von sich selbst will er sich jetzt befreien. Und damit kommt das geschichtlich neue, spezifisch moderne Kulturprojekt in Gang. Für dieses Projekt ist, verglichen mit anderen Kulturen, eine ungewöhnliche Geringschätzung des Seins und Hochschätzung des

Machens, der Produktivität des Menschen charakteristisch. [...] Das ist die Gesinnung der neuen Zeit, eines neuen Menschen-Typus, des homo faber, der die Schaffenskraft des Menschen zu einem absoluten Eigenwert erheben wird. Was machbar ist, hat seinen Wert in sich selbst und darf nicht verhindert werden, dieser Imperativ bestimmt seitdem unsere gesamte Kultur. Jahrtausenden ist er fremd gewesen, was verleiht im jetzt seine Durchschlagskraft? Warum muß, was machbar ist auch gemacht werden? Es ist ja nicht selbstverständlich, daß Machbarkeit als solche, schon einen Wert darstellt. Eigentlich schafft der Mensch doch nur, um dadurch ein Ziel zu erreichen. Schafft homo faber jetzt, um zu schaffen: Ist das Schaffen selbst sein Ziel geworden? Aber welche Motivation kann ihn dabei leiten, was kann ihm das Schaffen um des Schaffens willen so notwendig und wichtig machen?«[95] Dies ist eine Frage, die unsere Kultur und unser Menschsein im Innersten berührt – und auf Zusammenhänge mit den hier zu besprechenden »Neuen Leiden« verweist.

Wenn der tätige Mensch, der Schaffer und Macher, gearbeitet, geleistet und produziert hat, wenn er den ganzen Tag angestrengt und vielfältigen Belastungen ausgesetzt war, wenn die Termine und Verpflichtungen nie weniger, sondern immer mehr werden, und wenn auch noch die Lebensbedingungen außerhalb des Berufes, die Anforderungen in Familie, Haushalt und Freizeitgestaltung immer anstrengender und hektischer werden, dann ist es schließlich nicht anders zu erwarten, als daß Menschen in solchen Lebenszusammenhängen müde und erschöpft werden; daß sie nach Ruhe und Entspannung suchen; daß sie Schlaf und Erholung brauchen. Aber von dieser verständlichen, normalen und gesunden Müdigkeit soll hier nicht die Rede sein. Die Rede ist vielmehr von einem Zeitphänomen und einer Zivilisationskrankeit, die zwar ein bißchen ähnlich aussieht wie jene normale Ermüdung und Erschöpfung, die aber nicht einfach durch Schlaf und Erholung kuriert werden kann.

Dieses Zeitsymptom der *chronischen Erschöpfung* hat mit der geschilderten Tendenz unserer Zivilisation zu tun. Vielleicht ist sie so etwas wie eine Antwort auf die Geschwindigkeit unseres Lebens, auf die Beschleunigung unseres Fortschritts, der dem Menschen aus der Hand zu entgleiten droht und uns mitreißt.

»Die Menschheit ist von jeher zum Teil durch ihre eigene Vergangenheit bestimmt gewesen, aber dies hatte sich im allgemeinen mehr im Sinne einer bremsenden als einer bewegenden Kraft ausgewirkt: Die Macht der Vergangenheit war eher die der Trägheit (Tradition) als die des Vorantreibens. Schöpfungen der Technik jedoch wirken genau im letzteren Sinne und geben damit der viel verschlungenen Geschichte menschlicher Freiheit und Abhängigkeit eine neuartige und folgenträchtige Wendung. Mit jedem neuen Schritt (= Fortschritt) der Großtechnik setzen wir uns schon unter den Zwang zum nächsten und vermachen denselben Zwang der Nachwelt, die schließlich die Rechnung zu zahlen hat. Aber auch ohne diese Fernsicht stellt schon das tyrannische Element als solches in der heutigen Technik, das unsere Werke zu unseren Herren macht und uns sogar zwingt, sie weiter zu vervielfachen, eine ethische Herausforderung an sich dar – jenseits der Frage, wie gut oder wie schlecht jene Werke im einzelnen sind. Um der wesentlichen Autonomie willen, der Würde, die verlangt, daß wir uns selbst besitzen und uns nicht von unserer Maschine besitzen lassen, müssen wir den technologischen Galopp unter außertechnologische Kontrolle bringen.«[96]

Der »technologische Galopp« mit seinen unaufhörlichen Erfindungen und Produkten zur Erleichterung und Vervielfältigung menschlicher Arbeitskraft und zur Vereinfachung und Erleichterung des menschlichen Lebens, führt, wie auch das Phänomen der sich ständig steigernden Beschleunigung, zu einer kulturellen Sinnkrise. Wohin soll die permanente Beschleunigung, die ständige Erleichterung führen? Für welches Ziel – wenn es denn noch ein menschliches Ziel dafür gibt – und aus welchem

Motiv heraus machen wir das alles mit? Flüchten wir lieber vor einer solch lästigen, vielleicht unbeantwortbar erscheinenden Frage und stürzen uns wieder in Aktionismus? Beruhigen wir uns mit den erreichbaren, machbaren Befriedigungen, die uns der Fortschritt bereithält?

»In dieser Kultur«, so Wolfgang de Boer, »ist die Methode, das Unbehagen an der Existenz durch machbare Befriedigungen abzuwehren, zum Lebensprinzip geworden und zu höchster Virtuosität entwickelt. Nur in diesem Klima kann homo faber gedeihen. Wie läßt sich eine maximale Entfaltung des Machbaren erreichen? Das ist die Grundfrage, die sein Wünschen und Wollen beherrscht. Dieses Ziel ist nur unter einer Voraussetzung zu erreichen, nämlich, wenn man sich auf das in den einzelnen Kulturbereichen Machbare spezialisiert. Wer ökonomisch erfolgreich sein will, muß wirtschaftsfremde Gesichtspunkte oder Rücksichten ausschalten (das gab anfangs mancherlei Konflikte). Ebenso muß der Techniker, der Politiker, der Wissenschaftler und so weiter nicht-technische, nicht-politische, nicht-fachwissenschaftliche Einflüsse aus seiner Arbeit fernhalten, um optimal erfolgreich zu sein. Der neue Imperativ erzwingt daher die Verselbständigung der Kulturbereiche, indem er sie von ihrer Bezogenheit auf den Menschen abschneidet. [...] Überall wird das Tun von nicht-fachlichen Elementen gereinigt, um fachliche Höchstleistungen zu erreichen, am erfolgreichsten auf den Gebieten, die sich am leichtesten dergestalt rationalisieren lassen. Damit verlagert sich der Daseinsschwerpunkt von der Existenz auf die Ausdifferenzierung und Ausschöpfung der Kulturbereiche, auf das immer weitere Beherrschen und Machen-Können des Spezialisten oder Experten. Aus bescheidenen Anfängen wachsend, entsteht der Irrgarten unserer hochgradig verfeinerten Spezialisten-Kultur, welche für die Lebens- oder Alltagswelt nur ein diffuses Nischendasein übrigläßt, das, von Konsumreizen stimuliert, im übrigen orientierungslos, den öffentlichen Medien ausgeliefert ist. Die Menschen sind, was sie treiben (Sartre): Nicht in ihrer Existenz, sondern in dem, was sie an spezialisiertem Können leisten und machen, suchen sie jetzt ihre Identität (je weniger das gelingt, um so bedrohlicher wachsen die Frustrationen). Hölderlin hat die Lage vorausgesehen:

Ans eigene Treiben
Sind sie geschmiedet allein, und sich in der tosenden Werkstatt
Höret jeglicher nur
Und viel arbeiten die Wilden
Mit gewaltigem Arm,
Rastlos, doch immer und immer
Unfruchtbar, wie die Furien, bleibt die Mühe der Armen.«[97]

Diese Armen, die unfruchtbar, rastlos arbeiten, sind wir: die modernen Menschen.

Warum lassen wir uns vom Strudel des Machbaren mitreißen? Warum lassen wir uns vom Sog des Fortschritts hinabziehen? Was hindert uns, innezuhalten, zur Besinnung zu kommen und uns andere, neue Ziele zu setzen?

»Die Antwort läßt sich kaum verfehlen. Nur der an sich selbst verzweifelte Mensch kann das Machen so hoch schätzen, daß er sich ihm als einem Eigenwert verschreibt, weil der Reiz des Machens von der Seins-Unlust entlastet.«[98]

Der an sich selbst verzweifelte, weil motivlos und orientierungslos gewordene Mensch ist ein Leidender, auch wenn er es nicht merkt, solange er noch etwas machen kann. Denn das Machen hat immer auch die Macht des Verdeckens und Überspielens, der Sinnkrise unserer Zeit.

Eine Krise kann viele Gestalten annehmen. Eine der möglichen Formen ist in der Medizin seit rund hundert Jahren bekannt.

»Neben dem psychogenen Schmerz das zweite somatoforme Symptom von überragender Bedeutung im ausgehenden 20. Jahrhundert ist die Erschöpfung. Aus mancherlei Gründen darf man erwarten, daß Menschen, die in übervölkerten Städten ihr hektisches Leben zwischen den Ansprüchen sehr verschiedenartiger Sphären aufzuteilen haben, sich müde fühlen. Aber nicht darum geht es hier, nicht um die gesunde Müdigkeit am Abend eines aufreibenden Tages, sondern um die pathologische Müdigkeit, die Müdigkeit als Krankheit. [...]

Das in den letzten zwei Jahrzehnten des 20. Jahrhunderts mit Abstand vorherrschende Krankheitskonzept ist ohne Frage das Erschöpfungssyndrom. Wie ein wissenschaftlicher Beobachter 1990 schätzte, sind mindestens 1 Million Amerikaner derzeit als Fälle von CFIDS (Chronic fatigue immune dysfunction syndrome = Erschöpfungs-Immun-Reaktionsstörungs-Syndrom) diagnostiziert, vielleicht weitere 5 Millionen haben das Leiden und harren noch der Diagnose.

1990 gab es in den USA bereits mehr als 400 lokale CFIDS-Selbsthilfegruppen.«[99]

Bereits 1869 und 1880 gab es von dem amerikanischen Psychiater George M. Beard die erste ausführliche Beschreibung von Patienten mit schwerer und chronischer Erschöpfung, Müdigkeit, Mattigkeit, Antriebslosigkeit, Reizbarkeit und Stimmungslabilität verbunden mit unterschiedlichen, vegetativen Beschwerden. Beard prägte für dieses Beschwerdebild, das damals zu einer »Modeerscheinung« wurde und als zeitbedingte Nervosität verstanden wurde, den diagnostischen Begriff der »Neurasthenie«[100]

Nach ungefähr drei Jahrzehnten ebbte diese Welle der Neurasthenie-Erkrankungen wieder ab, bis, wiederum nach ungefähr drei Jahrzehnten das Beschwerdebild der Erschöpfung in den dreißiger Jahren in den Vereinigten Staaten wieder epidemieartig auftrat und einen neuen Namen bekam. »In den Vereinigten Staaten begann das Erschöpfungssyndrom seine Laufbahn unter dem Namen: Neuromyasthenie, der eine vermutlich durch eine Störung im Zentralnervensystem bedingte Muskelschwäche bezeichnete.

Die Vorgeschichte dieser diagnostischen Einheit reicht in das Jahr 1934 zurück. Damals brach im allgemeinen Krankenhaus in Los Angeles eine Epidemie aus von – wie seinerzeit angenommen wurde – atypischer Poliomyelitis, die 198 Beschäftigte erfaßte. [...]

Im Rückblick läßt sich nicht mit Sicherheit entscheiden, was sich seinerzeit in dem Krankenhaus wirklich abgespielt hat, und es ist durchaus nicht auszuschließen, daß in der Tat eine unbekannte Virose unter den Beschäftigten grassierte – Gliederschmerzen und betäubende Mattigkeit sind anerkannte Folgen mancher Virusinfektionen (doch sollte man nicht vergessen, daß der Normalbürger jährlich etwa vier Virusinfektionen durchsteht, und zwar durchaus nicht immer mit Gliederschmerzen und Mattigkeit, so daß diese keineswegs als automatische Folgekrankheiten einer Virose zu betrachten sind.) Worauf es hier ankommt, ist die Tatsache, daß diese Epidemie und Vorfälle ähnlicher Art zu Schablonen für die neue Krankheitseinheit Neuromyasthenie wurden. Mehr und mehr Kranke, die selbst nie von einer derartigen Epidemie erfaßt worden waren, aber sich in pathologischem Grade von Abgespanntheit und Muskelschmerzen geplagt fühlten, begannen zu glauben, daß auch sie an Neuromyasthenie litten. Kranke sind hoch zufrieden, wenn irgend ein äußerer Faktor und nicht irgend etwas in ihnen selbst als Ursache ihres Leidens in Anspruch genommen wird.«[101]

Im weiteren Verlauf hat dieses Beschwerdebild der chronischen Erschöpfung noch mehrere diagnostische Umbenennungen erfahren. Bei der Bezeichnung der »epidemischen Neuromyasthenie« war man von einem bisher unbekannten Mikroorganismus als Erreger ausgegangen. Da man jedoch diesen Erreger erstens nicht gefunden hatte und zweitens die meisten der unter chronischen Erschöpfung leidenden Patienten nie von einer Epidemie betroffen waren, taufte man in den USA 1985 die bisherige »epidemische Neuromyasthenie« um in »postinfektiöse Neuromyasthenie«.

Zwischenzeitlich wurde allerdings 1964 von Michael Epstein und Y. M. Barr ein Virus isoliert, für das 1968 der Nachweis gelang, es als verantwortlichen Erreger der Mononukleose zu identifizieren. Die infektiöse Mononukleose war mindestens seit 1889 als Krankheit unter verschiedenen Namen bekannt, so zum Beispiel als »Pfeiffersches Drüsenfieber«, als »Studentenfieber«, »Studentenkußkrankheit« oder »Monozyten-Angina«. Bekannt waren von dieser Erkrankung auch febrile Temperaturen, geschwollene Lymphknoten und eine ungeheure Schlappheit und Mattigkeit. Die infektiöse Mononukleose wurde entsprechend in »EBV-Infektion« (für Epstein-Barr-Virus) umgetauft. Naheliegenderweise wurde dann auch das bezüglich seiner Ursache immer noch ungeklärte Beschwerdebild der chronischen Erschöpfung mit der Epstein-Barr-Virus-Infektion gleichgesetzt. Endlich hatte man den »Beweis« dafür, daß chronisch Erschöpfte »wirklich krank« waren.

Allerdings stellte sich bald heraus, daß eine harmlose Infektion mit dem EBV-Virus unter der Bevölkerung so weit verbreitet, ja nahezu allgegenwärtig war, daß aus dem bloßen Vorhandensein von EBV-Antikörpern im Blut nicht die Diagnose einer chronischen Krankheit gestellt werden konnte. Außerdem gab es auch chronisch-erschöpfte Patienten, die keine EBV-Antikörper im Blut hatten. Offensichtlich waren es doch zwei verschiedene Krankheitsbilder: die infektiöse Mononukleose, die jetzt EBV-Infektion heißt, und das Krankheitsbild der chronischen Erschöpfung. Also wurde für das ursächlich noch unbekannte aber in der Bevölkerung immer bekanntere Krankheitsbild ein neuer Name geprägt. Die amerikanische Bundesgesundheitsbehörde, das »Center for Disease Control« in Atlanta prägte die Bezeichnung CFIDS für »Chronic fatigue immune dysfunction syndrome«. Diese Neubezeichnung wurde 1988 in den USA offiziell. Rund dreißig Jahre zuvor, 1956, gab es in England eine eigene Variante der chronischen Erschöpfung, die ebenfalls epidemieartig unter den Mitarbeitern des Royal Free Hospital in London aufgetreten war und 292 Angehörige des ärztlichen und Pflegepersonals erfaßte. Diese chronische Erschöpfung der Krankenhausmitarbeiter wurde inoffiziell bald »Royal Free Epidemic« genannt, offiziell aber zunächst als eine »Enzephalomyelitis benigma myalgica« diagnostiziert; später dann als »myalgische Enzephalomyelitis«, kurz ME bezeichnet.

Ein Londoner Psychiater (Simon Wessely) schrieb 1990 dazu: »Nach und nach verschob sich das Bild zur sporadischen Erkrankung, die weder epidemisch, noch ansteckend, wenngleich noch immer paretisch war. Schließlich verlor sich das Interesse für die konventionellen neurologischen Zeichen ganz, statt dessen betonte man jetzt vor allem die Wichtigkeit der Ermattung, als Kardinalsymptom. Gleichzeitig änderte sich die ätiologische Theorie. Aus einer akuten Infektionskrankheit mit einem einzigen – sei's auch unbekannten – Erreger wurde in den Nachfolgekonzepten eine postinfektiöse Erkrankung im Gefolge desselben Erregers und zuletzt im Gefolge einer Vielfalt von Erregern.«[102] Glücklicherweise konnte allerdings bei all diesen Patienten von einer wirklichen Enzephalitis keine Rede sein. In den USA gab es in den achtziger Jahren noch weitere lokal unterschiedliche Benennungen nach endemischem Auftreten der chronischen Müdigkeit – zum Beispiel »Lake Tahoe disease« oder »Yuppie-flu«.

Schließlich rückten andere Ärzte die von den Patienten geklagten Glieder- oder Muskelschmerzen in den Vordergrund ihrer Untersuchungen und Beschreibungen und nannten die Kombination von Müdigkeit und Schmerzen »Fibrositis« oder »primäre Fibromyalgie«. In letzter Zeit auch noch »postinfektiöse Myopathie«.

Zweifellos ist die Namensvielfalt dieser Erschöpfungskrankheit verwirrend – und die Suche nach einem infektiösen Krankheitserreger symptomatisch. In der Mehrheit der Erkrankungsfälle an chronischer Erschöpfung ist ihr Auftreten weder epidemisch noch endemisch, sondern sporadisch und individuell.

Warum soll ein Beschwerdebild, das in erster Linie von chronischer Mattigkeit und depressiver Verstimmung sowie Halsschmerzen, Lymphknotenschwellung und diffusen Muskelschmerzen geprägt ist, unbedingt von einem äußeren Krankheitserreger verursacht sein? Warum kann ein solches Beschwerdebild nicht auch als Ausdruck eines inneren Krankheitsgeschehens verstanden und vor allem akzeptiert werden?

Wirkt der Materialismus offensichtlich immer noch so stark in unsere Kultur hinein, daß ein leidender und kranker Mensch erst dann als »wirklich krank« akzeptiert wird, wenn seine Beschwerden durch äußere Erreger verursacht werden? Sind für uns heute die Erreger (in Form von Bakterien, Viren oder Strahlen) nicht schon auf dem Weg zu einer ebenso mystischen Krankheitserklärung zu werden, wie es die mittelalterlichen Vorstellungen von Strafe und Sühne als Ursachen der Krankheiten waren?

Es ist heute noch nicht völlig geklärt, woher das Krankheitsbild der chronischen Müdigkeit kommt, ob es von außen oder von innen, exogen viral oder endogen psychosomatisch entsteht. Erfreulicherweise wird nach jahrzehntelanger vergeblicher Suche nach einem Erreger jedoch jetzt vielerorts auch schon eine seelische Entstehung dieses Krankheitsbildes für möglich gehalten, und die an chronischer Erschöpfung Leidenden werden zunehmend genauso ernsthaft und verantwortungsvoll als behandlungswürdige Kranke akzeptiert und behandelt, als wenn es einen Erreger gäbe. Schließlich sollten wir heute so aufgeklärt und informiert sein, daß eine psychosomatische oder psychische Krankheit keine Diskriminierung mehr ist.

Wie sieht nun diese »Krankheit der neunziger Jahre«, das »chronische Müdigkeitssyndrom« (identisch mit »Chronischem Erschöpfungssyndrom«, in der englischen Fassung: »Chronic fatigue syndrome«, CFS) aus? Das CFS, wie es inzwischen allgemein genannt wird, ist charakterisiert durch eine schwere und lang andauernde Müdigkeit, die man allerdings besser als Erschöpfung oder noch besser als permanente Mattigkeit beschreiben sollte.

Wichtig für die Diagnose eines CFS ist, daß diese Müdigkeit nicht durch irgendeine andere, körperliche oder seelische Erkrankung und auch nicht als Folge einer chronischen physischen oder psychischen Belastung verursacht sein darf. An weiteren Beschwerden zeigen sich beim CFS Konzentrations- und Gedächtnisstörungen, Halsschmerzen, Lymphknotenschwellungen und Muskelschmerzen. Die Erkrankung tritt hauptsächlich zwischen dem 20. und 50. Lebensjahr auf und betrifft mehr Frauen als Männer. Die Diagnose ist sehr schwer zu stellen, da chronische Müdigkeit oder Erschöpfung als Hauptkriterium des Krankheitsbildes bei vielen körperlichen und vor allem psychiatrischen Krankheitsbildern vorkommt.

»Das CFS ist eine Erkrankung, deren Pathogenese bis heute nicht geklärt ist. [...] Im Gegensatz zu einer weit verbreiteten Meinung gibt es keine objektivierbaren Parameter, die die Diagnose eines CFS stützen oder sichern könnten. Die Diagnose wird nach rein klinisch-deskriptiven Kriterien gestellt. Dem Ausschluß anderer Erkrankungen, die zu chronischer Müdigkeit führen können, kommt im Rahmen der Diagnostik eine zentrale Bedeutung zu, wobei die Differentialdiagnose zu neuropsychiatrischen Erkrankungen einschließlich Schlafstörungen am wichtigsten ist. In diesem Zusammenhang wird diskutiert, ob das CFS eine Krankheitsentität darstellt oder in psychiatrischen Diagnosen, wie zum Beispiel Depression, somatoformen Störungen oder Neurasthenie aufgeht.«[103]

Infolge der verwirrenden Geschichte dieses Krankheitsbildes, den vielfältigen unterschiedlichen Bezeichnungen und den Unsicherheiten in der Diagnose wurden auch die Diagnosekriterien der amerikanischen Gesundheitsbehörde (CDC und der »International Chronic fatigue syndrome study group« mehrmals überarbeitet und zuletzt 1994 definiert:

Diagnosekriterien des CFS, 1994
Hauptkriterien:
Persistierende Müdigkeit oder leichte Ermüdbarkeit für mindestens sechs Monate, welche

- nicht durch eine andere Erkrankung erklärt werden kann,
- neu aufgetreten ist,
- nicht Folge einer chronischen Belastungssituation ist und
- nicht deutlich durch Bettruhe zu beheben ist und so ausgeprägt ist, daß die durchschnittliche Leistungsfähigkeit deutlich reduziert ist.

Nebenkriterien:
Mindestens vier Nebenkriterien müssen mit oder nach dem Beginn der Müdigkeit eingesetzt und für mindestens sechs Monate angehalten haben:

- Halsschmerzen
- Schmerzhafte cervikale oder axiläre Lymphknoten
- Muskelschmerzen
- Wandernde, nicht entzündliche Gelenkschmerzen
- Neu auftretende Kopfschmerzen
- Konzentrationsschwierigkeiten und Störungen des Kurzzeitgedächtnisses
- Keine Erholung durch Schlaf
- Verlängerte (länger als 24 Stunden anhaltende) generalisierte Müdigkeit nach früher tolerierten Beanspruchungen

Hinter dieser trockenen Aufzählung der Diagnosekriterien des CFS verbirgt sich bei jedem betroffenen Menschen eine lang andauernde Leidensgeschichte.

Oft treten im Zusammenhang mit der ständigen Mattigkeit, Antriebslosigkeit und erheblichen Leistungsminderung ernsthafte biographische Fragen bezüglich der eigenen Lebensziele und deren Verwirklichungsmöglichkeiten auf. Seelische Krisen, mitunter bis zu lebensmüden Stimmungen und in den meisten Fällen auch deutlich depressive Verstimmungen (seien sie nun primär oder sekundär, das heißt reaktiv) machen das Krankheitsbild der chronischen Erschöpfung über die persistierenden körperlichen Beschwerden hinaus zu einem schweren, Leib und Seele belastenden Leiden. Deshalb halte ich es für unerläßlich, dem unter einem chronischen Müdigkeitssyndrom leidenden Menschen auch seelische (psychotherapeutische, kunsttherapeutische oder heileurythmische) Hilfe zukommen zu lassen. Angesichts des starken seelischen Leidens ist die seelische Behandlung vielleicht sogar noch wichtiger als eine medikamentöse Therapie, auf die man allerdings auch nicht verzichten muß, zumal gerade mit anthroposophischen Medikamenten bereits gute Erfahrungen gemacht werden konnten.

Bei aller Streitigkeit über Einordnung und Klassifizierung des Beschwerdebildes der chronischen Müdigkeit, ob es sich dabei um eine alte oder eine neue, um eine körperliche oder seelische Erkrankung handelt, ob sie durch einen Erreger verursacht ist oder ob es eine unspezifische Immunantwort ist, in jedem Fall sollten Ärzte, Therapeuten und Angehörige nicht vergessen, daß es sich dabei um einen Menschen handelt, der in diesem Kranksein angenommen, verstanden, behandelt und begleitet sein möchte.

Der an einer chronischen Mattigkeit mit allen Begleiterscheinungen leidende Mensch ist kein »Macher« mehr, wie er zu Beginn dieses Kapitels beschrieben wurde. Er ist aus dem »Funktionszusammenhang« seines Berufes oder Privatlebens herausgefallen, weil er die Ansprüche – seine eigenen wie die seiner Mitmenschen – nicht mehr erfüllt, weil er geschwächt ist und sich kaum und nur mit großer Mühe aufraffen kann, die wichtigsten

Dinge noch zu tun. Jeder Betroffene muß unter dieser grundlosen Mattigkeit und Schwäche leiden und natürlich nach einer Erklärung suchen. Warum ist er so matt, so schwach, so antriebslos, warum hat er diese Schmerzen und diese depressive Verstimmung und diese Merkfähigkeitsstörungen, wenn es doch keinen auffindbaren äußeren Grund dafür gibt?

Vielleicht zeigt sich in dieser Erscheinung in jedem individuellen Krankheitsschicksal ein Spiegelbild der Motivationskrise unserer Zivilisation. Die Fragwürdigkeit mancher übernommenen Motive, die nicht die eigenen sind, kann uns plötzlich und unvermittelt zum Bewußtsein kommen, worauf wir in dem Moment vielleicht gar nicht gefaßt sind. Dann sinkt dieses Gefühl über die Fragwürdigkeit der eigenen Lebensmotive mit der Ahnung, daß sie von außen fremd veranlaßt sind, hinunter in das unbewußte Leben unseres Leibes. Es lähmt uns und nimmt uns unsere Kraft, unsere Initiative und unsere Leistungsfähigkeit. Ein leiblich-seelisches chronisches Erleben der Mattigkeit und Erschöpfung hat uns befallen. Der ganze Mensch ist betroffen – und der ganze Mensch, mit Leib und Leben, Seele und Geist soll Unterstützung und Hilfe bekommen, um mit dieser Gefahr unserer Zivilisation, der inneren Motivlosigkeit, fertigwerden zu können. Denn in solchen Individualschicksalen der »Neuen Leiden« zeigt sich Zeitenschicksal.

Burnout-Syndrom

Ein neues Wort macht die Runde: burnout, erschöpft und ausgebrannt. Betroffen sind vor allem Helfer, die »hilflosen Helfer«, aber auch die machtlosen Macher, die ausgebremsten Manager ebenso wie die überforderten Lehrer oder Pfarrer, und vor allem natürlich Ärzte, Psychologen, Psychotherapeuten, Sozialarbeiter,

Heilpädagogen, Erzieher, Pflegende, Berater und Therapeuten aller Art. Aber auch bei überforderten Eltern, bei Eltern von autistischen, schwer erziehbaren oder behinderten Kindern tritt dieser Zustand in Erscheinung wie auch bei Paaren in Partner- und Familienkrisen oder bei Singles in Beziehungskrisen.

Der Begriff »burnout« – zu deutsch »ausgebrannt« – wurde 1974 von dem deutsch-stämmigen amerikanischen Psychoanalytiker Herbert J. Freudenberger für einen Zustand von psychischer und physischer Erschöpfung geprägt; zeitgleich auch von S. G. Ginzburg. Dieser Begriff hat in den letzten zwei Jahrzehnten in Amerika wie auch in Europa sehr schnell Verbreitung gefunden. Nicht weniger auch das Zustandsbild, das er beschreibt: abgebaut – ausgelaugt – erschöpft – verausgabt – ausgebrannt. Worte, die einen Zustand beschreiben, den man sich gut vorstellen kann, der aber doch schwer zu definieren ist. Das Burnout-Syndrom ist heute sicher weit verbreitet, aber es ist kein anerkanntes Krankheitsbild, es ist keine medizinische Diagnose. Es ist ein Zustand und mehr noch: Es ist das Ende eines chronischen Prozesses. Es ist ein Geschehen, das von Entzündung und Begeisterung über Abkühlung und Erschöpfung bis zu Erkaltung, Verhärtung, Erstarrung und Verzweiflung reicht, kurz: burnout.

Das Burnout-Syndrom ist eine persönlich biographisch-berufliche, psycho-soziale Krisenentwicklung, die sich über eine unterschiedlich lange Zeit (Monate bis Jahre) chronisch entwickeln kann. Es kann plötzlich einsetzen oder schleichend beginnen und betrifft eher Frauen als Männer.

Die Symptome der zunehmenden physischen und psychischen Erschöpfung sind folgende: Interessenverlust, Ideen- und Handlungsverarmung, Leistungsabfall, Rückzugsverhalten und Apathie, eine gereizte, dysphorische Stimmung, Schlafstörungen, resignative und depressive oder aggressive Äußerungen, wiederholtes Krankwerden – zum Beispiel Infekte, Schmerzen, Kreislaufprobleme, Ulcera, koronare Herzkrankheit. Selbstzweifel oder Schuldzuweisungen und schließlich Sinnlosigkeitsgefühl und Verzweiflung kennzeichnen einen Verlauf, der in jedem Moment durch innere Hilfe oder äußere Veränderung günstig beeinflußt werden kann. Da das Beschwerdebild eines Burnout-Geschehens vor Kollegen und Vorgesetzen kaum zu verheimlichen ist, kommt der Akzeptanz eines solchen Prozesses ohne moralische Be- oder Verurteilung und ohne Psycho-Pathologisierung eine besondere Bedeutung zu.

Das Burnout-Geschehen ist die individuelle Antwort auf ein psycho-soziales Phänomen, das mit Erwartung, Leistung, Motiv und Ziel, mit Kommunikation und Beziehung, mit Selbstbild und Selbstgestaltung zu tun hat. Eugen Roth hat dies in humorvoller Weise folgendermaßen ausgedrückt:

Ein Mensch sagt – und ist stolz darauf –
er geh' in seinen Pflichten auf.
Bald aber, nicht mehr ganz so munter,
geht er in seinen Pflichten unter.[104]

Das Burnout-Syndrom sollte aber nicht als ein schicksalhaftes Ereignis aufgefaßt werden, das man ertragen müsse oder dem man nur durch Arbeitsplatzwechsel entkommen könne. Das offene Gespräch über Erwartungen, Motive und Ziele des »Burnout-Kandidaten« kann viel helfen beziehungsweise Schlimmeres verhindern, wenn das Gespräch rechtzeitig geführt wird.

Gesprächskreise am Arbeitsplatz, Selbsthilfegruppen, Supervisionen, Korrekturen von Erwartungen und Verbesserung der Beziehungen zu Kollegen und Vorgesetzten durch Gespräche können schon viel bewirken. Auch ein gemeinsamer Besuch von Fortbildungsveranstaltungen, Freizeitaktivitäten und insbesondere gemeinsames künstlerisches Tun sind eine wesentliche Hilfe.

Da, wie gesagt, das Burnout-Syndrom eigentlich nicht zu übersehen ist, kommt es darauf an, es auch wirklich als solches zu erkennen. Dazu ist eine Kenntnis der vielfältigen und in unterschiedlichen Phasen verlaufenden Symptome erforderlich. Deshalb seien die wichtigsten Merkmale im Folgenden zusammengefaßt:[105]

Symptomatik des Burnout-Geschehens

I. Warnsymptome der Anfangsphase

a) *Vermehrtes Engagement für Ziele*

- Hyperaktivität
- Freiwillige unbezahlte Mehrarbeit
- Gefühl der Unentbehrlichkeit
- Gefühl, nie Zeit zu haben
- Verleugnung eigener Bedürfnisse
- Verdrängung von Mißerfolgen und Enttäuschungen
- Beschränkung sozialer Kontakte auf Klienten

b) *Erschöpfung*

- chronische Müdigkeit
- Energiemangel
- Unausgeschlafenheit
- erhöhte Unfallgefahr

II. Reduziertes Engagement:

a) *allgemein*

- Unfähigkeit zu geben
- emotionale Kälte
- Verlust von Empathie
- Verständnislosigkeit
- Schwierigkeit, anderen zuhören zu können
- Zynismus

b) *in bezug auf Klienten, Patienten*
- Desillusionierung
- Verlust positiver Gefühle gegenüber Klienten/Patienten, Kollegen
- Größere Distanz zu Kollegen, Klienten/Patienten
- Meidung von Kontakten
- Aufmerksamkeitsstörungen
- Verschiebung des Schwergewichts von Hilfe zur Beaufsichtigung
- Schuldzuweisung
- Höhere Akzeptanz von Kontrollmitteln, wie Strafe oder Tranquilizern
- Stereotypisierungen
- Betonung von Fachjargon

c) *in bezug auf Arbeit*
- Desillusionierung
- Negative Einstellung zur Arbeit
- Widerwillen
- Widerstand
- Fluchtphantasien
- Unregelmäßigkeiten bei der Arbeitszeit
- vermehrte Fehlzeiten
- Verlagerung des persönlichen Schwergewichts auf Freizeit
- Besserung am Wochenende

d) *erhöhte Ansprüche (an andere)*
- Verlust von Idealismus
- Konzentration auf die eigenen Ansprüche
- Gefühl mangelnder Anerkennung
- Gefühl, ausgebeutet zu werden
- Bedürfnis nach höherer Bezahlung
- Eifersucht
- Beziehungsprobleme

III. Emotionale Reaktionen; Schuldzuweisung

a) *Depression*

- Schuldgefühle
- reduzierte Selbstachtung
- Insuffizienz-Gefühle
- Selbstmitleid
- Humorlosigkeit
- Angst und Nervosität
- Stimmungsschwankungen
- Verringerte emotionale Belastbarkeit
- Bitterkeit
- Abstumpfung der Gefühle
- Schwächegefühl
- Neigung zum Weinen
- Ruhelosigkeit
- Gefühl des Festgefahrenseins
- Hilflosigkeits- und Ohnmachtsgefühle
- Pessimismus/Fatalismus
- Apathie
- Lebensmüdigkeit

b) *Aggression*

- Schuldzuweisung an andere oder an »das System«
- Vorwürfe an andere
- Verleugnung der Eigenbeteiligung
- Ungeduld
- Launenhaftigkeit
- Intoleranz
- Kompromißunfähigkeit
- Nörgeleien und Negativismus
- Reizbarkeit
- Mißtrauen
- Häufige Konflikte mit anderen

IV. Abbau

a) *der kognitiven Leistungsfähigkeit*
- Konzentrations- u. Gedächtnisschwäche
- Ungenauigkeit
- Entscheidungsunfähigkeit
- Unfähigkeit zu klaren Anweisungen

b) *der Motivation*
- verringerte Initiative
- verringerte Produktivität
- verringertes Engagement

c) *der Kreativität*
- verringerte Phantasie
- verringerte Flexibilität

d) *Entdifferenzierung*
- schwarz-weiß Denken
- Widerstand gegen Veränderungen aller Art

V. Verflachung, Einengung

a) *des emotionalen Lebens*
- Verflachung und Einengung des gefühlsmäßigen Erlebens und Verhaltens
- Gleichgültigkeit

b) *des sozialen Erlebens*
- Weniger persönliche Anteilnahme an anderen oder betonte Bindung an einzelne
- Einengung der sozialen Kontakte
- Meidung von Gesprächen über die eigene Arbeit
- Eigenbrödeleien
- Mit sich selbst Beschäftigtsein
- Rückzug und Einsamkeit

c) *des geistigen Lebens*
- Aufgeben von Hobbies
- Desinteresse
- Langeweile

VI. Psychosomatische Reaktionen
- Schwächung des Immunsystems
- Unfähigkeit zur Entspannung in der Freizeit
- Schlafstörungen
- Alpträume
- Sexuelle Probleme
- Vegetative Beschwerden
- Herzklopfen
- Engegefühl in der Brust
- Atembeschwerden
- erhöhter Blutdruck
- Beschleunigter Puls
- Muskelverspannungen
- Rückenschmerzen
- Kopfschmerzen
- Verdauungsstörungen
- Übelkeit
- Nervöse Ticks
- Magen- Darm-Geschwüre
- Veränderte Eßgewohnheiten
- Gewichtsveränderungen
- vermehrt Alkohol, Kaffee, Nikotin, Drogen oder Medikamente

VII. Verzweiflung
- negative Einstellung zum Leben
- Hoffnungslosigkeit
- Gefühl der Sinnlosigkeit

- Selbstmordabsichten
- Existentielle Verzweiflung

Das Burnout-Syndrom, die »innere Erschöpfung« ist vielleicht kein neues Phänomen aber offensichtlich ein typisches für das ausgehende 20. Jahrhundert. Es entsteht nicht aus einer Motivlosigkeit wie das im vorigen Kapitel geschilderte chronische Müdigkeitssyndrom. Eher aus einer Fragwürdigkeit den Motiven gegenüber. Zum Beispiel stellt sich im Laufe beruflicher oder privater Erfahrungen häufig die Frage, ob die Motive, die mich zu dem Beruf gebracht haben, auch wirklich die eigenen Motive waren, oder ob ich dabei nicht doch mehr oder weniger von außen fremdbestimmt war.

Das Burnout-Geschehen hängt in seiner Entstehung mit den individuellen Motiven und Zielen des Lebens zusammen. Dabei stellen sich viele Fragen: ob die Motive selbst gewählt waren, ob sie angemessen oder unrealistisch hoch gesteckt waren, auch ob die Ziele keinen eigenen Bedürfnissen, sondern fremden Interessen entsprangen, ob sich der Lebensplan wirklich am eigenen Wesen und an den gegebenen Lebenssituationen orientiert und ob er sich entsprechend den biographischen Entwicklungen und äußeren Lebensveränderungen modifizieren kann oder ob er starr einem von außen vorgegebenen Ideal von Karriere, Erfolg und Wohlstand folgen muß. Zählt für die eigene Wertschätzung mehr Haben, Machen und Leisten – oder liegen im Leben und Reifen erstrebenswerte menschliche Werte? Aus dem persönlichen Abwägen solcher Fragen kann sich ein individuelles krisenhaftes Erleben entwickeln, bis hin zur Zuspitzung in einem Burnout-Geschehen, wenn die sozialen und beruflichen Faktoren das »passende« Umfeld dafür abgeben.

Wenn schließlich die Diskrepanz zwischen Erwartung und Wirklichkeit im Leben massiv wird, dann kann ein hoher Grad von Verzweiflung eintreten, weil Erfüllung und Ziel nicht mehr erreichbar erscheinen. Sind die Motive falsch? Sind sie unerreichbar? Oder ist die Welt so schlecht, daß sie meine Motive und Ziele nicht zuläßt?

Das sind Fragen und Zweifel an den eigenen Aufgaben und Möglichkeiten im Leben und in der Welt; Zweifel an der Bewertung der eigenen Erfahrungen, Leistungen und Möglichkeiten.

Der an sich selbst zweifelnde und verzweifelnde Mensch bleibt ohne Antworten auf seine Fragen, verliert die innere Balance im Leben, steht plötzlich einbeinig auf schwankendem, unsicheren Boden, droht zu fallen, stürzt und läßt sich schließlich selbst fallen, wenn er keinen Halt mehr erlebt. Findet er keinen Ausgleich für das empfundene, individuelle Ungleichgewicht, um es rechtzeitig in die Waagschale seiner Existenz legen zu können, kommt das Burnout-Geschehen in Gang. Es ist Ausdruck für die Tatsache, daß die Balance der individuellen spirituellen Ökonomie und Ökologie verloren gegangen ist.

Zu viel hat der Mensch erwartet und gegeben – zu wenig hat er selbst im Inneren angepflanzt, gepflegt und rekultiviert. So ist das innere Gleichgewicht gestört Die inneren Energien sind verbraucht, die Flamme von Initiative und Engagement ist »ausgebrannt«. Ein Zustand innerer Erschöpfung, Resignation und Verzweiflung beherrscht das Bild.

Um eine solche Entwicklung zu verhindern, hilft eine Orientierung an Werte, die nicht zweckgebunden und nicht durch Leistung zu erreichen sind. Gemeint sind von Staunen, Verehrung und Liebe getragene Beziehungen zur Welt, zu den Mitmenschen, zur Natur, insbesondere aber zu Literatur und Musik, darstellenden und bildenden Künsten – sowohl im genießenden Erleben wie – noch mehr – im eigenen künstlerischen Tun. In einem solchen Schaffen, das nicht leistung- oder gewinnorientiert, sondern ganz zweckfrei sich selbst und dem Menschen genug ist, macht Kunst Freude dadurch, daß sie da ist, daß sie erlebt und gelebt werden kann.

Der Weg zur Vermeidung oder Bewältigung eines Burnout-Geschehens ist somit immer ein individueller Weg. Jeder Gefährdete muß ihn für sich selbst entdecken und gehen – die genannten Hinweise auf prophylaktische oder therapeutische Möglichkeiten durch menschliche Beziehungen, durch eine Beziehung zur Natur oder durch eine Beziehung zur Welt der Künste sind die großen und unerschöpflichen Ressourcen, aus denen Hilfe zu schöpfen ist.

Erst in den schweren Ausprägungen eines Vollbildes des Burnout-Syndroms ist für den Betroffenen eine individuelle Psychotherapie erforderlich.

Bulimie

Fülle und Leere charakterisieren unsere Kultur. Fülle in den Industrienationen – Armut, Leere und Not in den Entwicklungsländern. Aber dem rauschhaften Überfluß und der Verschwendung von Genuß- und Luxusgütern nicht weniger Menschen in Konsumgesellschaften westlicher Prägung steht auch eine innere seelische und geistige Leere in erschreckendem Ausmaß in eben diesen Gesellschaften gegenüber. Materielle Fülle bis zur Überfülle, seelisch-geistige Leere, Resignation, Depression und Verzweiflung, oft bis zum Suizid – das ist die Polarität unserer Zivilisation. Und die Polarität der Zivilisationskrankheit Bulimie.

Einerseits gilt die Bulimie, die seit Beginn der achtziger Jahre unseres Jahrhunderts sowohl in der psychotherapeutischen Fachwelt wie in der breiteren Öffentlichkeit an Popularität stark zugenommen hat, als eine »neue Frauenkrankheit« – andererseits kennen wir aus medizinhistorischen Quellen dieses Krankheitsbild und auch schon seinen Namen seit bald 3000 Jahren. So finden wir zum Beispiel bereits bei Homer (um 800 v. Chr.) den Begriff »Limos« für Heißhunger und die Zusammensetzung von »Limos« mit dem Präfix »Bous« = Stier, Ochse zu »Boulimos« beziehungsweise »Bulimia« für die Bedeutung eines übermäßig schlimmen Heißhungers, nämlich eines Stierhungers, eines Ochsenhungers.

Bei Hippokrates wird unter der Bezeichnung »Limos« ein durch krankhaften Hunger ohne Sättigungsgefühl charakterisiertes Krankheitsbild beschrieben. Ebenso bei anderen antiken griechischen Autoren. Eine besonders anschauliche und eindrückliche Schilderung einer bulimischen Erkrankung finden wir in den Metamorphosen des Ovid (43 v. bis 17 n. Chr.) in der Geschichte des Erysichthon, der nach einem Frevel an der Natur – er ließ Bäume eines heiligen Haines für seine Festhalle fällen – von der Göttin Demeter mit unstillbarem Heißhunger (bulimos) bestraft wurde.

Bei Galen aus dem zweiten nachchristlichen Jahrhundert heißt es kurz: »Der gewaltige Hunger, der Bulimos heißt, ist nichts anderes als eine Ohnmacht.«[106] Dabei zielt der Begriff Ohnmacht vielleicht weniger auf eine möglicherweise im Zusammenhang mit dem ungestillten Heißhunger auftretende Bewußtlosigkeit, als vielmehr auf den Kontrollverlust beim Essen: einer Ohnmacht, seinem unersättlichen Hunger Einhalt gebieten zu können. Ein Phänomen, das wir in der heutigen Literatur eindeutig als Kontrollverlust kennen und beschreiben.

Auch bei dem griechischen Philosophen und Biographen Plutarch (45 bis 120 n. Chr.) finden wir eine sehr moderne Charakterisierung: »Es gibt viele, die ihren Körper bloß vollstopfen, um ihn auszuleeren, und ihn ausleeren, um ihn auf eine unnatürliche Weise wieder vollzustopfen.«[107]

Schließlich ist aus römischer Zeit, gerade in dem Jahrhundert um die Zeitenwende, eine Freßgier mit anschließendem Erbrechen als eine besonders vornehme und angesehene Gesellschaftssitte bekannt. Es war ein dekadentes Spiel von Fressen und Erbrechen edelster Speisen, die, wie wir wissen, halb liegend eingenommen wurden. Zum Entleeren des eben Gegessenen bedienten sich die Römer feiner Pfauenfedern und einer halben Drehung des Oberkörpers zur anderen Seite ihres Bettes, um sich gleich anschließend wieder den vollen Platten zuwenden zu können.

Auch wenn dieser Brauch durchaus nicht als bulimische Erkrankung diagnostiziert wurde – so erwähnen heute doch immer mehr Bulimiepatientinnen im Zusammenhang mit ihrer eigenen Eß- und Brechsucht diese (Un-)Sitte. Auch im Mittelalter und in der Renaissance finden wir medizingeschichtliche Hinweise auf das Vorkommen der Bulimie-Erkrankung.

Gegen Ende des 19. Jahrhunderts schien die Krankheit wieder an Bedeutung zuzunehmen: »Der Heißhunger war unbezwingbar, trat oft anfallsartig, dabei bevorzugt nachts auf. Die Nahrungsaufnahme erfolgte abnorm häufig und in großen Mengen; oft fehlte ein Sättigungsgefühl. Die Symptomatik war im ganzen flüchtig oder persistierte, so daß akute von chronischen Bulimieformen unterscheidbar wurden.«[108] Erbrechen, Ohnmachtsanwandlungen und kollapsähnliche Zustände, auch Delirien, gehörten zur weiteren Symptomatik.

Schließlich kam es in den siebziger und insbesondere in den achtziger Jahren des 20. Jahrhunderts zu einer enormen Zunahme der Erkrankungen an Bulimie. Während in früheren Epochen überwiegend Männer als Bulimiekranke beschrieben wurden, sind es in unserem Jahrhundert fast ausschließlich Frauen. Der Prozentsatz beträgt 95 %. Überwiegend sind es junge Frauen; nach Umfragen in den Vereinigten Staaten schätzt man, daß dort nahezu 10 % der Frauen zwischen 15 und 35 Jahren bulimische Episoden durchmachen. Das durchschnittliche Erkrankungsalter an Bulimie liegt mit achtzehn Jahren typischerweise nach der Pubertät, der Beginn also eindeutig später als derjenige der Anorexia nervosa (Pubertätsmagersucht).

Vor zehn Jahren dauerte es durchschnittlich fünf Jahre bis eine Bulimiepatientin erstmals wegen dieser Beschwerden in Behandlung ging. Heute ist dies dank der großen Popularität dieses Krankheitsbildes in den meisten Fällen schon deutlich früher.

Bei der Bulimie geht es – äußerlich gesehen – in erster Linie um Eß- oder Freßanfälle, deren Frequenz von ein- bis zweimal pro Woche bis zu mehrmals täglich variieren kann.

Dabei werden meist hastig große Mengen hochkalorischer Nahrungsmittel, zumeist Teigwaren oder Süßwaren, verschlungen. Diese Eßanfälle geschehen überwiegend abends oder nachts, jedenfalls immer nur, wenn die Betroffene allein ist. Auf den Eßanfall folgen in der Regel Völlegefühl, Magenschmerzen und starke Müdigkeit sowie ein sehr elendes Befinden, Scham- und Schuldgefühle, depressive Gefühle und Selbstvorwürfe bis zur Verzweiflung. Häufig schließt sich jetzt, Minuten bis Stunden nach dem Eßanfall, das selbstinduzierte (selbst herbeigeführte) Erbrechen an. Dabei ist dieses Erbrechen nicht nur – wie oft oberflächlich behauptet wird – eine rigorose Maßnahme gegen die Gewichtszunahme, sondern vielmehr der Versuch einer Wiedergutmachung aufgrund des schlechten Gewissens und der Schuldgefühle, eine Art von Selbstbestrafung für das vorherige, unkontrollierte Essen. Insofern wird das Erbrechen dann häufig auch als entlastend erlebt, verbunden mit dem beruhigenden Gefühl, daß die Mengen des Gegessenen nicht mehr den Körper belasten.

Bei einem solchen Eß- oder Freßanfall werden oft zwischen 3.000 und 5.000, in Extremfällen bis zu 10.000 Kalorien auf einmal verschlungen. Während eines Tages kann es zu Nahrungsaufnahmen bei schwer bulimiekranken Patientinnen zwischen 20.000 bis zu 55.000 Kalorien kommen. Normalerweise essen wir bei durchschnittlicher körperlicher Belastung 1.500 Kalorien am Tag!

Verständlicherweise stellt sich bei diesem abnormen Eßverhalten auch die Furcht ein, zu dick zu werden. Entsprechend werden Maßnahmen ergriffen, um dies zu verhindern: neben dem schon erwähnten Erbrechen, das natürlich im Nebeneffekt der oben geschilderten Motivation auch eine Verringerung der Gewichtszunahme erfüllt, außerdem noch Einnahme von Abführmitteln bis zum Mißbrauch; gelegentlich Entwässerungsmittel, häufig auch betonte körperliche Bewegung zum Verbrauch der aufgenommenen Kalorien und schließlich ein sehr begrenztes und eingeschränktes Essen außerhalb der Freßepisoden.

Das Denken der Patientinnen beschäftigt sich übermächtig mit der Nahrungsaufnahme. Das eigene Erleben und Verhalten wird von ihnen als unnormal, moralisch verwerflich und immer öfter auch als krank erkannt. Die Patientinnen leiden sehr unter ihrem Zustand, und die Akzeptanz der Bulimie als einer Erkrankung, die man behandeln und heilen kann, entlastet sie. In dieser Beziehung haben gerade auch die Selbsthilfegruppen – over-eater-anonymus und andere – eine wichtige und nützliche Funktion.

In ihrem seelischen Wesen und Erleben sind Bulimiepatientinnen typischerweise von starken Stimmungsschwankungen und insbesondere depressiven Verstimmungen geprägt, wobei es ihnen meist hervorragend gelingt, diese vor ihren Mitmenschen zu verbergen. Sie legen großen Wert darauf, in ihrem »normalen Leben« gut zu funktionieren, unauffällig und beliebt zu sein. Sie wollen »gemocht werden« und reden gern den anderen »nach dem Munde«. Die Urteile und Erwartungen ihrer Mitmenschen sind für sie wichtiger und folgenschwerer als ihre Selbstbeurteilung. Sie zeigen eine Schwäche bis hin zur Unfähigkeit, sich abgrenzen beziehungsweise »Nein« sagen zu können, sich selbst zu behaupten. Dabei reagieren sie sehr empfindlich, gelegentlich auch impulsiv in zwischenmenschlichen Beziehungen. In ihren eigenen Gefühlen sind sie labil, unausgeglichen und unsicher, immer mit dem Bestreben, von den anderen anerkannt und bestätigt zu werden. So entwickeln sich häufig auch starke Abhängigkeitsgefühle gegenüber ihren Mitmenschen. Das Selbsterleben und das Selbstwertgefühl verkümmern angesichts der als übermächtig erlebten Erwartungen und Beurteilungen der anderen. Bulimiepatientinnen trauen ihren eigenen Gefühlen nicht; sie unterdrücken aggressive wie depressive Stimmungen und verhalten sich nach Möglichkeit angepaßt, freundlich, nett und unauffällig; sie bieten keinen Widerstand, keine Ecken und Kanten, aber in der Tiefe ihrer Seele spüren sie eine Leere, die ihnen Angst bereitet, die sie traurig, unglücklich und voller Scham- und Schuldgefühle macht. Es fehlt das Vertrauen auf mitmenschliches Verständnis und das Vertrauen, mit den eigenen Gefühlen nach innen und nach außen leben zu können. Die unangenehmen Gefühle werden infolgedessen negiert und unterdrückt und mit betont leistungsorientiertem, unauffälligem funktionierenden Verhalten in Beruf und Privatleben erfolgreich überspielt. Erst im Alleinsein kann sich das Unglück ausleben: in der hilflosen Gier nach warmer, süßer, nahrhafter Zuwendung – im Essen von Süßigkeiten.

Die von den Patientinnen erlebte, aber unaussprechbare und unbegreifbare innere Leere verlangt nach einer angemessenen Erfüllung. Diese suchen die jungen Frauen – und finden sie in unserer Gesellschaft nicht. Was sie finden sind Konsum und Verschwendung; ein Rausch in der Materie, im Überfluß. Für alles Psychische finden sie eine Erklärung – für alles Geistige einen materiellen Ersatz, aber Verständnis und Mitgefühl ist schwer zu erlangen – und sie trauen der Welt und den Menschen in dieser Beziehung nicht. Trauen sie ja nicht einmal sich selbst. Aber mit dieser inneren Leere können sie nicht einfach weiterleben; sie müssen etwas dagegen tun, sie brauchen Erfüllung und Befriedigung. Sie finden sie einerseits in übermäßigem leistungsorientiertem Aktionismus, was ihnen häufig beruflichen Erfolg und soziale Anerkennung bringt. Und sie versuchen im stillen Alleinsein eine Erfüllung der seelischen Leere und Kälte durch das Essen. Aber es erweist sich ihnen nur als ein An- und Überfüllen, das verzweifelt wieder die sofortige Entleerung verlangt.

Die *Seele* bekommt in unserer Gesellschaft zu wenig Nahrung. Das ist es vielleicht, was uns die vielen Bulimie-Patientinnen so drastisch vor Augen führen. Ein Zeitphänomen und eine Krankheitstendenz dekadenter Kulturen.

Furcht – Angst – Panik

»Die Angst hat aufgehört, die private Angelegenheit des einzelnen zu sein. Die abendländische Menschheit überhaupt liegt in Angst und Furcht, ein unbestimmtes Vorgefühl von ungeheuren Bedrohungen erschüttert die Seinsgewissheit der Menschen. Die Aufdringlichkeit des Angstphänomens, seit 100 Jahren stetig zunehmend, hat einen bisher nie erfahrenen Grad erreicht. Sollte vielleicht die Angstkapazität der abendländischen Menschheit im Lauf der letzten drei oder vier Generationen zugenommen haben? Korrespondiert der Aufdringlichkeit des Angstphänomens ein quantitativer Faktor?«[109]

Jeder Mensch kennt Angst; jeder hat in seinem Leben Angst, und jeder weiß, was mit Angst gemeint ist. Es ist ein Begriff, der keiner Definition bedarf.

Angst ist nicht unnötig – sie ist unerläßlich. Ohne sie wären wir nicht lebensfähig und hätten keine Ahnung und kein Gespür von Gefahren oder von unseren Grenzen. Wir wären arglos und unvorbereitet den Risiken und Nöten des Lebens ausgesetzt. Angst ist ein wesentliches Element unseres Wirklichkeitssinns und unseres Orientierungsvermögens im Dasein. Sie ist selten ein schlechter Berater, meist ein guter und wichtiger Ratgeber und Helfer. Allerdings muß man sie verstehen lernen. Denn ähnlich wie beim Schmerz ist auch die Sprache der Angst nicht immer ohne weiteres verständlich. Wir müssen uns ihr schon zuwenden und gut und geduldig hinhören, wenn wir verstehen wollen, was sie uns sagen will. Und gerade das setzt voraus, was wir der Angst ungern entgegenbringen: die Berechtigung, bei uns zu sein.

Es hat sicher keine Zeit und keine Kultur gegeben, die ohne Angst oder Furcht gewesen wäre. Aber es scheint, daß die Angst in unserem Jahrhundert zugenommen hat. »Hierzulande und heutzutage leiden drei von hundert Menschen unter schlimmsten Angstattacken, und bei etwa einem Viertel der Bevölkerung ist durch diffuse Ängste die seelische und körperliche Gesundheit so beeinträchtigt, daß man von Therapiebedürftigkeit spricht (auch wenn nur die Hälfte der Betroffenen diesen Sachverhalt zugibt und entsprechende Schritte unternimmt). Das ist alarmierend.«[110]

Die Angst ist nicht wählerisch. Sie kann zu jedem Anlaß, bei jeder beliebigen Gelegenheit auftreten, sie braucht nicht immer einen besonderen Grund und nicht immer eine große Gefahr. Sie entsteht, wo es etwas gibt, und vor allem dort, wo es etwas geben könnte. Denn sie richtet sich immer auf die Zukunft; auf das, was auf uns zukommt, was wir uns vorstellen und was kommen könnte. Sie kann durch Wahrnehmungen oder Vorstellungen ausgelöst werden, die von innen oder von außen kommen, das heißt aus der eigenen körperlich-seelischen Innenwelt oder aus der uns umgebenden natürlichen, technischen oder menschlichen Umwelt.

Angst gehört zum Menschen. Jeder kann und darf sie haben. Und wenn uns jemand begegnete, der von sich sagt, er habe keine Angst und noch nie Angst gehabt, so müßte er uns ängstigen. Und er müßte, wie es in einem der Grimmschen Märchen heißt, ausziehen in die Welt, um das Fürchten zu lernen. Denn wer sich nicht ängstigen kann, dem fehlt eine wichtige menschliche Qualität. Sören Kierkegaard sah in der Angst eine für den Menschen spezifische Erscheinung: »Wäre der Mensch ein Tier oder ein Engel, würde er sich nicht ängstigen können.«[111] Und als eine der

Ursachen von Angst führt Victor Emil von Gebsattel an: »Dies aber hängt damit zusammen, daß der Mensch zusammengefügt ist aus Leib, Seele und Geist. Dieser Struktureigentümlichkeit gemäß kann der Mensch über sich hinaufsteigen oder unter sein eigenes Niveau hinabsinken. Lebend kann er das Leben einbüßen und absterben, seiend des Seins verlustig gehen. Ihn bedroht die Möglichkeit, im Dasein sich selbst zu verfehlen; aber er weiß sich aufgerufen, seine Seele zu gewinnen.«[112]

Die Angst gehört also zum Menschen, dank seiner Mittelstellung zwischen Tier und Engel, zwischen Natur und Übernatur. Dank dieser Zwischenstellung ist der Mensch frei, zu erkennen, zu wählen und zu entscheiden zwischen Gut und Böse, zwischen wahr und falsch, zwischen seinem Weg und einem anderen Weg. Die Freiheit des Menschen, das heißt seine Unbestimmtheit – so lange er sich nicht selbst bestimmt – ist der tiefere Grund für seine Angst. Unsere Angst ist wie ein Geburtsschmerz der Erkenntnis unserer Freiheit und Selbstbestimmungsmöglichkeit. Deshalb muß es die Angst geben, damit wir nicht überheblich werden. Der moderne Mensch in seinem Machbarkeitswahn ist allerdings vor der Überheblichkeit nicht geschützt – es sei denn durch die Angst.

»Wenn dir ein Mensch vorkommt, der sich so viel dünkt, und groß und breit dasteht, wend' dich um und habe Mitleid mit ihm«, so empfiehlt uns Matthias Claudius[113], denn ein solcher Mensch kann seine Angst nicht eingestehen. Er kann mit sich nicht umgehen – und dann kann er es auch mit anderen nicht. Deshalb hat er es nötig, Macht und Stärke zu demonstrieren.

Wir müssen uns hüten, Angst zu schnell als etwas Krankhaftes anzusehen. Angst ist ein wichtiges Gefühl, auch wenn es unangenehm, schmerzlich, ja furchtbar sein kann. Denn sie kann durchaus auch fruchtbar sein und ist eine sensible Wahrnehmung, ein feines Gefühl für das Kommende und mein Verhältnis zu ihm. Deshalb ist es wahrscheinlich immer die angemessenste Haltung, einem Gefühl der Angst gegenüber zu fragen: »Was willst du mir sagen?« Finden wir auf diese Frage eine Antwort, so haben wir Angst in Einsicht verwandelt.

Ziehen wir die Krankheitserscheinungen in Zusammenhang mit der Angst hinzu, so können wir sinnvollerweise zwischen Angst, Furcht und Panik unterscheiden sowie zwischen akuter Angst und chronischen Angstzuständen, Furcht und Phobie. Unter Angst verstehen wir seit Kierkegaard und Jaspers ein Gefühl, das mehr diffusen Charakter hat, das auf etwas Zukünftiges hinweist, was jedoch nicht konkret, sachlich und objektiv benennbar sein muß. Existenzangst, Zukunfts- und Beziehungsangst, Verlust- oder Todesangst können Beispiele hierfür sein. Bemerkenswert an ihnen ist, daß den Angstthemen, also der Zukunft, der Existenz, einem Verlust im Leben nicht zu entkommen ist. Der in einer solchen Beziehung ängstliche Mensch, kann im Grunde also nie angstfrei sein. Denn das ihn Ängstigende kann doch immer drohend bevorstehen.

Anders ist es bei der Furcht. Sie ist konkret und meist eindeutig benennbar. Sie bezieht sich auf Sachen, Situationen oder Lebewesen. Also zum Beispiel auf gefährliche Gegenstände wie Waffen, explosive Substanzen oder Gifte; auf gefährliche Situationen wie zum Beispiel Überfälle, tätliche Auseinandersetzungen mit bewaffneten Gegnern oder lebensgefährliche Sportarten; auf gefährliche Lebewesen wie Schlangen, wilde Raubtiere oder aggressive Mitmenschen.

Die Phobie läßt sich von der Furcht leicht unterscheiden, insofern sie sich auf Dinge, Situationen oder Lebewesen bezieht, die an sich ungefährlich sind, vor denen der Mensch also gerade *keine* Furcht zu haben braucht. Das sind zum Beispiel Messer, Nadeln oder Feuerzeuge; Situationen wie Prüfungen, Vorstellungsgespräche, weite, offene Plätze, kleine oder große geschlossene Räume, Aufzüge oder das Fliegen. Auch Tiere wie Mäuse und Spinnen können Phobien auslösen. Entsprechend dem Objekt oder der Situation, vor der eine Phobie besteht, bezeichnen wir diese Erkrankung in der medizinischen Fachsprache als Messer-Phobie, Nadel-Phobie, Feuerzeug-Phobie, Prüfungsphobie, Agora-Phobie, Klaustrophobie, Flug-Phobie, Spinnen-Phobie, Mäuse-Phobie und so weiter. Auch die Furcht vor dem Erröten in einer bestimmten Situation kann als krankhafte Erytrophobie vorkommen.

Die akute Angst, die vor einer gefährlichen, aber im Leben vielleicht unvermeidlichen Situation auftritt, ist ein sinnvolles Warnsignal, indem sie den Menschen zu einer erhöhten Aufmerksamkeit und Wachsamkeit aufruft und ihn anregt, darüber nachzudenken, wie er damit umgehen möchte.

Akute Angst hat also einen sinnvollen Charakter. Sie fordert den Menschen auf, seine Geistesgegenwart, Phantasie und Kreativität einzusetzen, um die bevorstehende Situation angemessen handhaben zu können.

Vergleichbar ist die Furcht ein effektives und zweckvolles Alarmsignal vor bestehender konkreter Gefahr, der entweder auszuweichen oder strategisch sinnvoll zu begegnen ist. Ein bekanntes Ausweichverhalten ist zum Beispiel die Flucht; ihr Gegenteil als Beispiel einer strategisch angemessenen Begegnung, wäre der Angriff als »Flucht nach vorne«.

Die Phobie ist im Unterschied dazu eine zwecklose, weil unbegründete Furcht vor einer nicht realen Gefahr, die aber *bedeutungsvoll* ist, insofern sie auf eine innerseelische und psychosoziale Entwicklung des betreffenden Menschen hinweist, die therapeutisch aufzulösen ist.

Während die akute Angst ein sinnvolles Gefühlserlebnis ist, das immer auch mit körperlichen Erlebnissen einhergeht, zum Beispiel in Form von Atembeklemmung oder Herzjagen, kalten Händen, Zittern oder Schweißausbruch, handelt es sich bei der chronischen Angst in den meisten Fällen um eine krankhafte seelische Gestimmtheit, um eine angstvoll geprägte und bestimmte

Daseinssituation eines Menschen, der diesem Gefühl nicht entgehen kann. Dies ist eine wichtige Abgrenzung zum phobischen Patienten, der aus seinem phobischen Erleben heraus immer dahin tendieren wird, diejenigen Gegenstände, Situationen oder Lebewesen, die ihm seine krankhafte Furcht einjagen, zu meiden. Das Vermeidungsverhalten ist die typische krankheitsbedingte Reaktion des Phobikers. Dagegen kann der angstneurotische Mensch, der unter einer chronischen ängstlichen Gestimmtheit leidet, den angstauslösenden Elementen seines Daseins nicht entgehen. Er hat keine Möglichkeit, den kommenden Tag, die Nacht, Menschen, die ihm begegnen, die Welt im weitesten Sinne, zu meiden. Deshalb ist er immer mehr oder weniger von seiner Angst heimgesucht, während der phobische Mensch im Vermeiden der entsprechenden Situationen oder Gegenstände furchtfrei ist.

Allerdings ist das Vermeidungsverhalten des Phobikers auf keinen Fall sinnvoll, denn es öffnet der Ausbreitungstendenz der Phobie Tür und Tor. Sein normales Leben wird im Laufe der Zeit mehr und mehr eingeengt, bis es für ihn nicht mehr erträglich ist. Deshalb sollte sich ein phobischer Patient von vornherein nie auf ein Vermeidungsverhalten einlassen. Er sollte vielmehr – mit therapeutischer Unterstützung – den phobischen Situationen immer »ins Auge sehen«.

Ängste und Phobien können sich auch auf Organe, Organfunktionen und Krankheiten beziehen, zum Beispiel Herzphobie, Magenneurose, Carzino-Phobie, AIDS-Phobie, Hypochondrie.

Zuletzt ist noch die Panikerkrankung zu erwähnen, die als jüngste Erscheinung im Rahmen der Angstkrankheiten gerade in den letzten Jahrzehnten zunehmend diagnostiziert wird. Nach einer Schätzung soll es in Deutschland (alte Bundesländer) 25.000 Patienten mit Panikattacken geben.

Bei der Panikerkrankung handelt es sich um plötzlich und spontan auftretende Angstattacken mit heftigen körperlich vegetativen Begleiterscheinungen wie Herzrasen, Hitzewallungen oder Kälteschauer, Erstickungs- und Beklemmungsgefühle, Zittern und Beben, Benommenheit und Schwindel, Schwitzen und Schmerzen in der Brust, Atemnot, verbunden mit dem Angstgefühl, sterben zu müssen, verrückt zu werden oder die Kontrolle zu verlieren. Das Entscheidende für die Panikattacke ist, daß sie spontan, das heißt ohne äußere Veranlassung, ohne Gegebenheit und Wahrnehmung einer angst- oder furchtauslösenden Situation auftritt.

Während eine phobische Reaktion wie angedeutet vermieden werden kann, ist dies den Panikattacken gegenüber nicht möglich, da sie in jeder beliebigen, auch noch so harmlosen, unverfänglichen und geschützten Situation unvermittelt und spontan auftreten.

Panikattacken ereignen sich wiederholt, also rezidivierend. Im Unterschied zur akuten – gesunden – Angst können sie nicht als Warnsignal vor einer Gefahr verstanden werden. Aber die begleitenden körperlich-vegetativen Symptome weisen auf die gemeinsame Verwandtschaft zwischen Angst und Panik hin.

Angst hängt immer auch mit unserem Organismus zusammen. Nicht nur insofern, als sie mit körperlichen Erscheinungen einhergeht; auch körperliche Erkrankungen können Angst auslösen. Es sind dies vor allem Krankheiten an Herz und Atmungsorganen, bei denen sich eine organische oder funktionelle Verengung zu einem allgemeinen Engegefühl ausweitet, das unmittelbar als Angst ins Bewußtsein tritt und als solche erlebt wird. Schließlich leitet sich das Wort »Angst« auch etymologisch von »Enge« ab.

Die körperlichen Begleitphänomene der Angst – zentralnervöse, physiologische und biochemische Prozesse – sind in vielen Untersuchungen sehr gut beobachtet und beschrieben worden. Neben dem zentralen Nervensystem – dort ist es vor allem das limbische System – sind bei der Angst besonders biochemische, hormonelle Prozesse beteiligt. So kommt es beispielsweise in Zusammenhang mit akuter Angst zu einer Aktivierung des Nebennierensystems und einer vermehrten Ausschüttung von Katecholaminen, wobei das Nebennierensystem und das Zentralnervensystem wiederum über eine Rückkoppelungsschleife funktionell miteinander verknüpft sind. »Es verdient in diesem Zusammenhang noch erwähnt zu werden, daß die gleichen biochemischen Veränderungen wie bei Angstanfällen auch bei gesteigerter Aufmerksamkeit und freudiger Erwartung auftreten, daß Angst organismisch in der Nähe von Wachheit oder Überwachheit steht«.[114]

Daß es auf körperlicher Ebene offensichtlich keinen Unterschied zwischen Angst, gesteigerter Aufmerksamkeit und auch freudiger Erwartung gibt, kann uns vielleicht auf deren Gemeinsamkeit hinweisen. Es ist eine sensible, körperlich-seelische Einstimmung auf das Kommende.

Wir hatten das Erleben von akuter Angst als sinnvoll bezeichnet, weil sie unsere Geistesgegenwart, Phantasie und Kreativität herausfordert, um einen neuen Weg, um eine Lösung zu finden. Damit ist die akute Angst überwunden und ihr Auftrag erfüllt. Die Furcht hatte ich zweckvoll genannt, indem sie auf eine konkrete Gefahr aufmerksam macht, die durch Mut zu überwinden ist.

Die Phobie, die demgegenüber zwecklos ist, weil sie vor keiner realen Gefahr warnt, halte ich aber für beachtenswert, weil sie auf eine individuelle, innerseelische und psychosoziale Entwicklung hinweist, die für den an der Phobie leidenden von Bedeutung ist. Eine Phobie kann nicht so ohne weiteres mit Mut bewältigt werden; hierzu gehören als therapeutische Ziele Entschiedenheit und Vertrauen.

Chronische Angst weist auf eine Gestimmtheit, eine seelisch-geistige Daseinsverfassung des Menschen hin, der sich sensibel und ambivalent im Zwischenreich der Freiheit, seiner Unbestimmtheit und Offenheit erlebt. Chronische Angst ist eine

»Schulung«, mit der Offenheit des eigenen Weges, mit der Unbestimmtheit der eigenen Richtung, mit der Selbstgestaltungsmöglichkeit des eigenen Daseins nicht blind und nicht leichtfertig, sondern selbstbewußt umzugehen. Das ist schwer, aber möglich. Gerade auch für den sensiblen Menschen. Allerdings wird er vielleicht für eine gewisse Strecke dieses Weges therapeutische Hilfe annehmen müssen. Ein unter Angst leidender Mensch kann diese nicht mit Mut besiegen.

Es gilt ja, die Angst vor der Angst zu überwinden, sie zu verlieren, zu verwandeln in die Erfahrung, daß die Angst, so Hans-Georg Gadamer, »der nie ganz verhallende Geburtsschrei des Menschen ist«.[115]

Um die Angst vor der Angst verwandeln zu können, bedarf es allerdings der Gelassenheit und des Vertrauens. Diese zu entwikkeln kann und sollte psychotherapeutisches Ziel der Behandlung und Begleitung angstkranker Menschen sein.

Die Zunahme chronischer oder rezidivierender Angstzustände in dem zu Ende gehenden Jahrhundert ist vielleicht auch ein Hinweis darauf, was der abendländischen Menschheit fehlt: Vertrauen.

Angst vor der Angst

Angst was kommt
Denken vor Angst, was kommt.
Angst vor dem Denken was kommt.
Angst vor dem Denken.

Wenn es kommt
kommt es wegen der Angst.
Wegen der Angst vor dem Denken,
die mir Angst macht.

Erich Fried[116]

Trauer – Resignation – Depression – Suizid

Trauer ist ein schweres und dunkles Gefühl. Es kommt ungerufen und nistet sich ein. Es vertreibt unsere Fröhlichkeit und Leichtigkeit; es engt unsere Interessen ein. Es wirft uns auf uns selbst und auf den Grund unserer Traurigkeit zurück. Das Gefühl von Traurigkeit ist schwer und kann uns in unserem normalen Leben beeinträchtigen – aber es ist niemals krankhaft.

Trauer ist ein normales, ja ein gesundes Gefühl, wenn es einen Anlaß dafür gibt; wenn wir zum Beispiel etwas uns Wichtiges im Leben verloren haben: unsere Heimat, unsere Wohnung, einen nahen Mitmenschen, Verwandten, Partner oder Freund, unsere Arbeit, unsere Aufgabe im Leben oder was immer uns nahe und kostbar ist; oder auch nur, wenn wir einen Streit oder einen Konflikt mit einem uns nahestehenden und wichtigen Menschen austragen; oder wenn wir eine schwere Enttäuschung erlebt haben.

Wenn wir nach einem solchen Verlusterleben oder einer Enttäuschung ein Gefühl von Trauer empfinden, so zeigt uns dies, daß wir eine tiefgehende Beziehung zu dem Menschen, der Angelegenheit oder der Situation hatten. Deshalb hat uns das Ereignis in unserem Innern getroffen, so daß wir betroffen sind. Vielleicht wehren wir manchmal das Gefühl von Traurigkeit ab, weil wir uns nicht gern als Getroffene zeigen, weil wir unverwundbar sein wollen.

Resignation ist ein seelisches Erleben und Verhalten des inneren – und vielleicht auch äußeren – Rückzugs, des sich Abfindens und Verzichtens. Es ist ein Zeichen des verlorenen Engagements und der aufgegebenen Hoffnung. Sie tritt ein aus einem Erleben des Unabänderlichen, des Überfordertseins, des unüberwindbaren Widerstandes. Wenn man resigniert, gibt man auf. Man kann nicht mehr und will auch nicht mehr. Denn alles hat – so ist der

Eindruck – keinen Sinn mehr. Resignation ist der momentane Verlust von Sinnhaftigkeit; man erlebt den Sinn nicht mehr, und läßt es sein.

Mit dem »Sein-lassen« ist aber auch die Chance des Loslassens verbunden, und darin werden wir wieder ungebunden, ja befreit, nicht nur von der vorigen Aufgabe oder Situation, die uns zur Fessel geworden war, sondern auch von unseren eigenen Vorstellungen und Erwartungen der Situation gegenüber, an der wir schließlich resigniert haben.

Resignation heißt aufgeben, sich lösen, sich wieder befreien. In ihr liegt immer dann eine Chance, wenn wir nicht in ihr versinken, sondern sie hinnehmen und dann wieder zu neuer Initiative finden. Resignation sollte man durchmachen – es haftet ihr nichts Endgültiges und Bleibendes an. Es ist vielleicht fruchtbarer, durch eine Resignation auch einmal Abstand und vielleicht eine Neuorientierung zu finden, als sich – aus Angst vor ihr – im Alten festzubeißen und darin zu verharren.

Wenn wir einen Grund zur Trauer haben und sie bewußt oder unbewußt abwehren, kann daraus Depression oder Schwermut entstehen. Nicht als eine gesteigerte Trauer – denn Trauer und Depression sind verschiedene Qualitäten –, sondern als eine Erkrankung im Seelischen, die in ihren schweren Erscheinungen den ganzen Menschen betrifft und eine existentielle Herausforderung darstellt. »Die Schwermut ist etwas zu schmerzliches, und sie reicht zu tief in die Wurzeln unseres menschlichen Daseins hinab, als daß wir sie den Psychiatern überlassen dürften.«[117]

Ich will versuchen, Trauer und Depression – also eine Form des gesunden und des kranken Unglücklichseins – in einigen wichtigen seelischen Qualitäten zu unterscheiden: Der Trauernde erlebt sich in seinem Traurigsein nicht allein. Er spürt die Anteilnahme seiner Mitmenschen und ist empfänglich dafür. Er erfüllt die Aufgaben und Pflichten des Lebens im Privaten wie im Beruf. Er kennt und verfolgt weiterhin seine Ziele und weiß, daß es eine Zukunft für ihn gibt. Er hat Hoffnung und erlebt *trotz* seiner Traurigkeit oder vielmehr *in* ihr, auch die Sinnhaftigkeit seines Daseins. Er lernt und erlebt das Loslassenkönnen im Prozeß des Trauerns. Er fühlt sich durch das Ereignis, das zu seiner Trauer geführt hat, nicht in seinem Selbstwert vermindert.

Ganz anders der depressive Mensch. Er erlebt sich allein; er zieht sich zurück, denn die anderen verstehen ihn sowieso nicht und immer weniger. Die Aufgaben im Leben, privat wie beruflich, fallen ihm immer schwerer, er braucht immer mehr Anstrengung, immer mehr Zeit, bis er sie vielleicht irgendwann nicht mehr erfüllen kann. Die Ziele, die es einmal gab, sind ihm zu schwer und zu weit geworden; er hat das Gefühl, daß er sie nicht mehr erreicht. Die Zukunft ist verbaut und verschlossen und zwar durch seine Vergangenheit, genauer, durch sein vermeintliches Versagen, Fehler, seine Schuld, die er in der Vergangenheit auf sich geladen hat und die er erst wieder gut machen müßte, bevor es eine bessere Zukunft geben kann. Insofern hat er auch keine Hoffnung – worauf auch? Und deshalb hat alles auch keinen Sinn mehr. Die Vergangenheit läßt ihn nicht los, und er kann sie nicht loslassen. Er kann sich weder der Gegenwart noch der Zukunft gegenüber richtig öffnen. In seinem Selbstwertgefühl erlebt er sich aufs schwerste erniedrigt.

Zusätzlich kommen bei einer depressiven Erkrankung auch noch Appetit- und Schlafstörungen sowie fakultativ die unterschiedlichsten körperlichen Beschwerden hinzu.

Auch wenn depressive Menschen ihr inneres Erleben oft als eine »große Traurigkeit« beschreiben – so ist es doch in der geschilderten Weise von einer anderen, schwereren, beengenderen und schwerer verständlichen Qualität als die der gesunden Trauer.

Die Lyrik verfügt über besondere Möglichkeiten, das schwer Begreifbare dem Verstehen etwas näher zu rücken.

Melancholie
Meine Beschützerin,
süchtig nach Grenzen
und verbündet mit Verlusten
in welcher Sprache
kann ich dich lesen?
Immer sind es die unerwarteten
Wörter
aus denen die Trauer
bricht.

PETER HÄRTLING[118]

Es gibt verschiedene Formen depressiven Krankseins. Auch wenn die modernen Klassifikationssysteme, von der Weltgesundheitsorganisation (ICD = international classification of disorders) oder von der amerikanischen Vereinigung der Psychiater (DSM = diagnostic and statistical manual of mental disease) andere, überwiegend nüchtern deskriptive Unterscheidungen vorgeben, so möchte ich doch eine Beschreibung und Unterscheidung versuchen, die seelisch-depressives Erleben einerseits und dessen mögliche Entstehung andererseits in gleicher Weise berücksichtigt.

Wir können als erstes *um*welt- und *innen*weltlabile Depressionen unterscheiden, also solche, die durch umwelt-, besser mitweltliche Erlebnisse ausgelöst und veranlaßt werden, und solche, die sich gegenüber *mit*weltlichen Erlebnissen relativ stabil zeigen, dafür aber durch unkontrollierbare Vorgänge in der eigenen leiblich-seelischen Innenwelt hervorgerufen werden können.

Eine mitweltlabile Form der Depression ist die sogenannte reaktive Depression. Es ist sicherlich die häufigste und einfachste Form depressiven Krankseins. Ein seelisches Erlebnis, ein Verlust, ein Konflikt oder eine Enttäuschung werden Anlaß für die depressive Reaktion des Menschen. Aus den eben genannten Ursachen wird schon deutlich, daß die Unterscheidung einer solchen *reaktiven Depression* von einer normalen Trauerreaktion unter Umständen nicht leicht ist. Tatsächlich liegt der Unterschied auch nicht im Anlaß und im Erlebnis, sondern in dem Menschen, der in seiner Seele oder zumindest in einem Zug seines Wesens *schwernehmend* ist.

Ein Mensch, der von seinem Charakter her einen Verlust, einen Konflikt oder eine Enttäuschung »auf die leichte Schulter« nimmt, wird auf ein solches Erlebnis nicht in dieser Weise mit einer depressiven Verstimmung antworten. Er kann und wird sich aus seiner Seele heraus ganz anders solchen Erlebnissen gegenüber einstellen und verhalten können. Dem Schwernehmenden aber geht ein solches Erlebnis viel näher, es trifft ihn zentraler in seiner Seele, das heißt, es trifft ihn eben schwer. Die Folge ist eine *depressive Reaktion* als seine ihm mögliche und angemessene Form einer seelischen Antwort. Um diese Schwere seines seelischen und häufig auch körperlichen Erlebens erträglich zu machen und sinnvoll zu bewältigen, kann ihm eine unterstützende Form von (psychotherapeutischen) Gesprächen helfen. Diese Art der depressiven Erkrankung ist in der Regel relativ kurz; meist dauert sie nicht mehr als einige Wochen.

Anders sieht es bei der nächsten Form depressiven Krankseins aus, die nicht auf ein offensichtliches Ereignis oder Erlebnis zurückgeführt werden kann. Auf den ersten Blick erscheint uns diese Form von Depression sogar unverständlich und unbegründet. Erst bei näherem und genauerem Hinsehen, vielmehr Hinhören erkennen wir – meist erst im Laufe einer Psychotherapie –, daß eine Fülle prägender Erfahrungen und sich daraus ergebende Erwartungen den Depressiven in gewisser Weise sensibilisiert haben, so daß er jetzt für manche, ihm selbst allerdings nicht immer bewußte Bereiche des Lebens, für zwischenmenschliche Begegnungen und Verhaltensweisen überempfindlich geworden ist. In seinen seelischen Antworten, das heißt in seinem Erleben und in seinem Verhalten auf scheinbar alltägliche und banale Vorkommnisse schwingt jetzt die Schwere seiner früheren Erfahrungen, das Gewicht belastender Erlebnisse und der Schmerz alter Wunden mit. Durch ihre Lebensgeschichte und seelische Konstitution, insofern sie nämlich auch etwas *Schwernehmendes* und *Schwerfühlendes* in sich haben, geht diesen Kranken durch wiederholte ähnliche Erfahrungen die Leichtigkeit ihrer Seele verloren. Das seelisch Schwere tritt in ihrem Erleben und Verhalten in den Vordergrund. Dadurch werden sie schwerfühlend, gelegentlich auch »schwermachend«. Denn ihre seelischen Reaktionen sind jetzt für die Mitmenschen auch nicht mehr leicht zu verstehen und nachzuvollziehen. Das macht es beiden Seiten gelegentlich schwer.

Diese Form des depressiven Krankseins verläuft in der Regel chronisch, das heißt, sie begleitet den Menschen eine längere Zeit seines Lebensweges, meist aber nicht so schwer, daß er nicht seinen privaten und beruflichen Aufgaben und Pflichten nachkommen könnte. Vielleicht von Zeiten mit schwereren Phasen unterbrochen.

Patienten mit einer solchen *neurotischen Depression* brauchen natürlich auch eine lange psychotherapeutische Begleitung.

Weder kurz, noch chronisch über viele Jahre hinweg, sondern in unregelmäßig wiederkehrenden Phasen verläuft die dritte Form des depressiven Krankseins. Die Phasen können von unterschiedlicher Länge sein, häufig zwischen drei und neun Monaten, nur sehr selten länger. Die gesunden Zwischenzeiten zwischen der einen und der anderen Phase können Jahre betragen. Während die beiden zuerst besprochenen Formen depressiver Erkrankung erlebnislabile also mitweltabhängige Depressionen sind, tritt diese Form depressiven Krankseins mit oder auch ohne auslösende Erlebnisse ein. Sie kommt von innen und hat ihre Ursache in der inneren leiblich-seelischen Konstitution. Solche Menschen sind so schwernehmend und schwerfühlend, daß sie aus dieser Veranlagung heraus wiederholt *schwermütig* werden.

Schwermut ist eine alte, inzwischen ungebräuchliche Bezeichnung für das Krankheitsbild dieser sogenannten »endogenen« Depression«, die heute nach amerikanischem Vorbild »major depression« genannt wird. Der Begriff Schwermut charakterisiert allerdings die wesentliche Qualität depressiven Erlebens: das Erleben der Schwere an Leib, Seele und Welt. Das ist das Urphänomen *allen* depressiven Erlebens.

Die Schwermut ist die Urform depressiven Krankseins, das schon unter der Bezeichnung »Melancholie« in der griechischen Mythologie beschrieben wird. Diese griechische Bezeichnung »Melancholie« bedeutet »Schwarzgalligkeit«; Nach der Anschauung der griechischen Humoralpathologie (Säftelehre) sind Krankheiten dadurch definiert, daß einer der vier Körpersäfte in seiner Qualität an einem Organ, im ganzen Organismus oder in der Seele vorherrscht. Bei der melancholischen Krankheit nun ist es das Überwiegen der schwarzen Galle. Nach einer antiken Beschreibung kann man sich das folgendermaßen vorstellen: »Die schwarze Galle steigt zur Öffnung der Leber empor, von dort aus zum Herzen, ihr letztes Ziel aber ist das Gehirn – so zumindest Constantinus Africanus; diese schwarze Galle aber, die ins Gehirn gelangt ist, vernebelt die Urteilsfähigkeit.«[119]

Die Melancholie ist also keine »Geisteskrankheit«, sondern sie steigt aus dem Körper, aus der Leber empor, betrifft danach das Herz, das Organ unseres Gemüts, des Fühlens und der seelischen Weltbeziehung und erreicht schließlich das Gehirn, das Organ des Denkens und des erkennenden Weltbezugs.

Durch das Aufsteigen der schwarzen Galle von der Leber, unserem Lebens- und Willensorgan, über das Herz zum Gehirn, also über das Fühlen zum Wahrnehmen, Denken und Erkennen, werden diese seelischen Qualitäten und Fähigkeiten für den Menschen verdunkelt. »Wie die Sonne ihr Licht verliert, wenn

Nebel oder Dunst sich vorschieben, so wird der Geist des Kranken, wenn der Dunst der schwarzen Galle zu ihm emporsteigt, überschüttet und verwirrt, so daß er seinen Glanz nicht entfalten kann und eine Sache nicht mehr ihrer inneren Wirklichkeit nach erkennt.«[120] Nach Constantinus Africanus entfremdet sich der Melancholiker von allem und betrachtet die Melancholie gleichsam als körperliche und seelische Krankheit.

In der deutschen Bezeichnung »Schwermut« wird das Ergebnis dieser Verdunkelung in der Seele benannt. Der Mut wird dem Menschen schwer, wenn seine Seele verdunkelt ist; er ist die Außenseite, das Welt-Zugewandt-Sein der menschlichen Seele. Er weist auf das hin, was sich einer zu tun zutraut. Mut ist also die Qualität, mit der wir der Welt begegnen. In der Schwermut ist aber auch das Gemüt durch die Verdunkelung des Herzens schwer. Das Gemüt ist die Innenseite unserer Seele. In ihm erleben und empfinden wir unsere Beziehung, unser Verhältnis zu unseren Mitmenschen, zur Welt. Mut und Gemüt, Innenseite und Außenseite der Seele, Erleben und Verhalten bedingen und ergänzen sich wechselseitig, sie können sich stärken oder schwächen. Unter der Last der Schwere – und die schwarze Galle ist auch schwer, nicht nur dunkel – können sich Mut und Gemüt eines Menschen nicht mehr frei entfalten. Der Mensch selbst kann sich nicht mehr entfalten, alles fällt ihm schwer, alles wird ihm schwerer.

Das Erleben der Schwere im Leib kann zu verschiedenen somatisierten (körperlichen, organbezogenen oder allgemeinen) Beschwerden und organisch anmutenden Schmerzen führen. Eine immer häufiger auftretende Form der Depression zeigt sich sogar fast ausschließlich in körperlichen Beschwerden oder Schmerzen: die sogenannte *larvierte* oder *maskierte Depression*.

Das Erleben der Schwere in der Seele zeigt sich im Denken, vor allem in negativen Gedanken, Zweifeln und Grübeln, im »Nicht-mehr-Freikommen« von bedrückenden Gedanken an die Vergangenheit und in negativen Erwartungen an die Zukunft; schließlich in Gedanken der Sinnlosigkeit und der Hoffnungslosigkeit, die einmünden können in lebensmüde Gedanken, in Suizid-Gedanken.

Schwere im Erleben und Fühlen drückt sich in dunklen Gefühlen aus, in niedergedrückter, freudloser und verzweifelter Stimmung und im Leiden unter einer schweren oft unerklärlichen Last, in Angst- und Schuldgefühlen.

Schwere im Wollen äußert sich zunächst darin, daß dem depressiven Menschen alles schwerer fällt als bisher; es geht ihm alles schwerer von der Hand, er fühlt sich unter einer bleischweren Last, er erlebt einen Druck und einen Sog in die Tiefe, eine Anziehung des Abgrunds und in seinem Dunkel eine scheinbare Erlösung durch den Suizid. Schwere im Wollen zeigt sich aber auch in Entscheidungsschwäche, Entschlußunfähigkeit, in Antriebsschwäche bis Antriebslosigkeit, Apathie oder auch in ungerichteter innerer Unruhe bis zum typischen und schweren Erleben der Willenslähmung.

Schwere in der Beziehung zur Welt zeigt sich im Erleben des Negativen und Gefahrvollen in der Welt aber auch des Tiefen und Schmerzlichen, des Intensiven und Wesentlichen. Eine depressive Patientin drückte es mit den Worten aus: »Ich lebe 24 Stunden täglich in meinem eigenen Schatten.« Und ein fünfzigjähriger Patient faßte sein Erleben nach monatelanger schwerer Depression folgendermaßen zusammen: »Was ich in den letzten Monaten an Erkenntnis und Bewußtseinserweiterung erlebt habe, habe ich mein ganzes Leben vorher nicht gekannt – und das ist es auf jeden Fall wert gewesen.«

Die schwere Depression, die alles verdunkelt und scheinbar kein Licht, keinen Ausweg, kein Ende und keine bessere Zukunft verspricht, kann aber auch zum Suizid führen.

Lebensmüde Stimmungen und Suizid-Gedanken sind dabei nicht Folge rationaler Überlegungen oder einer Bilanz alles Geschehenen. Sie sind vielmehr Symptom depressiven Krankseins, wie der Husten Symptom einer Bronchitis ist, allerdings ernster und schwerer. Die lebensmüde Stimmung oder die Suizidgedanken steigen bei einem depressiv Kranken aus den dunklen Tiefen seines Erlebens auf und drängen sich ihm ins Bewußtsein. Er *macht* sich seine Suizidgedanken nicht – sie *entstehen* in ihm, auch wenn er es nicht will. Er kann sich ihrer anfangs vielleicht noch erwehren, später jedoch immer weniger. Deshalb dürfen wir ihn mit seinen lebensmüden Gedanken nicht allein lassen. Wir können aber wissen, daß es ihm äußerst schwerfällt, darüber zu sprechen.

So ist es oft nötig, als Arzt oder Angehöriger den ersten Schritt zu tun und die Frage nach einer lebensmüden Stimmung oder nach Selbstmordabsichten zu stellen. Denn depressive Menschen können behandelt, ihnen kann geholfen werden; es gibt für sie immer einen anderen Ausweg als den Suizid – der Depressive kann es in seinem Kranksein nur nicht mehr sehen und auch nicht so ohne weiteres glauben, wenn wir es ihm sagen. Wir müssen ihn begleiten und therapeutisch angemessen und sinnvoll behandeln, mit allen Möglichkeiten, die eine moderne Psychiatrie, Psychotherapie und Soziotherapie einschließlich pflanzlicher oder in schweren Fällen auch chemischer Medikamente (Antidepressiva) anzubieten haben. Denn oft geht es bei der Behandlung eines schwer depressiven Menschen um Leben oder Tod. Wir wissen, daß die meisten Suizide von depressiven Menschen begangen werden.

Die Depression ist heute eine der verbreitetsten Erkrankungen. Mindestens jeder fünfte, nach einer Schätzung der WHO (Weltgesundheitsorganisation) sogar jeder dritte Mensch macht mindestens einmal in seinem Leben eine behandlungswürdige Depression durch. Weltweit schätzt man, daß es 400 bis 500 Millionen depressive Menschen gibt, und die Zahl nimmt – vor allem unter den Jugendlichen in den Großstädten – weltweit zu.

Ist es Ausdruck eines veränderten Welterlebens, eines neuen Zeitgeistes? Ist es der »Geist der Schwere« (Nietzsche), der sich der Menschen durch ihre Hinwendung zur Materie, zum Haben und Behalten mehr bemächtigen kann als in früheren Zeiten?

Wäre die Depression dann aber nicht auch ein eindringlicher, ins Zentrum vorstoßender Aufruf, einen anderen Geist in uns und unserer Zeit zu suchen und zu pflegen?

Die Depression ist das schmerzhafte Gewahrwerden der Tiefe unseres eigenen Wesens – dort liegt der Kern unseres Menschseins und die Aufgabe unseres Daseins; eine Erfahrung, die wir oft nur mit Hilfe aushalten und bestehen können, die aber voller Sinn ist, und uns weiterbringt.

Im Mond der Verschwiegenen
ewig stummen Vergangenen
ist die Asche der Schwermut
gelagert.

Es ringt sich ein Feind
um die Muschel der Seele
und schlägt sie dir auf
und peinigt die Welle,
im Herzblut getrieben.

Frühlingserwachen
treibt die Lebenden von mir –
ich bleibe allein
und meine Tränen
in mir.[121]

Das multiple Persönlichkeitssyndrom/MPS

Es war am 2. November 1789 als der Heilbronner Arzt und Magnetiseur Eberhard Gmelin nach Stuttgart zu einer einundzwanzigjährigen ledigen Kranken gerufen wurde, »welche seit mehreren Tagen täglich einen Anfall bekommt, worin sie glaubt, sie sei im zweiten Jahr ihres Lebens in ein Kloster zu Paris gekommen, dort erzogen worden, bei den letzthin daselbst ausgebrochenen Unruhen aber habe sie sich geflüchtet und sei nach Stuttgart gekommen«. Ihr Stuttgarter Hausarzt berichtete Gmelin, »daß sie seit vierzehn Tagen zeitweilig in sonderbare Zustände verfalle, in denen sie jäh verstumme und nicht auf Fragen reagiere, jedoch Personen beiderlei Geschlechts auffordere, auf ihren Knien Platz zu nehmen, ohne etwas Unschickliches dabei zu finden. Bei den ersten Anfällen dieser Art klagte sie fast jedes Mal nach einer gewissen Zeit über körperliche Leiden. Ihrem Gram darüber gab sie zuweilen auch in der Weise Ausdruck, daß sie den Umstehenden tief in die Augen sah und dazu auf französisch sagte: Bestimmt können Sie meinen Blick nicht ertragen.

Den eintreffenden Gmelin begrüßte sie in französischer Sprache. Der bestrich sodann, ohne sie zu berühren, mit flachen Handflächen ihren ganzen Körper, woraufhin sie zuletzt aus ihrem zweiten Bewußtseinszustand erwachte, mit angenehmem Staunen um sich her sah und das ganze ›Wo bin ich?‹-Ritual ablaufen ließ. Jetzt war sie wieder ganz das einfache deutsche Mädchen. Nach zwei Minuten versetzte Gmelin sie durch eine leichte Berührung wieder in hypnotische Trance, und sie verwandelte sich erneut in ihr französisches Alter ego. Nicht nur konnten die Ärzte durch Hin- und Herschalten zwischen Wach- und Trancezustand abwechselnd die eine oder die andere ihrer zwei Persönlichkeiten herbeizitieren, sondern obendrein kam während der hypnotisch induzierten Trance, noch eine weitere Persönlichkeit zum Vorschein, ein männliches Wesen, das fragte, ob ›er das magnetisierte Wasser all trink‹ [trinken] müsse, und dem es sichtlich wohltat, eine magnetisierte Wasserflasche an die Brust drücken zu dürfen. Das alles trug sich im Beisein dreier angesehener Mediziner [Gmelins sowie ihrer Hausärzte] und einer Vielzahl anderer Menschen zu.

Bevor Gmelin anderntags aus Stuttgart abreiste, instruierte er die Hausärzte, wie das Magnetisieren weiter zu handhaben sei, und den Hausärzten gelang es, die Kranke von der Vorstellung, sie sei Französin, abzubringen, so daß sie dann am 6. November wieder vollkommen gesund war und es in der Folge auch blieb.«[122]

Diese Beschreibung gilt als erster aktenkundig dokumentierter Fall einer »Multiplen Persönlichkeitsstörung«. Eberhard Gmelin hat sie 1791 selbst unter dem Titel *Materialien für die Anthropologie* im Cotta-Verlag zu Tübingen mit der Bemerkung eines »Falles von umgetauschter Persönlichkeit« veröffentlicht.[123]

Ein weiteres historisch bekannt gewordenes Beispiel für diese geheimnisvolle Erkrankung war eine Patientin des Bostoners Psychiaters Dr. Morton Prince, Sally Beauchamp, über die er 1906 seine Beobachtungen veröffentlichte unter dem Titel *The Dissociation of a Personality. A Biographical Study in Abnormal Psychology*.[124]

Die junge Patientin, die in Wirklichkeit Clara Fowler hieß, hatte sich im Frühjahr 1898 in Behandlung begeben. Prince erlebte sie zunächst als zerbrechliche, etwas prüde, humorlose und sehr religiöse Frau. Sie arbeitete in einem Heim für Kinder und kümmerte sich um Alte. Prince nannte diese Persönlichkeit: »Die Heilige«. In der Therapie kam dann – zunächst während einer Hypnose, später auch spontan – eine zweite Persönlichkeit zum Vorschein, die auf den Namen Sally hörte. Sally war alles andere als heilig. Prince beschrieb sie als kindlich, impulsiv, verführerisch, boshaft und auf spielerische Weise niederträchtig. Er nannte sie

»die kindliche Teufelin«. Nach einem Jahr Behandlung tauchte schließlich eine dritte Persönlichkeit auf, eine areligiöse, ehrgeizige und ziemlich mißmutige Realistin, die weder für Kinder noch für Alte viel übrighatte. Während der Hypnose schien die Patientin sich nun zu erinnern, daß Sally erstmals im Alter von sieben Jahren erschienen war, nach dem für sie traumatischen Tod ihres Bruders kurz nach dessen Geburt. Dreizehn Jahre später, so ergibt die hypnotische Rekonstruktion, habe dann »die Heilige« das seelische Kommando übernommen.[125]

Wie wir sehen, gab es um die Wende vom 18. zum 19. Jahrhundert einige wenige beschriebene Patientinnen mit dem Erscheinungsbild vertauschter Persönlichkeiten oder verschiedener Bewußtseinszustände, die mit der damals beliebten Modetherapie des »Magnetisierens« behandelt wurden.

Um die nächste Jahrhundertwende, vom 19. zum 20. Jahrhundert, in den Jahrzehnten der Hysterie, entstand plötzlich eine Fülle von Beschreibungen über Patientinnen, die ebenfalls Phänomene aufzuweisen hatten wie Bewußtseinspaltungen und tranceähnliche Zustände, häufig in Verbindung mit Hypnose, wobei, ganz so, wie es das Beispiel der Patientin von Morton Prince zeigt, die meisten Symptome erst im Laufe der Therapie zutage traten. Zwischen 1880 und 1910 wurden diese Patientinnen als »Hysterica« diagnostiziert.

In dem 1923 erschienenen *Lehrbuch der Psychiatrie* des großen Schweizer Psychiaters Eugen Bleuler (1857 bis 1939), der den Begriff »Schizophrenie« anstelle des bisher gebräuchlichen und unzutreffenden Begriffes der »Dementia praecox« in die Psychiatrie eingeführt hatte, finden wir, zu einer Zeit, als es dieses Krankheitsbild der nicht-schizophrenen Persönlichkeitsspaltung kaum noch gab, eine klassische Lehrbuchbeschreibung des heute sogenannten »Multiplen Persönlichkeitssyndroms«.

»Eine besondere Art der Störung der Person ist die ›alternierende Persönlichkeit‹, auch ›doppeltes Bewußtsein‹ genannt. Da ist eine Hysterica, die bis jetzt schlecht und recht lebte. Bei irgendeinem gefühlsbetonten Anlaß fällt sie in einen hysterischen Schlaf, und nach dem Erwachen hat sie ihr ganzes früheres Leben vergessen. Sie weiß nicht, wer sie ist, wo sie bisher gelebt hat, wer diejenigen sind, die sie um sich sieht. Immerhin werden gewöhnlich die üblichen Fähigkeiten des Gehens, Sprechens, Essens, der Benutzung der Kleider und dergleichen in den zweiten Zustand herübergenommen. Was die Patientin zum Verkehr mit den Menschen nötig hat, lernt sie sehr rasch wieder. Aber sie ist in ihrem Charakter eine andere: Vorher ein solides Mädchen, wird sie nun leichtfertig und genußsüchtig. Nach einiger Zeit tritt wieder ein Schlafzustand ein, worauf die Patientin in ihrem ersten Zustand erwacht. Sie weiß von der ganzen Zwischenzeit nichts; nach ihrem Wissen ist sie einmal eingeschlafen und nun wieder erwacht, wie sonst. Solche Zeiten können miteinander während Jahren abwechseln, indem immer im ersten Zustand nur die Erinnerungen der früheren ersten Zustände zur Verfügung stehen, im zweiten nur die der zweiten Reihe. Häufiger aber scheint es zu sein, daß im zweiten Zustand die erste (gesunde) Reihe, nicht aber im ersten die zweite (kranke) erinnert wird. Es kann auch vorkommen, daß schließlich der zweite Zustand ein dauernder wird, so daß auf diesem Wege eine Umbildung der Persönlichkeit eintritt. In ganz seltenen Fällen können auch mehrere solcher Zustände, jeder mit einem ganz besonderen Charakter und einer besonderen Erinnerungsreihe (Persönlichkeit) miteinander abwechseln. Man hat bis zwölf beobachtet. Auch die Fälle bloß doppelter Persönlichkeit sind übrigens sehr selten. Ihre theoretische Bedeutung ist aber doch groß, da sie zeigen, was alles eine systematische Aus- und Einschaltung von Erinnerungen und Überlegungen zustande bringen kann. Haben wir hier (im Falle der Hysterica) eine Anordnung der verschiedenen Persönlichkeiten nacheinander, so erzeugt die Schizophrenie verschiedene Persönlichkeiten nebeneinander. Übrigens brauchen wir nicht auf jene seltenen, aber allerdings demonstrativen hysterischen Fälle zurückzugreifen, können wir doch experimentell durch hypnotische Suggestion ganz Ähnliches hervorbringen, und wir wissen ja, daß in den gewöhnlichen hysterischen Dämmerzuständen die Erinnerung an die früheren Anfälle, für die die Patientin im Normalzustand amnestisch ist, erhalten sein kann oder durch Suggestion weckbar ist.«[126]

Genau hundert Jahre nach der letzten Welle hysterisch bedingter »alternierender Persönlichkeiten« erleben wir jetzt, an der Jahrhundertwende zum dritten Jahrtausend, ein erneutes Auftreten dieses rätselvollen Phänomens der sogenannten »Multiplen Persönlichkeit«.

»Schon 1982 sprachen Psychiater von einer Epidemie der multiplen Persönlichkeit. Dies waren freilich erst die Anfänge. Die multiple Persönlichkeit – deren Haupteigenschaft die Existenz zweier oder mehrerer deutlich voneinander getrennter Persönlichkeiten in einem Individuum ist, die jeweils zu einer bestimmten Zeit dominieren – wurde 1980 zu einer offiziellen Diagnose der ›American Psychiatric Association‹. [...] Zehn Jahre zuvor war die Multiple Persönlichkeit noch als reine Kuriosität erschienen.«[127] 1992, wieder zehn Jahre später »waren in jeder größeren Stadt in Nordamerika Hunderte von Multiplen in Behandlung«.

Auch wenn das beschriebene Krankheitsbild der »Multiplen Persönlichkeit« dem der vorigen Jahrhundertwende verblüffend gleicht, so ist heute in diesem Zusammenhang von Hysterie nicht mehr die Rede. »Alle Multiplen wurden als Kinder mißbraucht«, schreibt der amerikanische Psychiater F. Howland, »und zwar geschah dies meistens in einem Umfeld, das ihnen keine oder kaum Möglichkeiten bot, Schutz zu suchen, sich zu entziehen oder sich psychisch zu regenerieren. In der Regel erfolgten wiederholte sexuelle Übergriffe durch einen oder beide Elternteile oder durch eine sonstige zentrale Bezugsperson. So erschuf sie (eine multiple Patientin) sich schließlich ihre eigenen inneren Beschützer. Jede dieser Sekundärpersönlichkeiten erfüllte für sie eine ganz bestimmte psychische Funktion, wie etwa das Äußern von Wut, die Entladung sexueller oder aggressiver Impulse oder das Bewahren schmerzlicher Erinnerungen. Die alternierenden Persönlichkeiten unterscheiden sich teilweise in Alter und Geschlecht von der Primärpersönlichkeit, und etliche betrachten sich auch nicht als biologisch zur Familie gehörig. Nur gemeinsam verfügten alle diese Persönlichkeiten über die notwendigen Mittel, das Erwachsenenleben zu bewältigen. Multiplizität stellt also eine extreme Ausdrucksform des menschlichen Selbsterhaltungstriebs dar.«[128]

Das Krankheitsbild wird heute also als Folge eines frühen psychischen Traumas, in den meisten Fällen von Kindesmißhandlung oder sexuellem Mißbrauch gesehen.

Allerdings wird die »multiple Persönlichkeitsstörung« bei weitem nicht allgemein als Krankheit anerkannt. Zwar wird sie von der Vereinigung amerikanischer Psychiater in das Diagnose- und Statistik-Handbuch für Geisteskrankheiten (DSM III) aufgenommen; nicht enthalten ist diese Diagnose dagegen in der internationalen Klassifikation der Krankheiten (ICD) der Weltgesundheitsorganisation in Genf. Das DSM III definiert in seiner Fassung von 1980 das Krankheitsbild folgendermaßen:

A: Das Vorkommen zweier oder mehrerer voneinander unterscheidbarer Persönlichkeiten in einem einzigen Individuum, von denen jede jeweils zu einem bestimmten Zeitpunkt dominiert.

B: Die zu einer bestimmten Zeit dominierende Persönlichkeit bestimmt das Verhalten des Individuums.

C: Jede Einzelpersönlichkeit ist komplex und ganzheitlich, mit ihrem eigenen einmaligen Verhaltensmuster und ihren eigenen sozialen Beziehungen.

1987 wurden diese Kriterien im neu überarbeiteten DSM III R gelockert, indem der Absatz C ersatzlos gestrichen wurde. Somit ließen sich jetzt noch mehr Patienten als »Multiple Persönlichkeiten« diagnostizieren.

Schließlich wurden 1994 die Kriterien in der Neufassung des DSM/IV noch einmal neu gefaßt und dabei auch der Name des Krankheitsbildes geändert in »Dissoziative Identitätsstörung (vormals multiples Persönlichkeitssyndrom)«:

A: Die Existenz von zwei oder mehr Identitäten oder Persönlichkeitszuständen innerhalb derselben Person (jede mit ihrem eigenen relativ überdauernden Muster des Wahrnehmens, der Beziehung zur und des Denkens über die Umwelt und das Selbst).

B: Mindestens zwei dieser Identitäten oder Persönlichkeitszustände übernehmen wiederholt die Kontrolle über das Verhalten der Person.

C: Die Unfähigkeit, sich an wichtige persönliche Informationen zu erinnern, die zu gravierend ist, um sie mit gewöhnlicher Vergeßlichkeit zu erklären.

D: Die Störung rührt nicht von den direkten physiologischen Effekten einer Substanz her (etwa black-out oder chaotisches Verhalten während einer Alkohol-Intoxikation) oder von einer generellen medizinischen Beeinträchtigung (etwa Anfallsleiden). Bei Kindern sind die Symptome nicht auf imaginäre Spielgefährten oder Phantasiespiele zurückzuführen.

Es gibt mehrere Gründe, warum viele Psychiater und Psychotherapeuten dieses so definierte Krankheitsbild der sogenannten »multiplen Persönlichkeitsstörung« als Folgeerscheinung eines sexuellen Mißbrauchs im Kindesalter nicht so ohne weiteres übernehmen. Sie betonen in ihrer Ablehnung das tatsächlich bemerkenswerte Faktum, daß die meisten Symptome dieses Krankheitsbildes – vor allem das Auftreten der sogenannten verschiedenen Persönlichkeiten – erst im Verlauf der Therapie bei den Patienten zutage treten. Viele Patienten, die später die Diagnose einer »multiplen Persönlichkeitsstörung« bekommen haben, waren in psychiatrischer oder psychotherapeutischer Behandlung, weil sie unter Depressionen litten.

90 % aller Patienten mit dieser Diagnose sind Frauen; und sie sind meistens über dreißig Jahre alt. Sie zeigten zunächst keine Anzeichen für das Vorliegen einer schizophrenen Erkrankung, das heißt, sie hatten keine Persönlichkeitsspaltungen, Wahnvorstellungen oder Halluzinationen. Häufig aber traten solche schizophrenieverdächtige Phänomene wie das Hören von Stimmen oder ungewöhnliches Verhalten im Laufe der Psychotherapie auf.

Für keinen Arzt oder Psychotherapeuten kann es eine Frage sein, daß Menschen, die seelisch leiden – sei es unter den Folgen eines psychischen Traumas, einer sexuellen Mißhandlung, sei es unter Depressionen oder Angstzuständen – eine angemessene Therapie bekommen. Seelisch kranke Menschen müssen in ihrem Leiden ernst genommen und verantwortungsvoll behandelt werden. Ob man dazu allerdings in einer sehr intensiven psychotherapeutischen Zuwendung gezielt immer mehr »andere Persönlichkeiten« aus ihnen herauslocken muß – das ist doch eine berechtigte Frage. »Die Skeptiker sagen, von der Fragmentierung sei von Anfang an abzuraten. Statt immer mehr alter-Persönlichkeiten hervorzulocken und damit einen weiteren Verfall des Patienten zu verursachen, sollten wir uns vielmehr auf das gesamte Individuum konzentrieren und einer realen Person helfen, mit bevorstehenden Krisen, mit Funktionsstörungen, Verwirrung und Verzweiflung verantwortungsvoll fertig zu werden... Krankheit und Störungen werden gemäß einer zugrundeliegenden Ansicht über Gesundheit und die menschliche Natur identifiziert, gemäß Vorstellungen davon, welche Art von Wesen wir sind, und was mit uns schiefgehen kann. Eben deshalb ist das Gebiet der multiplen Persönlichkeit so sehr mit Modellen der Dissoziation angefüllt.«[129]

Der Streit zwischen den Kritikern an der Diagnose des Krankheitsbildes »Multiple Persönlichkeitsstörung« und den Befürwortern dieser Diagnose bezieht sich nicht – sehen wir von polemischen Auseinandersetzungen ab – auf die Frage, ob es derart kranke Mensch gibt. Er bezieht sich erstens auf die Frage, ob wir sie so behandeln müssen, wie es die Befürworter dieser Diagnose tun, indem sie im Laufe der Therapie immer mehr alternierende Persönlichkeiten aus ihren Patienten hervorlocken. Und zweitens bezieht er sich darauf, ob die Persönlichkeit des Menschen sich tatsächlich so vervielfältigen kann, ob es also tatsächlich eine »Multiplizierung der Persönlichkeit« geben kann. Im Durchschnitt soll eine Patientin mit der Diagnose »multiple Persönlichkeitsstörung« sechzehn verschiedene alternierende Persönlichkeiten aufweisen. In Einzelfällen wurden sogar über deren hundert beschrieben.

»Im typischen Fall weiß die originäre Persönlichkeit nichts von den anderen Persönlichkeiten. Diese wiederum sind sich oft der Aktivitäten und der inneren Einstellungen der Primärpersönlichkeit wohl bewußt. Sie können nicht selbst bestimmen, wann sie erscheinen, sondern werden oft in völlig unberechenbarer Weise durch bestimmte Auslösereize im täglichen Leben der Primärpersönlichkeit auf den Plan gerufen. Das bedeutet für die originäre Persönlichkeit eine ständige Verwirrung, da ihr aufgrund der Okkupation des Bewußtseins durch die anderen Persönlichkeiten Augenblicke, Stunden, Tage und manchmal sogar Jahre fehlen. Für die alternierenden Persönlichkeiten ist das Leben oft genug von Frustration und Ärger über die Primärpersönlichkeit geprägt, die sie als hilflos oder untüchtig wahrnehmen. Die Spannungen zwischen der Primärpersönlichkeit und den anderen Persönlichkeiten haben Ähnlichkeit mit einem Bürgerkrieg. Die Kämpfe können etwa die Form akustischer Halluzinationen (streitende Stimmen) annehmen oder sich in unerklärlichen Verletzungen (Schnittwunden, Verbrennungen, schwere Nagelbettentzündungen und andere selbst beigebrachte Verstümmelungen) niederschlagen, wenn eine der alternierenden Persönlichkeiten die Primärpersönlichkeiten bestraft. [...]

Einer meiner Patienten, Tony, beherbergte eine Persönlichkeit, deren Aufgabe es war, niemals Schmerz zu empfinden. Einmal kam Tony zu mir in die Praxis, nachdem ihn gerade mehrere Bienen am Auge gestochen hatten. Das Auge war rot geschwollen. Ich arrangierte sofort einen Termin bei einem Augenarzt, fragte aber, ehe ich Tony dorthin schickte, ob ich mit der Persönlichkeit sprechen könne, die nie Schmerz empfinde. Diese Persönlichkeit erschien, und wir redeten kurz miteinander. Dann mußte Tony los zu seinem Arzttermin. Eine Stunde später rief mich der Augenarzt an, um mir irritiert und verärgert mitzuteilen, er habe absolut keine Spur von Rötung oder Schwellung feststellen können.«[130]

Die Therapie eines solchen »Multiplen Patienten« beschreibt Howland folgendermaßen: »Nach üblichen psychiatrischen Maßstäben, die von 1 – 4 wöchentlichen Sitzungen von je 50 Minuten in der Praxis des Therapeuten ausgehen, ist es sicher sehr ungewöhnlich, sich auf therapeutische Begegnungen einzulassen, die sich über Stunden und Tage erstrecken. Aber meine eigene Arbeit hat mich zu dem Schluß geführt, daß alles, was unter 6 Wochenstunden liegt, für den Patienten wie für den Therapeuten problematisch ist. Es muß Zeit genug sein, daß Auslösereize auftreten können. Und man braucht die Zeit, um bestimmte Persönlichkeiten hervorrufen und mit ihnen interagieren zu können.«[131]

Menschen mit Depressionen, Schlafstörungen, Alpträumen, Kopfschmerzen oder Erinnerungsstörungen, die eine schwere

Kindheit durchgemacht haben, häufig auch ein Alkoholproblem oder eine Drogensucht, die schwer geplagt sind, verständlicherweise hilfsbedürftig und in ihrer eigenen Haltung eher ambivalent als gefestigt, brauchen selbstverständlich eine professionelle therapeutische Hilfe. Aber ist Fragmentierung oder Integrierung der richtige Weg? Ist es hilfreich und verantwortungsvoll, wenn ein Psychotherapeut in suggestiver Weise scheinbar andere Bewußtseinszustände oder Persönlichkeitsfragmente bei seinen Patienten hervorruft, um mit ihnen interagieren zu können und den Patienten immer wieder neue, bisher unbekannte und schreckliche Erlebnisse durchmachen zu lassen – oder wäre in solchen Fällen nicht eine stützende Therapie angemessener, die die Patienten in die Lage versetzt, mit ihren Leiden in schrittweise zu erlernender souveräner Art umzugehen, zu verbessern und zu verändern, was zu ändern ist – und das Unabänderliche mit einer durch therapeutische Hilfe zu erwerbenden inneren Stärke und Integrationskraft zu ertragen?

Wenn das Erscheinungsbild der »Multiplen Persönlichkeit« offenbar als ein Phänomen der Jahrhundertwende jetzt, soweit wir sehen, zum dritten Mal in Erscheinung tritt, so beobachten wir dabei, – bisher fast ausschließlich in den USA und in den Niederlanden, wo seit 1984 führende amerikanische Befürworter der »Multiplen Persönlichkeit« (B. Braun, R. Kluft, R. Sachs) Workshops zur Diagnose und Therapie durchführten – sowohl eine bemerkenswerte Geschwindigkeit in der Verbreitung dieses Krankheitsbildes wie auch in der Vermehrung der jeweils alternierenden Persönlichkeiten bei den einzelnen Patienten. Interessanterweise gibt es für diese fast schlagartig auftretende Vervielfältigung der »Multiplen Persönlichkeit« in den USA eine kuriose Parallelität: »Einige in ihren Funktionen wirklich gestörte Multiple, die eine schlimme Phase durchlaufen, wechseln die Persönlichkeiten sehr rasch, wobei sie jedesmal einen neuen Grundcharakter annehmen. Die Wirkung gleicht der, wenn man vor dem

Fernseher beim Channel-Surfing von einem Kanal zum anderen umschaltet. Dieser Eindruck verstärkt sich noch, weil Patienten mit sehr vielen alter-Persönlichkeiten für manche ihrer Persönlichkeiten die Namen von Figuren aus Situationskomödien, Seifenopern und Krimiserien auswählen. Zufälligerweise verbreitete sich die TV-Fernbedienung in Amerika genau um die Zeit, als die heutzutage florierenden Multiplen sich scharenweise vermehrten.«[132]

Das Erscheinungsbild der »Multiplen Persönlichkeit« mit den zahlreichen alternierenden Persönlichkeitszuständen und der entsprechenden diagnostischen Einordnung und Benennung ist ein Phänomen westlicher Zivilisation zur Jahrhundertwende.

»Die Multiple Persönlichkeit ist etwas spezifisch Westliches, eine Eigentümlichkeit der industriellen Welt, und sie findet eine schlüssige Diagnose jeweils nur in einer bestimmten Region, und auch dann nur für wenige Jahrzehnte. Sie kann jedoch auch die lokale Manifestation eines universalen Phänomens sein: der Trance.«[133]

Leider gibt es auch in den westlichen Industrienationen viele Menschen, die nach schweren traumatischen Erlebnissen in ihrer Kindheit oder Jugend später seelisch oder körperlich leiden. Daß sie Ängste, Hemmungen und Widerstände entwickeln, wenn sie sich an die Verletzungen ihrer Seele und des Körpers, wie zum Beispiel durch Mißbrauch oder Vergewaltigung, erinnern, ist heute ebenso allgemein bekannt wie andererseits die Tatsache, daß ein Vergessen nicht immer möglich ist. Denn die Verletzung gerade seelischer Wunden schmerzen oft stärker und länger als nur körperliche. In solchen und in anderen Schicksals- und Krankheitszusammenhängen hat es wahrscheinlich schon immer seelische Abspaltungen, Ausgrenzungen und Verdrängungen als Ausdrucksformen schwerer seelischer Erkrankungen gegeben. Nicht erst seit zwanzig Jahren, seit es die Beschreibung und Diagnose der sogenannten »Multiplen Persönlichkeit« gibt.

Neu ist seit den achtziger Jahren, daß eine Tendenz vorherrscht, diese seelischen Phänomene, an denen Menschen leiden, als »multiple Persönlichkeit« zu beschreiben. Welches Denken und welches Bild und Verständnis vom Menschen steht dahinter, eine Abspaltung, Aufsplitterung oder Fragmentierung seelischer Erinnerungen, Erlebnis- und Verhaltensweisen als Vervielfältigung, als Multiplizierung der Persönlichkeit zu bezeichnen?

Das Phänomen ist doch eindeutig nicht, daß es bei diesen Kranken zuviel Persönlichkeit gibt, sondern zuwenig. Die Einheit der menschlichen Identität, die Integrität der Persönlichkeit, die Unzerstörbarkeit des Ich werden nicht nur in Frage gestellt, sondern schlichtweg als nicht existent hingestellt.

Am Ende des zweiten Jahrtausends ist es noch eine »Störung«, ein »Multipler« zu sein. Die »multiple Persönlichkeitsstörung« ist noch eine Krankheitsdiagnose, die vielleicht den Boden dafür bereitet, daß es die Einheit, Integrität und Unzerstörbarkeit des Ich, der Persönlichkeit, künftig nicht mehr geben wird.

Im dritten Jahrtausend wird es dann schon normal sein, wenn die Menschen »multiphren« sind: »Es wäre ein Fehler, diesen multiphrenen Zustand als eine Form von Krankheit anzusehen. Weil er oft mit einem Gefühl der Erweiterung und des Abenteuers einhergeht. Eines Tages wird es vielleicht tatsächlich nichts mehr geben, das Multiphrenie von einfach ›normal leben‹ unterscheidet.«[134]

Offensichtlich ist eine Zeittendenz am Werk, um durch Auflösung, Aufspaltung und Vervielfältigung das Selbst des Menschen, seine Persönlichkeit und sein Ich zu zerstören. Die Bemühungen dieses zerstörerischen Zeitgeistes reichen von den High-Tech-Kommunikationsmitteln über Drogen, psychiatrisch-wissenschaftliche Forschung und Klassifikationen bis zu human-genetischen Experimenten und dem Klonen von Lebewesen – derzeit noch Tieren – als Vorstadium zum späteren Klonen von

Menschen, das heißt, dem Erzeugen von genetisch identischen Individuen in beliebiger Vielzahl. Ein gewünschter Typ von Individualität soll dann tatsächlich identisch multipliziert werden können. Dies wäre dann wohl die Erfüllung der »real existierenden multiplen Persönlichkeit«!

Wir müssen und werden den Menschen helfen, die an den Folgen seelischer Traumen und Verletzungen kranken, die an der Zersplitterung ihrer seelischen Einheit leiden – aber wir treten diesen Menschen gegenüber dafür ein, daß ihre Persönlichkeit, ihr Ich unzerstörbar ist und mit angemessener therapeutischer Hilfe auch schwere seelische Erlebnisse und Aufsplitterungen zu überwinden und zu integrieren sind. Allerdings sicher nicht – wie ich überzeugt bin – durch eine Fortsetzung, Steigerung und Vervielfältigung eines krankhaften Dissoziationsprozesses, nicht durch eine neuerliche therapeutisch begründete Provokation des seelischen Zerfalls-Prozesses. Ausgehend von dem Phänomen, daß Zeichen der Auflösung und der Zersplitterung nicht ein Zuviel, sondern ein Zuwenig an Persönlichkeit und Integrationskraft bedeuten, gilt es in therapeutischem Sinne gerade die wiederzugewinnende Ganzheit und Integrität der menschlichen Persönlichkeit, seiner seelisch-geistigen Identität zu stärken, um sie wieder ganz in den Dienst des kranken Mensch zu stellen.

Die therapeutische Provokation dissoziierter Persönlichkeitszustände, die zu der Diagnose »multiples Persönlichkeitssyndrom« oder – in der neuen Form eindeutig besser – »dissoziative Identitätsstörung« geführt hat, ist für mein Verständnis ein therapeutischer Irrweg, der ganz dem Zeitgeist der Beschleunigung und seelenloser Vervielfältigung folgt. Diese »multiplizierende, dissoziative« Therapieform führt zu einem künstlich fragmentierten, aufgespaltenen, zusammenhanglosen Persönlichkeitserleben ohne einheitliches Selbstgefühl und ohne die Chance zur Selbsterkenntnis. Der Persönlichkeit wird unter therapeutischem Vorwand die Möglichkeit zur Selbsterkenntnis genommen, »weil sie über ein reibungslos funktionierendes Muster verfügt, das Selbsterkenntnis simuliert« (Ian Hacking).

Das Auftreten dieses Zersplitterungsphänomens menschlichen Selbsterlebens mit der künstlichen Verhinderung von Selbsterkenntnis durch – ahnungslos? – falsch verstandene Therapie ist ein Fanal zur Warnung vor den Ich-Zerstörungskräften zum Jahrhundertende. Hier gilt es – wie bei manchen anderen Zeitphänomenen auch – zu zeigen, was wir unter Würde, Freiheit, Selbsterkenntnis und Selbstbestimmung des Menschen verstehen.

Ein Mensch kann in seiner Persönlichkeit nicht vervielfältigt werden. Und er darf in seinem Selbsterleben und seiner Selbsterkenntnis nicht behindert und nicht zersplittert werden.

Neue Leiden – Neue Chancen?

In einem solchen Zustand der Gesellschaft läßt sich die Menschlichkeit des Menschen nur entdecken, wenn man die tief erkrankte Gesundheit dazu befreit, ihrer Krankheit inne zu werden.[135]

GEORG PICHT

»Die Technik ist die letzte Liebe des modernen Menschen geworden. In ihrem Namen und ihr zu Ehren ist er bereit, sein eigenes Bild und seine eigene Gestalt einer verhängnisvollen Wandlung preiszugeben. Die Anbetung der Maschine gewinnt einen unheimlichen Charakter und droht, den Menschen in seinem innersten Wesen zu treffen.«[136]

Krankheiten können zu »Erziehern der Menschen«[137] werden, indem sie Aufmerksamkeit und Wachheit erzeugen und zum Handeln im Sinne von Verändern herausfordern.

Die neuen Leiden sind – vielleicht nicht mehr als die Leiden früherer Zeit aber möglicherweise drastischer und deutlicher – Spiegel unserer kulturellen Entwicklung und zivilisatorischen Veränderungen. Sie spiegeln an uns selbst, was wir durch unser Denken und Tun in der Welt an Folgen herbeigeführt haben und wie sich dadurch die Bedingungen der menschlichen Existenz verändert haben.

Durch den Umstand, daß diese »Spiegelbilder« als Krankheiten und Leiden am Menschen erscheinen, können wir uns kaum von ihnen distanzieren: Wir erleben und erleiden sie; allerdings können wir die Bilder im Spiegel der Krankheitssymptome unterschiedlich deuten, so zum Beispiel als lästige Störung oder als bedeutungsvolle Hinweise interpretieren.

Verstehen wir Krankheit als eine sinnvolle Ausdrucksgestalt der Not individueller wie auch kultureller Biographie, so kann jedes individuelle Leiden eines Menschen zur individuellen und kulturellen Chance werden; im »Kleinen« der individuellen Biographie des Betroffenen wie im »Großen« der Entwicklung einer ganzen Kultur. Denn sowohl der einzelne leidende Mensch als auch die aufmerksam miterlebenden Zeitgenossen können am Leid wach werden für die Gefahren und für die Not-wendenden Veränderungen. Günter Eich greift diesen Aspekt in einem seiner Gedichte auf.

Betrachtet die Fingerspitzen

Betrachtet die Fingerspitzen, ob sie sich schon verfärben!
Eines Tages kommt sie wieder, die ausgerottete Pest.
Der Postbote wirft sie als Brief in den rasselnden Kasten,
als eine Zuteilung von Heringen liegt sie auf dem Teller,
die Mutter reicht sie dem Kind als Brust.

Was tun wir, da niemand mehr lebt von denen,
die mit ihr umzugehen wußten?
Wer mit dem Entsetzlichen gut Freund ist,
kann seinen Besuch in Ruhe erwarten.
Wir richten uns immer wieder auf das Glück ein,
aber es sitzt nicht gern auf unseren Sesseln.

Betrachtet die Fingerspitzen! Wenn sie sich schwarz färben
ist es zu spät.[138]

Die Veränderungen unserer Zivilisation, die sich im Laufe nur eines Menschenlebens vollzogen haben, imponieren dem historischen Blick als besonders radikal und tiefgehend, radikaler und einschneidender als viele Entwicklungsschritte in früheren Zeiten. Unsere Zeit hat gewaltige Veränderungen erlebt und hat einschneidende Umwälzungen gezeitigt. Vergegenwärtigen wir uns einmal beispielhaft die Lebenszeit jener Generation, die etwa in den Jahren des Ersten Weltkrieges, also im zweiten Jahrzehnt des Jahrhunderts geboren wurden. In bezug auf die Politik haben sie zum Beispiel eine Monarchie, eine Republik, eine Diktatur, zwei Weltkriege und eine Demokratie erlebt, also Armut, Not und Wohlstand im Wechsel. In ihrer Kindheit und Jugendzeit konnten sie sich das, womit ihre Enkel heute ganz selbstverständlich aufwachsen, noch nicht einmal vorstellen. Nichts davon hatte es in ihrer Kindheit gegeben wie zum Beispiel Fernsehen, Mobiltelefon, Telefax, Internet, Organtransplantationen. Im Verlauf des Jahrhunderts erlebten sie die Entwicklung von Auto und Flugzeug bis hin zur Raumfahrt und der ersten Landung eines Menschen auf dem Mond. Sie erlebten aber auch die Haltlosigkeit und Auflösung traditioneller Bindungen besonders in Ehe und Familie und das Auftreten all der hier geschilderten »Neuen Leiden« mit ihren Tendenzen zu Selbstauflösung und Identitätsverlust.

Diese für unsere Zeit tatsächlich typischen Veränderungen greifen durch ihre Auswirkungen auf Raum und Zeit, Kommunikation und Identitätszustand in alle Seins-Kategorien des Menschen ein:

- in die räumliche Kategorie des menschlichen Leibes,
- in die zeitliche Kategorie seines Lebens,
- in die Kommunikationskategorie seiner zwischenmenschlichen Beziehungen und seines seelischen Erlebens,
- in die Identitätskategorie seines Selbsterlebens und seines Selbstgestaltens.

Die zur Pathologie hindrängenden Zeittendenzen lassen sich dabei zusammenfassen als:

- Schrumpfung und Verhärtung an Raum und Leib,
- Verengung und Vernichtung an Zeit und Leben,
- Veroberflächlichung und Auflösung an Kommunikation und Beziehungen,
- Gestaltverlust und Zerfall an Identität und Selbsterleben.

An den Zeichen der neuen Leiden sind die Gefahren wie die Chancen unserer Zeit zu erkennen.

Kommunikation mit anderen Menschen und Identitätserleben mit sich selbst gehören zu den Grundbedingungen menschlichen

Lebens ebenso wie die Seins-Kategorien von Leib und Leben, Seele und Selbst/Ich, die den genannten Grundbedingungen des Daseins qualitativ entsprechen.

Unser Umgang mit Raum und Zeit hat Rückwirkungen auf Leib und Leben. Wenn es zum Beispiel in der Anzeigenserie einer großen Bank in überregionalen Tageszeitungen heißt: »Wieder werden sich Menschen von Raum und Zeit befreien«[139], so deutet dies nicht nur auf ein fundamentales Mißverständnis hin, nämlich daß Raum und Zeit nur lästige Hindernisse seien, die es zu überwinden gelte, sondern es ist eben auch Programm. Programm unserer: »Non-stop-Gesellschaft« mit einer »Rund-um-die-Uhr-und-überall-Verfügbarkeit« – ohne Rücksicht auf Nähe und Ferne, Arbeit und Ruhe, Tag und Nacht, Wachen und Schlafen. Ob finanzielle Transaktionen mittels Telebanking, ob die Bestellung beim Versandhaus durch Telefon oder Telefax, ob die Buchung einer Reise mittels PC im Online-Angebot oder das Surfen nach den interessantesten Angeboten oder Informationen im Internet – alles ist immer und jederzeit zu haben.

Die Mißachtung des Raumes und der Versuch, ihn zu überwinden und sich von seinen Dimensionen mit Hilfe aller möglichen technischen Erfindungen bis hin zum Cyber-Space zu befreien, hat seine Folgen für den Menschen – spürbar an seinem Körper. Denn unser Leib ist physisch und damit räumlich. Das ist eine Qualität, die für ihn existentiell ist, denn ohne Ausdehnung im Raum gibt es keine Körper. Raum ist für den Menschen eine Existenzgrundlage. Er ist Daseinsraum; Lebensraum.

Versuche, den Raum zu überwinden, bleiben nicht ohne Wirkung auf den Menschen. Desorientierungen können als Folgen auftreten. Ebenso Auflösungserscheinungen oder, als Gegenbewegung, Verspannungen, Verkrampfungen und Schmerzen ohne manifeste organische Krankheitsprozesse; des weiteren allergische Reaktionen auf harmlose Stoffe wie zum Beispiel Blütenpollen, Früchte, Staub et cetera in der Luft oder in der Nahrung.

Die heutigen Lebensbedingungen führen, wie wir gesehen haben, auch zu Veränderungen des seelischen Erlebens und des Selbstbewußtseins mit Fremdheitsgefühl, Derealisationen und Depersonalisationen, wie es bei manchen seelischen Erkrankungen immer häufiger beobachtet werden kann – zum Beispiel bei verschiedenen Neurosen, Depressionen, Psychosen und beim sogenannten Borderline-Syndrom.

Raum und Zeit stehen in enger Beziehung zueinander. Je schneller und weiter die Überwindung des Raumes gelingt, desto größer sind die Belastungen und der Streß, die sich physisch und psychisch auf den Menschen auswirken. Auch die allgegenwärtige und unentrinnbare permanente Erreichbarkeit belastet mit der Zeit mehr, als sie hilft. Sie führt zu Anspannung, Hektik und Unruhe; in kleinen Maßen, zunächst scheinbar unbedeutend und unbemerkt, dafür aber stetig.

Sicher sind die physiologischen und psychologischen Folgen unseres gehetzten Lebens noch zu wenig untersucht, um schon »harte Daten« vorlegen zu können. Schließlich ist die Entwicklung noch neu und erscheint unter dem Reiz des Fortschrittlichen noch weitgehend angenehm. Dennoch gibt es schon Warnungen und Beobachtungen genug, die uns aufmerksam und kritisch wachsam machen könnten.[140]

»Die Technik vermählt den Menschen mit dem Weltraum und seiner Unendlichkeit, und löst in ihm eine doppelte Reaktion aus. Der Mensch erschrickt vor der Unendlichkeit und fühlt sich in ein winziges Stäubchen verwandelt, das verloren im Weltraum schwebt. Andererseits gibt ihm die Technik das Bewußtsein seiner Kraft, eröffnet Möglichkeiten der Eroberung der unendlichen Welt, erweckt in ihm einen titanischen Willen. Der Mensch scheint endlich zum ersten Mal in der Tat König und Herr der Erde, vielleicht aber auch der ganzen Welt zu werden. Die Beziehung des Menschen zu Raum und Zeit erfährt eine radikale Wandlung. Früher war es die unmittelbare Fühlung mit der Mutter-Erde, die ihn vor der zerschmetternden Gewalt des Raumes und der Zeit bewahrt hat. Jetzt beginnt er sich des Raumes und der Zeit zu bemächtigen; er fürchtet sich nicht, sich von der Erde zu trennen; er sehnt sich nach dem Weltraum und versucht, immer tiefer in ihn einzudringen. Es ist ein Zeichen der Reife des Menschen, der die Sorgen und den Schutz der Mutter Erde nicht mehr zu brauchen scheint. Der Lebenskampf wird aber dadurch gleichzeitig immer härter – die Kehrseite dessen, daß die Technik das Leben bequemer macht. Diese Doppelwirkung der Technik – die Steigerung des Komforts und die Mehrung der Gefahren, die Verweichlichung und die physische und seelische Abhärtung des Menschen – hängt unmittelbar mit der Doppelbedeutung der Technik für das Schicksal des menschlichen Geistes zusammen und mit dem zweifachen eschatologischen Sinn der Technik.«[141]

In bezug auf den Raum heißt das vielleicht, daß im Raumgewinn der schnellen und weiten Fortbewegung, im Raum-Überwinden der immateriellen Telekommunikation, im Raum-Überschreiten der Cyber-Space-Technologie die Gefahren eines »Innenraum-Verlustes« liegen, einer seelischen Raum-Verkümmerung und einer geistigen Raum- und Orientierungslosigkeit.

Die Chancen, diesen Gefahren nicht zu erliegen, sind in den »spürbaren Zeichen« gegeben, in den sich die Zeittendenzen als Krankheitssymptome zeigen. Denn ihnen entkommen wir schwerer; sie liegen uns näher, sie sind uns leibhaftig; wir spüren sie an Leib und Seele.

Um den Gefahren zu begegnen, könnte es in unserem Umgang mit dem Raum ein Ziel sein, ihn nicht nur als Distanz und Hindernis zu sehen, sondern als Um- und Orientierungsraum, als Lebens- und Entfaltungsraum wahrzunehmen. Wenn es uns gelingt, ihn bewußt in diesen Möglichkeiten und Qualitäten zu erleben und entsprechend zu gestalten, ist schon viel für die eigene Entwicklung gewonnen.

Die Chancen liegen also nicht nur darin, wie wir uns dem konkret gegebenen Raum gegenüber verhalten, sondern sie liegen auch im praktischen Tun. Es kommt darauf an, ob wir den uns – im weitesten Sinne – verfügbaren Raum gestalten und beleben können. Stadtplanung und Landschaftsgestaltung wie auch Architektur und Bildhauerei sind unmittelbar auf den Raum bezogen; sie gliedern, umbauen, gestalten und prägen ihn. Mit solchen künstlerischen und gestalterischen Mitteln können wir den Raum beleben und bewohnbar machen, ihn aber auch unbewohnbar, unbelebt, ungenießbar, ja »tot« machen!

Die »Verhüllungen« von Christo machen in besonders reizvoller Weise auf den verborgenen Raum, auf eine geistige Qualität des Raumes aufmerksam. »Künstlerische Installationen« und die sogenannte »Land-Art« steigern auf ihre Weise die seelisch-geistige Anwesenheit im Raum und eröffnen dadurch neue, wertvolle Beziehungen für den Menschen.

Sport, Gymnastik, Tanz und Eurythmie eröffnen ein Raumerleben und Raumergreifen durch die eigenen Körperbewegungen, wodurch Orientierung und Verwirklichungsmöglichkeiten neue Dimensionen erreichen. Dabei können wir erlebend und selbstgestaltend unser Verhältnis zwischen Raum und Körper beeinflussen und erweitern. Das gleiche gilt auch für die Beschäftigung mit Malerei und Bildhauerei. Deshalb sind diese Künste als hilfreiche, unterstützende und therapeutische Instrumente für einen bewußteren Umgang mit Raum und Körper geeignet.

Eine besondere Qualität des Raumes, die es auch bei der Zeit gibt, soll noch in ihrem Chancen enthaltenden Charakter erwähnt werden: gemeint ist der Zwischen-Raum; der Raum zwischen Aufbruch und Ankunft, zwischen Absicht und Erfüllung. Es ist der Raum des Tuns, des Fortkommens, des Weges, der Entwicklung. Damit ist der Zwischenraum der eigentliche Raum, in dem sich Prozesse ereignen, in dem Vorbereitung und Nachholen, Vorfreude und Erinnerung, Erwartung, Enttäuschung,

Sehnsucht und Zufriedenheit erlebbar werden. Der Zwischenraum ist der Seelenraum. In ihm sind wir frei, nach innen oder nach draußen zu schauen. Zu träumen oder zu planen, nachzudenken oder vorauszudenken. Der Zwischenraum, ist der Raum unserer möglichen Anwesenheit bei uns selbst. Hier und dort sind wir bei den Fakten und den Zwängen. Dazwischen sind wir bei uns, wenn wir es zulassen.

Ähnliches gilt auch für die Zeit. Die *Zwischen*zeit ist oft die Zeit des Selbsterlebens – die Zeit zwischen Aufbruch und Ziel, zwischen Entschluß und Handlung, schließlich auch zwischen Geburt und Tod. Dazwischen sein heißt so viel wie mittendrin sein, aber auch aufmerksam und mit Geisteswachheit an etwas Anteil nehmen.

Im Zwischen, im Innern, liegt das Geheimnis des Seins und der Zeit. Beides enthüllt sich nicht im Äußeren und nicht in der Eile oder im regelmäßigen Takt einer Maschine, wohl aber im Rhythmus. In den Rhythmen der Natur, des Lebens und des Menschen. Rhythmus ist Wiederkehr des Ähnlichen in variabler Regelmäßigkeit mit einem wesentlichen Moment der Pause dazwischen.

Die Pause – in unserer Produktionsgesellschaft als ineffektives, kostenexpansives Nichtstun unbeliebt – ist eine wesentliche zeitliche Seinsqualität, wie wir in allen natürlichen, menschlichen und vor allem biographischen Rhythmen, besonders aber in den musikalischen Rhythmen erleben können. In den Pausen liegen die Keime für das Kommende. Es sind Momente der Sammlung, der Besinnung, des Neuanfangs.

»Die Natur kennt keine Pausenlosigkeit, ebensowenig irgendeine der uns bekannten Gesellschaften. Das Anhalten, das Innehalten, das Pausieren sind lebensnotwendige Existenzformen. Ohne sie verlieren wir die Orientierung: Rastloses umherirren wäre unser Schicksal. Es gibt Anzeichen dafür, daß wir uns auf dem Weg dorthin befinden.«[142]

Zeit wird in unserer Kultur nicht nur gemessen und gezählt, sie wird auch verbraucht und bezahlt und fatalerweise oft gleichgesetzt mit Geschwindigkeit (wie schnell), mit Leistung (wie oft), mit Gewinn (wieviel). Beschleunigung wird gleichbedeutend erlebt mit Fortschritt. Aber: »Beschleunigung geht mit der Vernachlässigung von Wirklichkeitsaspekten einher. Dies produziert Gefahren. Ohne Innehalten gibt es zwar ein Fortkommen, doch keine gerichtete und sinnvolle Steuerung.«[143]

Beschleunigung reißt mit, was ihr in den Weg kommt. Sie hat Sogcharakter. Aber Zeit hat auch ohne Beschleunigung bemerkenswerte Qualitäten in sich, die wir erleben und pflegen können. Wir können Zeit zum Beispiel als Ruhe, als Intervall – »Ich habe Zeit« –, als rhythmisches Geschehen oder als Enwicklungsprozeß – im Individuellen wie im Sozialen – wahrnehmen. Dann können wir sie auch erfüllen und gestalten. Dann können wir sie genießen und als sinnvoll erleben. Vielleicht müssen wir »die Zeit reanimieren« und ihre Qualitäten wieder zurückgewinnen für unser heutiges Leben.

An erster Stelle sind die Rhythmen zu nennen. Die großen und bedächtigen, wie es die kosmischen sind, geben uns ein Gefühl von Ordnung, Vertrauen und Dauer. In bescheidenerem Maße tun dies auch die der Jahres- und Tageszeiten und die Gezeiten von Ebbe und Flut. Die langsamen menschlichen Rhythmen wie Schlafen und Wachen, Verdauung und Ausscheidung dienen dem Aufbau, der Erholung und der Regeneration, die schnelleren Rhythmen von Herz, Atmung und Gehirnaktivität dagegen mehr der bewußten Wachheit und in diesem Zusammenhang dem Abbau. Je schneller ein Rhythmus, desto mehr Wachheit und physiologischer Abbau ist mit ihm verbunden (zum Beispiel die Beta-Wellen im EEG, 14 – 20 Hz bei geöffneten Augen im Vergleich zu den Alphawellen, 8 – 12 Hz bei geschlossenen Augen im Wachen und den Zwischenwellen im Schlaf 7 – 3 Hz, oder den Deltawellen, unter 3 Hz, bei Bewußtseinstrübung).

Man vergleiche dazu die unvorstellbar schnellen Rhythmen der Bildpunkte eines Fernsehbildes oder den rasenden Takt einer »Rechenmaschine«, eines PCs oder eines Großcomputers.

Angesichts unserer zivilisationsbedingten Huldigung aller schnellen Rhythmen und Abläufe ist eine neurasthenische Erschöpfung sind chronische Müdigkeit, Depressionen, Ängste und Dissoziationen eigentlich nicht verwunderlich.

»Die Technik übt einen gewaltigen Einfluß aus auf das Bewußtsein und die Gestaltung der Zeit. Mit Hilfe der Technik scheint der Mensch Herr über die Zeit zu werden. Der technische Aktualismus, der maschinelle Rhythmus unterwirft den Menschen und sein inneres Leben einer wachsenden Beschleunigung. Das schwindelerregende Tempo unserer Zivilisation, das Leben am laufenden Band verschlingt die Zeit und beraubt den Augenblick seiner überzeitlichen Bedeutung. Eingespannt in diese Flucht der Zeit, vermag der Mensch für keinen Augenblick stillzustehen und sich über die Zeit emporzuheben. Der Austritt in den Augenblick wird unmöglich. Jeder Augenblick muß möglichst schnell von einem anderen abgelöst werden; Alle Augenblicke tauchen unter in dem Strom der Zeit und verschwinden endgültig. Keiner dieser in der Tat flüchtigen Augenblicke enthält ein Element, das seinen Sinn in sich selbst tragen würde, und eine absolute Vergänglichkeit herrscht über diesen heraklitischen Strom der Zeit. Die technische Beherrschung der Zeit erweist sich also als eine Unterwerfung unter ihre auflösende Macht. Das bedeutet aber, daß der technische Aktualismus die Ewigkeit, die der Zeit innewohnt, zerstört und der Fühlung des Menschen mit der Ewigkeit wachsende Hindernisse entgegenstellt. Der Mensch hat keine Zeit für die Ewigkeit übrig, die sich in der Zeit kundtut. Er wird durch den Wirbel der Prozesse und Geschehnisse erfaßt, die ihn unaufhaltsam vorwärts treiben und seine Gegenwart unaufhörlich verflüchtigen. [...] Der Einblick in das Problem der Zeit überzeugt uns endgültig, daß alle Krankheiten der modernen Zivilisation durch eine Disharmonie erzeugt werden zwischen der alten seelischen Struktur des Menschen und der neuen technisch-mechanischen Wirklichkeit. Die menschliche Seele vermag nicht, die Geschwindigkeit zu ertragen, die von ihr durch die neue Umwelt verlangt wird.«[144]

Die von Technik und Technologie provozierte Gleichung »Je schneller desto besser« ist als fataler und folgenschwerer Irrtum zu durchschauen. Denn unter dem Diktat der Beschleunigung wird alle Qualität zur Quantität reduziert und geht schließlich ganz verloren. Geschwindigkeit und Beschleunigung produzieren Vergänglichkeit. Unser Leben ist extensiv unter dem Diktat der Geschwindigkeit – alles Intensive verschwindet.

Auf der Flucht von Augenblick zu Augenblick, bei der Hetze von Moment zu Moment geht dem Menschen die Zeit und jedes Gefühl für Rhythmus und zeitliche Gesetzmäßigkeiten verloren. Den »erfüllten Augenblick« gibt es nicht mehr – er ist überfüllt und wird deshalb übersprungen. Der Mensch verliert das Gefühl für Dauer und Dauerhaftigkeit. Ewigkeit kann er schon lange nicht mehr denken. Die chronischen Krankheiten vermitteln im Leiden dem modernen Menschen auf ungewollte Weise wieder ein Erlebnis von Dauer. Ist das die Kehrseite – oder der Preis – für die Non-stop-Gesellschaft?

Kommunikation ist Mitteilung und Verständigung in einer Beziehung zwischen Menschen. Dazu braucht der Mensch Leib, Seele und Geist. »Unser Leib bildet das Fundament unserer kommunikativen Bezüge; durch ihn sind wir wahrnehmende und wahrgenommene Wesen. Der Leib ist Empfindender und Empfundener.«[145]

Für Kommunikation und Beziehung bildet der Leib die Grundlage; die Seele öffnet sich durch ihn der Welt und den Mitmenschen. Das Ich entwickelt in der Abgrenzung zwischen Selbst (im Leib) und Nicht-Selbst (außerhalb des Leibes in der Welt »gegenüber«) seine Autonomie und sein Selbstbewußtsein. So wenig der Leib sich aus sich selbst ernähren und erhalten kann, so wenig kann die Seele ohne Kommunikation und Beziehung sein. Und das Ich kann sich ohne Gegenüber nicht selbst erkennen und bilden.

»Die Angewiesenheit auf ein Gegenüber begründet die Angewiesenheit auf Kommunikation. Kommunikation erweist sich als eine Überlebensstrategie – und zwar, wie bisher gezeigt, gerade die Kommunikation zwischen Menschen. Was ist aber mit der Beziehung der Menschen zu den Dingen? Welche Rolle spielt sie für die Konstitution des Subjekts? [...] Im Wechsel zwischen Ich und Nicht-Ich entwickelt sich Autonomie. [...] Die Maschine versagt mir tendenziell die Anerkennung in jenen Aspekten meines Seins, die mich von ihr unterscheiden. Sie bestätigt mich nicht als die andere. Autonomie kann nur partiell gelingen. [...]

Die neue Maschine ist kein bloßes Werkzeug, das uns in seiner Struktur äußerlich bleibt. In der Kommunikation mit der Maschine geht es nicht nur um die Lösung bestimmter Arbeitsaufgaben, sondern immer um mehr. Mit der Entscheidung wo wir und wie wir Computersysteme einsetzen, entscheiden wir auch über die Art und Weise, wie wir uns selbst und unsere Umwelt verstehen. Wie wir fortfahren, die Geschöpfe zu werden, die wir sind, ob wir uns als Subjekte eine Chance geben.«[146]

Wenn dem Menschen zum Beispiel in der Kommunikation mit Computern der Zugang zum Geistig-Seelischen versagt wird, reduziert er sich selbst zur Maschine, zum seelenlosen Objekt, zum vervielfältigbaren, multiplen Kommunikations-Apparat. Die Eingaben werden in verschiedenen, nicht immer miteinander kommunizierenden Schaltzellen gespeichert. Eine multiple dissoziative Persönlichkeitskarikatur ist die Folge. Ein »Spaltprodukt« unserer Zivilisation von der Technologie auf die Psychologie übertragen.

»Die technische Zivilisation ist ihrem Wesen nach unpersönlich. Sie kennt die Persönlichkeit des Menschen nicht und will sie nicht kennen. Sie verlangt vom Menschen Aktivität, verzichtet aber auf den Persönlichkeitscharakter des Menschen. Nur mit der äußersten Anstrengung seiner geistigen Kraft vermag die Persönlichkeit sich in der technischen Zivilisation zu behaupten. Die menschliche Persönlichkeit ist in jeder Hinsicht der Maschine polar entgegengesetzt. [...] Die Herrschaft der Technik zerstört die menschliche Persönlichkeit.«[147]

Der Mensch leidet, die Persönlichkeit wird angegriffen, und die Identität löst sich auf. Das Selbst ist haltlos auf der Flucht. Was treibt den Menschen auf die Flucht? Wovor muß er fliehen? Er flieht vor sich selbst. Die Fluchtfahrzeuge sind seine Arbeit und seine Leistung, Ablenkung und Geschwindigkeit; der Motor ist die Angst; Depression das Steuer. Der »Zeitgeist« wirkt: Die Menschen rennen. »Ihr alle, denen die wilde Arbeit lieb ist, und das Schnelle, Neue, Fremde – ihr ertragt euch schlecht, eurer Fleiß ist Flucht und Wille, sich selbst zu vergessen.«[148]

Verletzlich sind wir und reagieren sensibel auf die Beben unseres Jahrhunderts. Schmerzen sind die Folge.

Das Zeitbeben mit seiner rasender Geschwindigkeit führt zu Erschütterungen, Krisen und Erschöpfung. Die Vernachlässigung der Rhythmen setzt sich fort in seelischen und zwischenmenschlichen Ängsten, Ausflüchten und Depressionen.

Der Erfolgszug der Technologie über den Menschen erschüttert ihn in seinem Zentrum. Auflösung und Zerfall, Fragmentierung und Zersplitterung sind die dramatischen Folgen für Identitätsgefühl und Selbstgestaltung des Menschen.

»Im sozialen Dschungel der menschlichen Existenz gibt es ohne ein Identitätsempfinden kein Gefühl des Lebendigseins.«[149]

Wir sind als »homo faber« dabei, durch unsere enormen Anstrengungen auf technologischem Gebiet unsere Werkwelt übermächtig werden zu lassen über die anderen Bereiche unseres Lebens. Mit den allein der Technik angemessenen Methoden der Analyse, Zerlegung und Fragmentierung, der maschinellen Beherrschung und Steuerung, der pausenlosen Ausbeutung und Leistungs- und Gewinnmaximierung zerstören wir unsere Umwelt, verhärten unsere Innenwelt und verarmen wir unsere Mitwelt. Wir kränken uns und unsere Lebensordnung aufs Tiefste.

System der Lebensordnung[150]

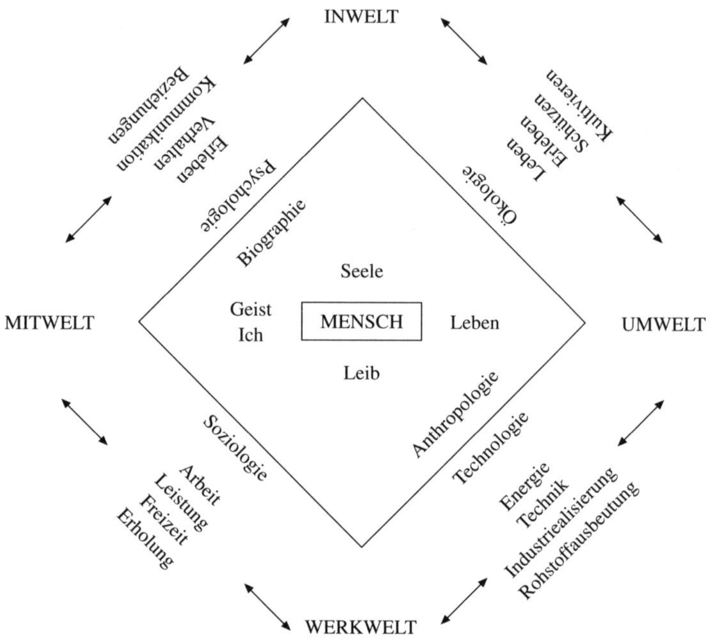

Die »Neuen Leiden« machen uns leibhaftig deutlich und unübersehbar: Die von uns geschaffene »Neue Welt« ist eine Welt, für die wir nicht geschaffen sind. Wenn wir durch die Vorherrschaft der technologischen Werkwelt unser Bild und Verständnis von Wirklichkeit, von Natur und Mensch nur noch daran orientieren und folglich auf ein materielles, technisches und beherrschbares Verständnis reduzieren, werden die Menschen bald nicht mehr sein als unvollkommene Apparate.

Die Natur wird uns bald nicht mehr sein als ein erschöpfliches Energiereservoir; die Welt und Wirklichkeit wird uns bald geistlos und wesenlos sein. Alles Lebendige, Unberechenbare und Unbestimmte, alles aus sich selbst Entwicklungsfähige – wie es der Mensch ist – kann für die Technologie nur ärgerlich und hinderlich sein. Und genau darin liegen unsere Chancen!

Mit Lebendigkeit, Spontaneität und Phantasie, mit Gefühl, Kreativität, Offenheit und mit künstlerischem Erleben und Gestalten unserer Welt können wir den Übergriff der toten Technologie auf Natur und Mensch aufhalten.

»Diese tote Form erscheint uns als verläßliche Markierung, bietet uns sichere Orientierung, die Möglichkeit zielgerichteten Handelns und verbesserter Lebens- und Überlebenssicherung. Ihre Überbewertung versperrt uns aber die Einsicht, daß Wirklichkeit mehr ist als nur vielfältige Neukombination vorgegebener Bausteine nach den strengen Regeln der Realität, das Abspulen eines mechanischen Urwerks, sie läßt uns vergessen, daß Wirklichkeit echte Neuschöpfung erlaubt, die sich in der Lebendigkeit und Offenheit unseres Geistes widerspiegelt.«[151]

Im Spiegel der »Neuen Leiden« sehen wir die Folgen und Gefahren einer einseitig naturwissenschaftlich dominierten Entwicklung, technologischer Prinzipien und eines materialistisch, geist- und seelenlosen Denkens und Handelns in nahezu allen Gebieten menschlichen Lebens. Das System der Lebensordnung ist aus dem Gleichgewicht, ja es droht, aus den Fugen zu geraten.

»Der modernde Mensch wird von einer permanenten Identitätskrise heimgesucht, ein Zustand, der zu einer erheblichen Nervosität beiträgt.«[152]

Diese Situation scheint zu einem nahezu ubiquitären Symptom geworden zu sein. Das Symptom eines Zeitgeistes, den wir erkennen, durchschauen und überwinden können. Wir erkennen ihn schon an seiner Sprache: Sie ist laut, kalt und seelenlos; sie strotzt von harten Fakten und Zahlen, von fertigen Begriffen, falschen Bedeutungen, Anweisungen und Zwängen. Sie läßt nichts offen und niemanden frei. Dagegen können wir eine Sprache finden und pflegen, die weich, zart und leise ist, in der Ahnungen, Gefühle und Stimmungen auch zu Wort kommen, in der auch das Offene und Unbestimmte einen Klang hat; in der das Verborgene dunkel bleiben darf, weil es ein inneres Licht gibt, das uns verstehen hilft.

»Die poetische Sprache versucht, das Licht, das in uns von innen kommt, in verschiedene Regionen zu spiegeln, die uns begrifflich zugänglich sind. Das eigentliche, was dahinter steht, kann prinzipiell nicht ausgedrückt werden. Durch mannigfache Spiegelung kann Poesie bewirken, die Topologie, die Beziehungsstruktur von Wirklichkeit aufzuhellen. Hierbei erleichtert Unschärfe die Gestaltwahrnehmung, Verfremdung verhindert, daß das Gesagte wörtlich genommen wird. Andererseits erschwert diese Unschärfe eine genaue Vermittlung der Vorstellungen. Eine richtige Einstimmung erfordert hohe Kunst. Wenn sie gelingt, ist die Erfahrung, die sie vermittelt, weit umfassender und wesentlicher, als analytische Erfahrung. Sie vermittelt nicht nur Kenntnisse und Tatsachen, sondern ganzheitliche Aussagen, Sinn.«[153]

Wir durchschauen den gefährlichen Zeitgeist an den Folgen unseres eigenen Denkens und Handelns, an den Folgen des »Homo faber«. Was er – der Homo faber – macht und erfindet, dient vor allem einem Ziel: Ablenkung vom Sinn des Daseins; Verleugnung von Geist, Freiheit und Menschenliebe.

»In unserer Kultur ist der Wert, der sich durchsetzt, der Fortschritt der Technik, auch wo wir in subjektiv ehrlichen Bekenntnissen andere Werte, wie individuelle Freiheit oder Solidarität und soziale Gerechtigkeit höher stellen«.[154]

Warum ist das so?

Vielleicht, weil wir uns zu leicht blenden lassen von Rausch und Reiz der rasanten technologischen Erleichterungen in Arbeit und Freizeit, im Dienste der Ablenkung von uns selbst.

»Wir brennen darauf, uns preiszugeben, weil es eine schwierige und schmerzhafte Angelegenheit ist, zum Selbst zu werden, und weil wir uns nach Belohnungen sehnen, die unsere Kultur uns im Austausch für dieses Selbst nur zu bereitwillig gibt.«[155] Wir überwinden den einseitigen Zeitgeist, indem wir die Kräfte des Ausgleichs, die Qualitäten der anderen Waagschale in unserer Kultur betonen, indem wir sie aufsuchen und pflegen. Diese Qualitäten des Gegengewichts zu Naturwissenschaft und Technologie, zu Machbarkeitswahn und Leistungszwang sind in den Geisteswissenschaften und den Künsten zu finden. Hier liegen die Ressourcen und Orientierungshilfen für die notwendige Wende unseres heute noch herrschenden Kulturgeistes.

Aus den Inhalten und Methoden der Geisteswissenschaften, Philosophie, Geschichte, Anthroposophie, Religion und den Künsten sind die gegengewichtigen Einstellungen und Qualitäten zur herrschenden Zeittendenz zu lernen: Verzicht auf obsessive und unkritische Machbarkeit; Bescheidenheit in bezug auf permanenten Leistungszwang und Gewinnsteigerung, Wiedergewinnung und Pflege von Rhythmen, Pausen und schöpferischen Ruhephasen im privaten wie im öffentlichen und beruflichen Leben; Besinnung auf unser physisches und seelisch-geistiges Dasein im Hier und Jetzt, ohne sich dauernd auf der Flucht zu befinden vor sich selbst. Bei jeder Begegnung mit Menschen oder mit der Natur können wir erleben, daß ein Anspruch auf Eindeutigkeit, Exaktheit und sogenannte Objektivität uns in keiner Weise für ein Verständnis behilflich ist. Vielmehr bemerken wir, daß uns unter dem genannten wissenschaftlichen Anspruch das Leben in seiner Vielfalt und Farbigkeit der Phänomene mit all seinen Sinnzusammenhängen, Entwicklungs- und Gestaltungsmöglichkeiten verlorengeht. Alles reduziert sich auf lähmend langweilige Eindeutigkeit und zwanghafte Genauigkeit, die jedem Gefühl widerspricht.

Erst wenn wir Vieldeutigkeit, Unschärfe und individuelle Subjektivität zulassen, lernen wir das wirkliche Leben mit seinen Geheimnissen und seinen Schönheiten kennen und nicht nur die Oberfläche beziehungsweise Fakten von Menschen und Welt.

Anstelle einer trockenen und einengenden Zweckorientierung, die sich nicht einmal für ihre Mittel kritisch interessiert, können wir vor allem von den Künsten lernen, auf dem Weg zu sein zu einem selbstgewählten Ziel, sich an Schönheit, Ehrlichkeit und Sinnhaftigkeit zu orientieren.

»In einer Welt, in der wir gelernt haben, immer schärfer zu fokussieren und deshalb immer mehr Einzelheiten wahrzunehmen, haben wir immer größere Schwierigkeiten, den Gesamtzusammenhang zu verstehen. Wir laufen deshalb heute große Gefahr, den Überblick und deshalb unsere Orientierung zu verlieren. Es ist dringend notwendig, daß wir wieder Unschärfe praktizieren, um besser Gestalten zu erkennen, und Zusammenhänge zu sehen. Wir brauchen heute dringend Kunst und Poesie, um das gemeinsame unseres Seins aufleuchten zu lassen, um der wechselnden Bedingtheit der verschieden erscheinenden Teile unserer Wirklichkeit und ihrer wechselseitigen Relevanz gewahr zu werden, und schließlich und nicht zuletzt, um den tieferen Sinn in unserem eigenen Leben zu entdecken.«[156]

In den neuen Leiden liegt ein Sinn. Im individuellen Krankwerden an den Zeittendenzen unserer Zivilisation zeigt sich, daß die Bedingungen der von uns geschaffenen Welt unannehmbar geworden sind für uns und unsere Nachkommen; daß wir für diese Welt nicht geschaffen sind. Wir können es erkennen und ändern, indem wir den Sinn im Leben und im Leiden entwickeln und entdecken. Mit der Kraft des Herzens können wir die Trägheit des Kopfes, immer nur in eine Richtung zu zielen, überwinden. Wir können die blinden Flecke des wissenschaftlichen Denkens durch künstlerische Phantasie und Kreativität und mit sensibler Erkenntnisfähigkeit – die oft aus dem Leiden geboren wird – ergänzen und bereichern.

Wir können neue Werte finden, die uns neue Richtungen zeigen. Wenn wir wollen.

Die Chancen dafür sind gegeben.

Die »Neuen Leiden« geben uns die Möglichkeit, Tendenzen der neuen Zeitentwicklung zu verstehen und in ihnen Gefahren und Chancen zu erkennen; die Gefahr, den Tendenzen blind zu erliegen – die Chance, aus dem durch Leiden entwickelten Erkennen etwas zu verändern und neue Wege zu gehen.

Als ich vor Jahren zu Ostern mit meiner Frau in Griechenland, auf der Insel Samos war und wir zu meinem Geburtstag eine große Wanderung mit einem bestimmten Ziel unternahmen, verloren wir den Weg und verliefen uns völlig. Wir waren ohne Essen und Trinken. Es vergingen Stunden, bis wir schließlich auf einen Hirten mit seiner Ziegenherde stießen. Ich fragte ihn mit wenigen Worten Griechisch und mehreren lebhaften Gebärden nach dem Weg. Er hörte zu, nahm mich bei der Hand und führte uns den Rest des Berges hinauf. Dort, im Schatten einer Kapelle, teilte er mit uns sein Brot und Käse. Dann begleitete er uns wieder zurück, zu der Stelle, an der wir ihn getroffen hatten und zeigte uns den Weg. Er war noch weit.

Überlegungen zu Ergänzungen und Gegengewichten zu den vorherrschenden Zeittendenzen

Jetzt gilt es,
in das schrecklich fragmentierte Dasein,
in dem sich die heutige Welt ständig bewegt,
Kunst hineinzubilden.[157]

HANS GEORG GADAMER

Zehn Chancen		
Zeittendenzen		Chancen
Naturwissenschaften	I	Geisteswissenschaften als Gegengewicht fördern
Technik und Technologie	II	zum Ausgleich: Künste, Phantasie, Kreativität, Spiel und Spontaneität
Hohe Wertigkeit von Quantität, Zahlen, Daten, Fakten, Beweisen	III	Gegengewicht: Wertlegen auf Qualitäten, auf Ästhetik, Atmosphäre, »Geschichten«, auf Flexibilität, Offenheit und Beziehungsfähigkeit
Die naturwissenschaftlich-technischen Prinzipien von Exaktheit, Reproduzierbarkeit, Eindeutigkeit, Objektivität und Detailgenauigkeit führen unweigerlich zu Reduktionismus und Verarmung an humanen Qualitäten und Werten.	IV	Zum Ausgleich und zur Ergänzung: »Unschärfe«, Vieldeutigkeit, Ganzheit, Zusammenhänge, Gestaltwahrnehmung und Gestaltbildung; Anerkennen von Versuchen und individuellen Entwicklungswegen, Respekt vor Subjektivität und Gefühlen als Realität in allen menschlichen Zusammenhängen:

Machbarkeitswahn, alles machen zu müssen, was machbar ist, ohne Rücksicht auf spätere Folgen.	V	Statt dessen: bewußter Verzicht aus dem Willen zur Begrenzung aus Einsicht; Berücksichtigung ethischer Überlegungen zu den möglichen Folgen unseres Tuns und Verantwortung für kommende Generationen
Übertriebene Leistungsorientierung, Gewinnmaximierung und »Wachstumswahn«	VI	Wertorientierung am Sein, nicht am Leisten oder Haben. Bewußtes Aufsuchen und Erleben von Lebensbereichen ohne Leistungszwang (Natur, Spiel, künstlerische Betätigungen und Versuche). Bescheidenheit üben (Höchstleistungen fordern Höchstpreise – aber auf wessen Kosten?)
Professionalisierung im Übermaß führt zu Fragmentierung des menschlichen Daseins.	VII	Anerkennen und Pflegen von menschlichen Fähigkeiten und Qualitäten jenseits von Ausbildung und Profession: biographisch gewachsene und gereifte Persönlichkeitsentwicklungen, individuelles Sein und Gestalten statt kollektivem Treiben-Lassen.
Verherrlichung der Geschwindigkeit und immer weiterer Beschleunigung führt zu Schnelllebigkeit und Verflüchtigung.	VIII	Im Gegengewicht dazu: Besinnung auf Rhythmen und Zeitmaße von Mensch und Natur; Pflege der Rhythmen im beruflichen, öffentlichen und privaten Leben; Beachtung von Intervallen, phasischen Verläufen, Berücksichtigung von schöpferischen Pausen.

Globalisierung von Kommunikation und Produktion als uneingestandene Fluchttendenz vor den Aufgaben und ungesehenen Möglichkeiten vor Ort, Zeit und vor sich selbst, mit den Folgen der Verdrängung, Desintegration und der Unübersehbarkeit.	IX	Besinnung auf echte Anwesenheit, auf Geistesgegenwart, auf das Dasein im Hier und Heute, mit Möglichkeiten und Grenzen. Anerkennen und Annehmen der Aufgaben und Probleme, der Schwächen, Risiken und Chancen im Hier und Jetzt mit vorausschauendem Blick auf Morgen. Lebens- und Arbeitsgestaltung mit dem Ziel von Integration und Identität.
Materialistische Zweckorientierung	X	Zu ihrer Überwindung: Streben nach Schönheit; Sinnorientierung; Entwicklung und Pflege innerer Werte; Hinwendung zum Geistigen.

»Der Zweck der Evolution, ob Sie es glauben oder nicht, ist Schönheit, die das alles überlebt und die Wahrheit einfach dadurch erzeugt, daß sie Geistiges und Sinnliches verschmilzt.«[158]

JOSEPH BRODSKY

Anhang

Anmerkungen

1 Hermann Broch: Geist und Zeitgeist, Frankfurt/M. 1997, S. 52.
2 Johann Wolfgang Goethe: Werke, Hamburger Ausgabe, Band 12: Maximen und Reflexionen, hrsg. von Erich Trunz.
3 Hans-Georg Gadamer: Über die Verborgenheit der Gesundheit, Frankfurt/M 1986, S. 102.
4 Lehre von der Vorbestimmtheit des Weltgeschehens, besonders auch des menschlichen Verhaltens. Nach ihr gibt es weder Freiheit noch Verantwortung des Menschen für sein Handeln.
5 Viktor von Weizsäcker: Gestalt und Zeit, Göttingen 1960, S. 3.
6 Paul Celan: Die Hand voller Stunden. Gedichte, München 1991, S. 58.
7 Siehe auch Wolfgang Blankenburg (Hrsg.): Biographie und Krankheit, Stuttgart 1990.
8 Georg Picht: Mut zur Utopie. Die großen Zukunftsaufgaben, München 1969 S. 150.
9 Edward Shorter: Moderne Leiden, Reinbek 1994, S. 13.
10 Edward Shorter, a.a.O., S. 15.
11 Vgl. Literaturverzeichnis: Herzlich; Schäfer/Blohmke; Schmid.
12 Vgl. Claudine Herzlich/Janine Pierret: Kranke gestern – Kranke heute, München 1991, S. 81.
13 C. Herzlich/J. Pierret, a.a.O., S. 81.
14 Ulrich Schultz-Venrath: Der Einfluß von Ideologie und Technik auf Diagnostik und Therapie psychosomatischer Krankheiten im 20. Jahrhundert; in: Reinhard Herold/Jürgen Keim u.a. (Hrsg.): Ich bin doch krank und nicht verrückt, Tübingen 1997, S. 32.
15 Johann Nestroy: Gesammelte Werke, Frankfurt/M. 1970.
16 Seneca: Vom glückseligen Leben. Von der Gemütsruhe, Leipzig o. J., S. 33.
17 Paul Virilio: Die Eroberung des Körpers. Vom Übermenschen zum überreizten Menschen, Frankfurt/M. 1996, S. 93.

18 Marie Luise Kaschnitz: Gedichte, Frankfurt/M. 1990, S. 120.
19 Zitiert nach Paul Virilio, a.a.O., S. 96.
20 Antoine Saint-Exupéry: Der kleine Prinz, Düsseldorf 1994, S. 91ff.
21 Vgl. Paul Virilio, a.a.O., S. 94.
22 Zitiert nach Georg Dreißig: Cyber-Space und Virtual Reality, in: Erziehungskunst 5/1996, S. 526; vgl. S. Reiss-Dülfer: Der Sturz in die künstliche Wirklichkeit; in: Mitteilungen aus der anthroposophischen Arbeit in Deutschland, Nr. 194, S. 321.
23 Zitiert nach Paul Virilio, a.a.O., S. 158.
24 Paul Virilio, a.a.O., S. 109f.
25 Zitiert nach Paul Virilio, a.a.O., S. 120ff.
26 Zitiert nach Paul Virilio, a.a.O., S. 126.
27 Zitiert nach Paul Virilio, a.a.O., S. 127.
28 Werner Schwarz: An der Seele vorbei?; in: H. A. Zappe/H. Mattern (Hrsg.): Das Philosophische und die praktische Medizin, Berlin/Heidelberg 1990, S. 8ff.
29 Paul Celan, a.a.O., S. 30.
30 Vgl. Theo Rudolf Payk: Mensch und Zeit. Chronopathologie im Grundriß, Stuttgart 1979, S. 10.
31 Vgl. Joachim Radkau: Technik, Tempo und nationale Nervosität; in: Martin Held/Karl-Heinz A. Geißler (Hrsg.): Ökologie der Zeit, Stuttgart 1993, S. 151ff.
32 Zitiert nach Joachim Radkau, a.a.O.
33 Michael Ende: Momo, Stuttgart 1973, S. 96ff.
34 Nach einer japanischen Legende, nacherzählt vom Autor.
35 Marc Aurel: Selbstbetrachtungen, Stuttgart 1973.
36 Vgl. das Kapitel »Allergische Erkrankungen«, S. 123ff.
37 G. Schultze-Wernighaus, zitiert nach Focus 17/1997.
38 Siehe Anmerkung 30.
39 Vgl. Hans-Walter Döhring: Unfruchtbarkeit durch Umweltgifte. Zum Massenphänomen ungewollter Kinderlosigkeit, Reinbek 1992, zitiert nach Fritz Reheis: Die Kreativität der Langsamkeit, Darmstadt 1996, S. 3.
40 Heinz Schepank: Empedemieologie psychogener Erkrankungen; in: Karl P. Kisker (Hrsg.): Psychiatrie der Gegenwart, Berlin/Heidelberg 1986; ders.: Psychogene Erkrankungen der Stadtbevölkerung, Berlin, Heidelberg, 1987; sowie Hubert Speidel: Kulturelle Einflüsse auf so-

matische, psychosomatische und neurotische Krankheitsbilder; in: B. Andresen (Hrsg.): Psychiatrie und Zivilisation, Köln 1993.

41 Hubert Speidel, a.a.O., S. 133.

42 Heinz Schepank, a.a.O.

43 Zitiert nach Rudolf Walter (Hrsg.): Laß dir Zeit, Freiburg 1997, S. 111.

44 Alfred Herrhausen: Denken – Ordnen – Gestalten, Berlin 1982.

45 »Perichorese der Zeit« meint die wechselseitige Durchdringung der Zeitströme Vergangenheit, Gegenwart und Zukunft im menschlichen Zeitleben und Zeit-Erleben; vgl. V. N. Iljine, zitiert nach Hilarion Petzold: Leibzeit; in: Dietmar Kamper/ Christoph Wulf (Hrsg.): Die Wiederkehr des Körpers, Frankfurt/M. 1982, S. 68ff.

46 Ernst Töppel: Gegenwart – Psychologisch gesehen; in: Universitas 12/1988, S. 1249ff.

47 Vgl. Theo Rudolf Payk, a.a.O., S. 15.

48 Juan Ramón Jiménez: Herz stirb oder singe Gedichte, Zürich 1977, S. 67.

49 Vgl. hierzu die embryologischen Werke von Erich Blechschmidt.

50 Hans-Georg Gadamer: Leben und Seele; in: ders.: Über die Verborgenheit der Gesundheit, Frankfurt/M. 1994, S. 176ff.

51 Hans-Georg Gadamer, a.a.O.

52 Rudolf Steiner: Das Rätsel des Menschen, GA 170, Dornach 1992, S. 105ff.

53 Karl Jaspers: Allgemeine Psychopathologie, Berlin/Heidelberg 1979, S. 666.

54 Beat Leuthart: Leben online, Reinbek 1996, S. 7.

55 »Stuttgarter Zeitung« vom 9. September 1996.

56 »Stuttgarter Zeitung« vom 21. August 1997.

57 Beat Leuthardt, a.a.O., Seite 172f.

58 Kenneth J. Gergen: Das übersättigte Selbst. Identitätsprobleme im heutigen Leben, Heidelberg 1996, S. 30.

59 Heiner Keupp, zitiert nach Karl Martin Dietz: Individualität im Zeitenschicksal, Stuttgart 1994, S. 14.

60 Kenneth J. Gergen, a.a.O., S. 247.

61 Kenneth J. Gergen, a.a.O., S. 132.

62 Vgl. S. 72 und S. 78.

63 Kenneth J. Gergen, a.a.O., S. 115f.

64 Robert Spaemann: Sind alle Menschen Personen?; in: ders.: Personen. Versuche über den Unterschied zwischen Etwas und Jemand,

Stuttgart 1996, zitiert nach: Paolo Bavastro (Hrsg.): Individualität und Ethik, Stuttgart 1997, S. 251ff.

65 Juan Ramón Jiménez, a.a.O. S. 77.

66 Juan Ramón Jiménez, a.a.O.

67 Werner Schwarz: An der Seele vorbei, S. 9; vgl. Anmerkung 28.

68 Peter Kemper in: ders. (Hrsg.): Die Geheimnisse der Gesundheit. Medizin zwischen Heilkunde und Heiltechnik, Frankfurt/M./Leipzig 1994, S. 7f.

69 Geschichte als Therapie der Gegenwart; in: Peter Kemper, a.a.O., S. 12.

70 Dietrich von Engelhardt; in: Peter Kemper Hrsg.), S. 14; vgl. Anmerkung 68.

71 Dietrich von Engelhardt, a.a.O.

72 Dietrich von Engelhardt, a.a.O., S. 18.

73 Dietrich von Engelhardt, a.a.O., S. 22.

74 Vgl. die WHO-Definition von Gesundheit als ein Zustand vollständigen, körperlichen, seelisch-geistigen und sozialen Wohlbefindens.

75 Fritz Hartmann: Chronisch krank oder bedingt gesund?; in: C. Hammer/V. Schubert (Hrsg.): Chronische Erkrankungen und ihre Bewältigung, Starnberg 1993, S. 35ff.

76 Fritz Hartmann, a.a.O., S. 67.

77 Zitiert nach Rudolf Klussmann: Psychosomatisch-psychotherapeutische Aspekte bei chronisch Kranken; in C. Hammer/V. Schubert (Hrsg.), a.a.O., S. 71ff.

78 Ingeborg Bachmann: Die Wahrheit ist dem Menschen zumutbar, München/Zürich 1983, S. 77.

79 Definition der »Internationalen Gesellschaft zum Studium des Schmerzes«, IASP 1976, zitiert nach Ulrich T. Egle/Sven O. Hoffmann: Der Schmerzkranke, Stuttgart/New York 1993, S. 130.

80 Ulrich T. Egle, in: ders./Sven O. Hoffmann: Der Schmerzkranke, a.a.O., S. 130.

81 Vgl. Ulrich T. Egle: Das chronische Schmerzsyndrom; in: ders./ Sven O. Hofmann, a.a.O., S. 133.

82 Zitiert nach Neil Postman: Das Technopol, Frankfurt/M. 1991, S. 115.

83 Zitiert nach Ulrich Schultz-Venrath: a.a.O.; in: Reinhard Herold/Jürgen Keim u.a. (Hrsg.): Ich bin doch krank und nicht verrückt, Tübingen 1997, S. 34.

84 Blumer und Heilbronn 1982, zitiert nach Ulrich T. Egle/

Sven O. Hoffmann: Das klinische Bild des Schmerzkranken; in: Ulrich T. Egle/Sven O. Hoffmann, a.a.O., S. 144.

85 Vgl. Ulrich Schultz-Venrath: Chronische Lumbo-Ischialgie-Syndrome; in: Ulrich T. Egle und Sven O. Hoffmann, a.a.O., S. 466.

86 Wilhelm Doerr: Anthropologie des Krankhaften aus der Sicht des Pathologen; in: Hans-Georg Gadamer und Paul Vogler (Hrsg.): Neue Anthropologie, Band 2, Stuttgart 1972, S. 411.

87 Vgl. Philippa Marrack und John W. Kappler: Mechanismen der Selbst-Toleranz; in: Spektrum der Wissenschaft 2/97, S. 34.

88 Walter Bräutigam/Paul Christian: Psychosomatische Medizin, Stuttgart 1985, S. 98/99.

89 Walter Bräutigam/Paul Christain, a.a.O., S. 102.

90 Harold Brodkey: Die Geschichte meines Todes, Reinbek 1996.

91 Lawrence M. Lichtenstein: Allergie und Immunsystem; in: Spektrum der Wissenschaft 2/97, S. 70.

92 Vgl. Hartwig Lauter/Andrea Wallrafen: Sprechstunde Allergien, München 1996, S. 10.

93 Walter Bräutigam/Paul Christian, a.a.O., S. 158.

94 Vgl. Edward Shorter: Moderne Leiden, a.a.O., S. 105.

95 Wolfgang de Boer: Kunst als Entlastung des Menschen. Zum Ursprung des homo faber; in: Universitas 40/1985, S. 243ff.

96 Hans Jonas: Ist erlaubt, was machbar ist?; in: Universitas 42/2, 1987, S. 103ff.

97 Wolfgang de Boer, a.a.O., S. 252.

98 Wolfgang de Boer, a.a.O., S. 251.

99 Zitiert nach Edward Shorter: Moderne Leiden, Reinbek 1994, S. 498 und 509.

100 Vgl. auch S. 52ff.

101 Edward Shorter, a.a.O., S. 111f.

102 Zitiert nach Edward Shorter, a.a.O., S. 517.

103 Klaus Lieb u.a.: Das chronische Müdigkeitssyndrom, CFS; in: Der Nervenarzt, 9/96, S. 711.

104 Zitiert nach: Jörg Fengler: Helfen macht müde, München 1996, S. 58.

105 Zitiert nach Matthias Burisch: Das Burnout-Syndrom. Theorie der inneren Erschöpfung, Berlin/Heidelberg, 1989, S. 12.

106 Zitiert nach Horst-Ulfert Ziolko: Bulimie; in: Fortschritte der Neurologie und Psychiatrie 53/1985), S. 231ff.

107 Zitiert nach Horst-Ulfert Ziolko, a.a.O.
108 Horst-Ulfert Ziolko, a.a.O., S. 237.
109 Victor Emil von Gebsattel: Anthropologie der Angst (1951); in: Walter Bräutigam (Hrsg.): Medizinisch-psychologische Anthropologie, Darmstadt 1980, S. 189.
110 Hans Jürgen Schultz: Angst, Stuttgart 1989, S. 10.
111 Sören Kierkegaard: Der Begriff der Angst, Frankfurt/M. 1984, S. 340ff.
112 Victor Emil von Gebsattel, a.a.O., S. 195.
113 Zitiert nach Hans Jürgen Schultz (Hrsg.), a.a.O., S. 10.
114 Walter Bräutigam/Stefan Zettel: Wie Angst entsteht; in: Hans Jürgen Schultz (Hrsg.): Angst, a.a.O., S. 24.
115 Hans-Georg Gadamer: Angst und Ängste; in: Über die Verborgenheit der Gesundheit, Frankfurt/M. 1994, S. 200.
116 Zitiert nach Flensburger Hefte 48: Angst, Flensburg 1995, S. 12.
117 Romano Guardini: Vom Sinn der Schwermut, Zürich 1949, S. 7.
118 Peter Härtling: Horizonttheater, Köln 1997, S. 26.
119 Zitiert nach Laszlo S. Földenyi: Melancholie, München 1988, S. 82.
120 Heinrich Schipperges, zitiert nach Laszlo S. Földenyi, a.a.O.
121 Gedicht einer depressiven Patientin.
122 Zitiert nach Edward Shorter: Moderne Leiden, a.a.O., Seite 275f.
123 Vgl. hierzu auch Ian Hacking: Multiple Persönlichkeit, München/Wien 1996.
124 Vgl. hierzu auch Ian Hacking, a.a.O.
125 Zitiert nach Psychologie heute, 4/1996; vgl. dazu auch Ian Hacking, a.a.O.
126 Eugen Bleuler: Lehrbuch der Psychiatrie, 1923, 1975, S. 79; vgl. hierzu auch Ian Hacking, a.a.O., S. 170ff.
127 Ian Hacking, a.a.O., S. 15.
128 Frances Howland; in: Joan-Francis Casey: Ich bin viele, Reinbek 1995, S. 436.
129 Ian Hacking, a.a.O., S. 21.
130 Frances Howland, a.a.O., S. 435ff.
131 Frances Howland, a.a.O., S. 438.
132 Ian Hacking, a.a.O., S. 146.
133 Ian Hacking, a.a.O., S. 187.
134 Kenneth J. Gergen, a.a.O., S. 132.
135 Georg Picht, a.a.O., S. 151; vgl. Anmerkung 8.
136 Nikolai A. Berdiajew: Der Mensch und die Technik, Zürich 1971, S. 8.

137 Rudolf Steiner: Die Offenbarungen des Karma, GA 120, Dornach 1992.

138 Günter Eich: Botschaften des Regens, Frankfurt/M. 1955, S. 46.

139 Süddeutsche Zeitung, zum Beispiel vom 22. 09. 95, zitiert nach Martin Held/Klaus Kümmerer: Alles zu seiner Zeit und an seinem Ort; in: Barbara Adam/ Karl-Heinz Geißler/Martin Held (Hrsg.): Die Nonstop-Gesellschaft und ihr Preis, Stuttgart/Leipzig 1998, S. 249.

140 Vgl. hierzu unter anderem: Martin Held/Karl-Heinz Geisler (Hrsg.): Ökologie der Zeit, Stuttgart 1993; dieS. (Hrsg.): Von Rhythmen und Eigenzeiten, Stuttgart 1995; Barbara Adam/Karlheinz A. Geißler/Martin Held (Hrsg.): Die Nonstop-Gesellschaft und ihr Preis, Stuttgart/Leipzig 1998.

141 Nikolai A. Berdiajew, a.a.O., S. 27.

142 Christine von Weizsäcker: Mißachtung der Zeitskalen; in: Barbara Adam/Karlheinz A. Geißler/Martin Held (Hrsg.), a.a.O., S. 171.

143 Christine von Weizsäcker, a.a.O., S. 172.

144 Nikolai A. Berdiajew, a.a.O., S. 37ff.

145 Christina Schachtner: Faszinierend wie ein Teddy oder ein Bettzipfel. Kommunikation mit Maschinen; in: Universitas 52/1997, S. 1065ff.

146 Christina Schachtner, a.a.O.

147 Nikolai A. Berdiajew, a.a.O., S. 40.

148 Friedrich Nietzsche: Also sprach Zarathustra, II/311.

149 System der Lebensordnung, zitiert nach: Heinrich Schipperges: Wege zu einer neuen Heilkunst, Heidelberg 1978, S. 215, verändert und ergänzt vom Autor.

150 Erik H. Erikson: Identität und Lebenszyklus, Frankfurt/M. 1973.

151 Hans-Peter Dürr: Die Zukunft ist ein unbetretener Pfad, Freiburg 1995, S. 115.

152 P. Berger/B. Berger/H. Kellner: Das Unbehagen in der Modernität, zitiert nach Kenneth J. Gergen: Das übersättigte Selbst, Heidelberg 1996, S. 131.

153 Hans-Peter Dürr, a.a.O., S. 101.

154 Carl Friedrich v. Weizsäcker; in: Merkur Nr. 363; zitiert nach Wolfgang de Boer: Kunst als Entlastung des Menschen, S. 249.

155 R. J. Muller: The Marginal Self; zitiert nach Kenneth J. Gergen, a.a.O., S. 246.

156 Hans-Peter Dürr, a.a.O., S. 119.

157 Hans-Georg Gadamer: Das Erbe Europas, Frankfurt/M. 1995, S. 86.

158 Aus einer Rede vor dem Amerikanischen Kongreß 1991; in: Bogen 44. Joseph Brodsky zur Erinnerung, München 1996.

Literatur

Adam, Barbara/Geißler, Karl-Heinz A./Held, Martin: Die Nonstop-Gesellschaft und ihre Feinde, Stuttgart/Leipzig 1998.

Anders, Günther: Die Antiquiertheit des Menschen München 1956.

Andresen, Burghard/Stark F. Michael/Gross, Jan (Hrsg.): Psychiatrie und Zivilisation (EHP), Köln 1993.

Arendt, Hannah: Vita Activa oder Vom tätigen Leben München 1981.

Beck-Gemsheim, Elisabeth (Hrsg.): Welche Gesundheit wollen wir? Dilemmata des medizinischen Fortschritts, Frankfurt 1995.

Becker, Peter/Minsel, Wolf R.: Psychologie der seelischen Gesundheit, Band 1: Theorien, Modelle, Diagnostik, Göttingen 1982.

Berdiajew, Nicolai A.: Der Mensch und die Technik, Zürich 1971.

Blankenburg, Wolfgang (Hrsg.): Biographie und Krankheit, Stuttgart/New York 1989.

Bleuler, Eugen: Lehrbuch der Psychiatrie, Stuttgart 1955.

Boer, Wolfgang de: Kunst als Entlastung des Menschen. Zum Ursprung des Homo Faber; in: Universitas 40/1985, S. 243ff.

Borck, Cornelius (Hrsg.): Anatomien medizinischen Wissens. Medizin – Macht – Moleküle, Frankfurt 1996.

Bräutigam, Walter (Hrsg.): Medizinisch psychologische Anthropologie, Darmstadt 1989.

Bräutigam, Walter/Christian, Paul: Psychosomatische Medizin, Stuttgart/New York 1986.

Broch, Hermann: Zeit und Zeitgeist, Frankfurt/M. 1997.

Brodkey, Harold: Die Geschichte meines Todes, Reinbek 1996.

Bühler, Karl-Ernst (Hrsg.): Zeitlichkeit als psychologisches Prinzip, Köln 1986.

Burisch, Matthias: Das Burnout-Syndrom. Theorie der inneren Erschöpfung, Berlin/Heidelberg 1989.

Camus, Albert: Ziel eines Lebens, Frankfurt/M 1977.

Casey, Joan-Francis: Ich bin viele. Eine ungewöhnliche Heilungsgeschichte, Reinbek 1995.

Celan, Paul: Mohn und Gedächtnis, Frankfurt/M. 1975.
–: Die Hand voller Stunden, München 1991.
Debus, Michael/McKeen, Thomas/Schad, Wolfgang/Treichler, Markus: AIDS. Krankheit unserer Zeit, Stuttgart 1989.
Dietz, Karl-Martin: Individualität im Zeitenschicksal. Gefährdung und Chancen, Stuttgart 1994.
Ditfurth, Hoimar von (Hrsg.): Aspekte der Angst, München o. J.
Dreißig, Georg: Cyber-Space und Virtual-Reality; in: Erziehungskunst 5/1996, S. 526.
Dürr, Hans-Peter: Die Zukunft ist ein unbetretener Pfad. Bedeutung und Gestaltung eines ökologischen Lebensstils, Freiburg 1995.
Egle, Ulrich T./Hoffmann, Sven O. (Hrsg.): Der Schmerzkranke. Grundlagen, Pathogenese, Klinik und Therapie chronischer Schmerzsyndrome aus bio-psycho-sozialer Sicht, Stuttgart 1993.
Eriksson, Erik H.: Identität und Lebenszyklus. Frankfurt/M. 1973.
Faust, Volker (Hrsg.): Angst, Furcht, Panik, Stuttgart 1986.
Fengler, Jörg: Helfen macht müde. Zur Analyse und Bewältigung von Burnout und beruflicher Deformation, München 1996.
Fintelmann, Volker: Intuitive Medizin. Einführung in eine anthroposophisch ergänzte Medizin, Stuttgart 1987.
–: Krebssprechstunde. Ratgeber zum Umgang mit einer Zeitkrankheit, Stuttgart 1994.
Flach, Frederic F.: Depression als Lebenschance. Seelische Krisen und wie man sie nutzt, Reinbek 1996.
Flensburger Hefte 48: Angst, Flensburg 1995.
Flensburger Hefte 49: Depression, Flensburg 1995.
Flensburger Hefte, Sonderheft 14: Mensch und Computer, Flensburg 1995.
Földenyi, Laszlo F.: Melancholie, München 1988.
Frank, Manfred: Die Unhintergehbarkeit von Individualität, Frankfurt/M. 1986.
Frisch, Max: Homo Faber, Frankfurt 1986.
Gadamer, Hans-Georg: Das Erbe Europas. Beiträge, Frankfurt 1995.
–: Wer bin ich – und wer bist du?, Frankfurt 1995.
–: Über die Verborgenheit der Gesundheit. Aufsätze und Vorträge, Frankfurt/M. 1995.
Gadamer, Hans-Georg/Vogler, Paul (Hrsg.): Neue Anthropologie, 7 Bände, Stuttgart 1972ff.

Gergen, Kenneth J.: Das übersättigte Selbst. Identitätsprobleme im heutigen Leben, Heidelberg 1996.

Götze, Paul(Hrsg.): Leitsymptom Angst, Berlin/Heidelberg 1984.

Gronemeyer, Marianne: Das Leben als letzte Gelegenheit. Sicherheitsbedürfnisse und Zeitknappheit, Darmstadt 1993.

Guardini, Romano: Vom Sinn der Schwermut, Zürich 1949.

Gumin, Heinz/Meyer, Heinrich (Hrsg.): Die Zeit, München 1992.

Habermas, Tilmann: Heißhunger. Historische Bedingungen der Bulimia nervosa, Frankfurt 1990.

Hacking, Ian: Multiple Persönlichkeit. Zur Geschichte der Seele in der Moderne, München/Wien 1996.

Hammer, Claus/Schubert, Venanz (Hrsg.): Chronische Erkrankungen und ihre Bewältigung, Starnberg 1993.

Härtling, Peter: Horizonttheater, Köln 1997.

Heim, Edgar: Krankheit als Krise und Chance. Warum wir krank werden: Was wir daraus lernen für uns und im Umgang mit anderen, München 1989.

Held, Martin/Geißler, Karl-Heinz A. /(Hrsg.): Ökologie der Zeit. Vom Finden der rechten Zeitmasse, Stuttgart 1993.

Hell, Daniel: Welchen Sinn macht Depression? Ein integrativer Ansatz, Reinbek 1996.

Helmchen, Hahnfried/Linden, Michael (Hrsg.): Die Differenzierung von Angst und Depression, Berlin/Heidelberg 1986.

Herold, Reinhard/Kaim, Jürgen/König, Hartmuth/Walker, Christoph (Hrsg.): Ich bin doch krank und nicht verrückt, Tübingen 1997.

Herzlich, Claudine/Pierret, Janine: Kranke gestern – Kranke heute. Die Gesellschaft und das Leiden, München 1991.

Hesse, Hermann: Die Kunst des Müßiggangs. Kurzprosa aus dem Nachlaß, Frankfurt/M. 1973.

Hilgers, Arnold/Hoffmann, Inge: CFS – Chaos im Immunsystem, Bergisch-Gladbach 1994.

Hochkeppel, Willy (Hrsg.): Modelle des gegenwärtigen Zeitalters, München 1973.

Hoffmann, Hilmar (Hrsg.): Gestern begann die Zukunft. Entwicklung und gesellschaftliche Bedeutung der Medienwelt, Darmstadt 1994.

Jaspers, Karl: Allgemeine Psychopathologie, Berlin/Heidelberg 1973.

–: Der Arzt im technischen Zeitalter. Technik und Medizin – Arzt und Patient – Kritik der Psychotherapie, München 1986.

Jiménez, Juan Ramón: Herz, stirb oder singe. Gedichte, Zürich 1977.

Jonas, Hans: Ist erlaubt, was machbar ist? In: Universitas 42/1987, Heft 2.

Jost, Annemarie: Krankheitsbilder, Darmstadt 1990.

Kamper, Dietmar/Wulf, Christoph (Hrsg.): Die Wiederkehr des Körpers, Frankfurt/M. 1982.

Kemper, Peter (Hrsg.): Die Geheimnisse der Gesundheit. Medizi zwischen Heilkunde und Heiltechnik, Frankfurt/M. 1996.

Konersmann, Ralf (Hrsg.): Kritik des Sehens, Leipzig 1997.

Koslowski, Peter/Kreuzer, Philipp/Löw, Reinhard (Hrsg.): Die Verführung durch das Machbare. Ethische Konflikte in der modernen Medizin und Biologie, Stuttgart 1983.

Kraus, Alfred (Hrsg.): Leib – Geist – Geschichte, Heidelberg 1978.

Kuiper, Piet C.: Seelenfinsternis. Die Depression eines Psychiaters, Frankfurt/M. 1995.

Lambrecht, Roland: Melancholie. Vom Leiden an der Welt und den Schmerzen der Reflexion, Reinbek 1994.

Lauter, Hartwig/Wallrafen, Andrea: Sprechstunde Allergien, München 1996.

Leuthardt, Beat: Leben online. Von der Chipkarte bis zum Europol-Netz: der Mensch unter ständigem Verdacht, Reinbek 1996.

Lieb, K./Daman, G./Berger, M./ Bauer, J. (Hrsg.): Das chronische Müdigkeitssyndrom; in: Der Nervenarzt 67/1996, Heft 9.

Löw, Reinhard/Koslowski, Peter/Kreuzer, Philipp (Hrsg.): Fortschritt ohne Maß, München 1981.

Pauleikoff, Bernhard: Person und Zeit. Im Brennpunkt seelischer Störungen, Heidelberg 1979.

Payk, Theo Rudolf: Zeit – Lebensbedingung oder Täuschung? In: Universitas 43/1988, Heft 12.

–: Mensch und Zeit, Stuttgart 1979.

Picht, Georg: Mut zur Utopie. Die großen Zukunftsaufgaben, München 1969.

Plattner, Ilse E.: Zeitstreß. Für einen anderen Umgang mit der Zeit, München 1993.

Postman, Neil: Das Technopol. Die Macht der Technologie und die Entmündigung der Gesellschaft, Frankfurt 1992.

Psychologie heute: Die hundert Gesichter der Hysterie; in: Psychologie heute 4/1996.

Reheis, Fritz: Die Kreativität der Langsamkeit. Neuer Wohlstand durch Entschleunigung, Darmstadt 1996.

Reiner, Johannes: Ein Fall von chronischem Müdigkeitssyndrom; in: Der Merkurstab 48/1995, Heft 1.

Reis-Dülfer, Sabine: Der Sturz in die Künstliche Wirklichkeit; in: Mitteilungen aus der anthroposophischen Arbeit in Deutschland 194/1995, S. 321ff.

Roth, Martin: Zeitraffer, Frankfurt 1996.

Rothschuh, Karl E.: Konzepte der Medizin in Vergangenheit und Gegenwart, Stuttgart 1978.

Saint-Exupéry, Antoine de: Der kleine Prinz, Düsseldorf 1992.

Schachtner, Christina: Kommunikation mit Maschinen; in: Universitas 52/1997, Heft 9.

Schaefer, Hans: Plädoyer für eine neue Medizin, München 1981.

Schaefer, Hans (Hrsg.): Der gesunde, kranke Mensch, Düsseldorf 1980.

Schaefer, Hans/Blohmke, Maria: Sozialmedizin. Einführung in die Ergebnisse und Probleme der Medizin-Soziolkogie und Sozialmedizin, Stuttgart 1978.

Schipperges, Heinrich: Wege zu neuer Heilkunst. Tradition – Perspektiven – Programm, Heidelberg 1978.

–: Utopien der Medizin, Salzburg 1968.

–: Der Arzt von morgen, Berlin 1982.

–: Moderne Medizin im Spiegel der Geschichte, Stuttgart 1970.

–: Gesundheit als Begriff. Geschichte und Gegenwart eines schwer faßbaren Phänomens; in: Volkskrankheiten in der Industriegesellschaft, Wehr/Baden o. J.

Schmid, G.: Sterben und Trauern in der modernen Gesellschaft, München 1988.

Schneider, Manuel: Langsamer – näher – weniger – schöner; in: Universitas 52/1997, Heft 3.

Schultz, Hans Jürgen (Hrsg.): Angst, Stuttgart 1987.

Seidler, Günter H. (Hrsg.): Hysterie heute, Stuttgart 1996.

Shorter, Edward: Moderne Leiden. Zur Geschichte der psychosomatischen Leiden, Reinbek 1994.

Sloterdijk, Peter: Vor der Jahrtausendwende. Berichte zur Lage der Zukunft, 2 Bände, Frankfurt 1990.

Steiner, Rudolf: Das Rätsel des Menschen. Die geistigen Hintergründe der menschlichen Geschichte, GA 170, Dornach 1992.

–: Die Theosophie des Rosenkreuzers, GA 99, Dornach 1962.
–: Die Offenbarungen des Karma, GA 120, Dornach 1992.
–: Die Philosophie der Freiheit. Grundzüge einer modernen Weltanschauung, GA 4, Dornach 1992.
–: Theosophie. Einführung in übersinnliche Welterkenntnis und Menschenbestimmung, GA 9, Dornach 87.
–: Vor dem Tore der Theosophie, GA 95, Dornach 1991.
–: Wie kann die seelische Not der Gegenwart überwunden werden? Soziales Menschenverständnis – Gedankenfreiheit – Geist-Erkenntnis, GA 168, Dornach 1916.
Steiner, Rudolf/Wegman, Ita: Grundlegendes für eine Erweiterung der Heilkunst nach geisteswissenschaftlichen Erkenntnissen, GA 27, Dornach 1925.
Styron, William: Sturz in die Nacht. Die Geschichte einer Depression, Köln 1991.
Sulic, Ingrid: Wenn der Info-Highway zur Seufzerallee wird, Stuttgarter Zeitung vom 9. 09. 1998.
Tellenbach, Hubertus: Psychiatrie als geistige Medizin, München 1987.
Theunissen, Michael: Das Selbst auf dem Grund der Verzweiflung, Frankfurt/M. 1991.
–: Vorentwürfe von Moderne, Berlin/New York 1996.
Thomas, Hans (Hrsg.): Menschlichkeit der Medizin, Herford 1993.
Töppel, Ernst: Gegenwart – psychologisch gesehen; in: Universitas 743/1988, Heft 12.
Treichler, Markus: Das Therapieangebot in der Anthroposophischen Medizin. Menschengemäß durch Tradition und Innovation, Stuttgart 1998.
–: Mensch – Kunst – Therapie. Anthropologische, medizinische und therapeutische Grundlagen der Kunsttherapien, Stuttgart 1996.
–: Sprechstunde Psychotherapie. Krisen, Krankheiten an Leib und Seele – Wege zur Bewältigung, Stuttgart 1993.
Vanderlinden, J./Norré, J./Vandereycken, V./Meermann, R. (Hrsg.): Therapie der Bulimia nervosa. Behandlungskonzepte mit Fallbeispielen, Stuttgart 1992.
Virilio, Paul: Die Eroberung des Körpers. Vom Übermenschen zum überreizten Menschen, Frankfurt/M. 1996.
–: Rasender Stillstand, Frankfurt/M. 1997.
Wagner, Richard: Immunologie und Krebskrankheit, Stuttgart 1993.

Walter, Rudolf (Hrsg.): Laß die Zeit, Freiburg 1997.
Weizsäcker, Victor von: Gestalt und Zeit, Göttingen 1960.
Wendorff, Rudolf: *Der* Mensch und die Zeit, Obladen 1988.
Wiedlöcher, Daniel: Die Depression, München 1986.
Zappe, H. A./Mattern H. (Hrsg.): Das Philosophische und die praktische Medizin, Berlin/Heidelberg 1990.
Ziolko, Horst-Ulfert: Bulimie; in: Fortschritte der Neurologie und Psychiatrie 53/1985.
–: Bulimie; in: Zeitschrift für Psychosomatische Medizin und Psychoanalyse 3/1985.

Register

Personen

Sachverzeichnis

Glossar medizinischer Fachbegriffe

Nicht aufgenommen wurden allgemein bekannte Krankheitsbezeichnungen und gebräuchliche medizinische Begriffe.

Addison-Krankheit: Primäre chronische Nebennierenrindeninsuffizienz nach dem Entdecker und Erstbeschreiber Thomas Addison (1793–1860) benannt.

Agora-Phobie (griechisch Agora = Marktplatz, Phobie = Furcht): Platzangst; unüberwindbare Furcht, auf die Straße oder einen Platz zu gehen; oft hindert diese Furcht die Leidenden sogar daran, die Wohnung zu verlassen. In Begleitung anderer Menschen ist die Furcht meist sofort verschwunden.

Alkohl-Intoxikation: Alkoholvergiftung.

allergische Rinitis: Heuschnupfen.

Alter ego: Das »andere Ich«, in der Psychiatrie im Rahmen von hysterischen Krankheitsentwicklungen; neuerdings in Zusammenhang mit dem sogenannten »multiplen Persönlichkeitssyndrom« (dissoziative Identitätsstörung): Das jeweils andere Ich weiß von dem eigentlichen Ich momentan oder über einige Zeit nichts, entsprechend finden sich Erinnerungslücken und ein verändertes Verhalten, wenn gerade ein »Alter ego«, ein anderes Ich, dominant ist.

Ambivalenzkonflikt: Seelischer Konflikt, der sich aus widersprechenden Gefühlen oder Absichten oder Bedürfnissen ergibt.

Amnesie: Gedächtnislücke.

amnestisch: Sich an einen bestimmten Zeitraum nicht erinnernd.

Anamnese: Vorgeschichte des Kranken; Entstehungsgeschichte einer Krankheit auch unter biographischen und sozialen Gesichtspunkten.

Anergie: Die fehlende Reaktion auf Antigene (Gegenbild zur Allergie).

Angina tonsillaris: Mandelentzündung (Tonsillitis).

Anorexia nervosa: Pubertätsmagersucht.

Antigen: Verkürzte Wortbildung aus anti-somato-gen: gegen den Organismus gerichtet. Eine Substanz, die in einem Organismus eine Immunreaktion auslöst, als Antwort des Organismus auf die unverträgliche Andersartigkeit dieser Substanz mit der körpereigenen Substanz.

Astralleib: Anthroposophischer Begriff für die seelische Organisation, Seelenleib, Empfindungsleib.

Ätiologie (griechisch aitia = Ursache und logos = Lehre): Die Lehre von den Krankheitsursachen.

atrophische Erkrankungen: Durch Gewebeuntergang bedingte Erkrankungen (Atrophie griech. = schwindendes Wachstum).

Autoimmunerkrankung: Durch eine Immunreaktion (Abwehrreaktion) auf körpereigene Substanzen bzw. Gewebe verursachte Erkrankung; zum Beispiel Myasthenie, Myositis und andere, fraglich ist, ob auch die Multiple Sklerose dazugehört.

axillär (lateinisch Axilla = Achsel): Bei der Achsel, zur Achsel gehörig.

Balneotherapie: Bäderbehandlung.

Basedow-Krankheit: Nach dem Arzt Karl Adolf von Basedow (1798–1854) benannte primäre oder sekundäre Schilddrüsenfunktionsstörung.

Bulimie: Eß-Brech-Sucht.

Burnout-Syndrom: Syndrom des Ausgebrannt-Seins; schwerer Erschöpfungszustand.

Carzino-Phobie: Krankhafte Furcht vor einer Krebserkrankung.

cervikal (lateinisch Cervix = Nakken, Hals): Am Hals, zum Hals gehörig.

Chronic Fatigue syndrom (CFS): Chronisches Erschöpfungs-/Müdigkeitssyndrom.

Chronic Fatigue Immune Dysfunction Syndrome (CFIDS): Ältere amerikanische Bezeichnung für das sogenannte CFS: chronisches Erschöpfungs-Immun-Reaktionsstörungs-Syndrom.

Colitis Ulcerosa; Morbus Crohn: Zwei chronisch-entzündliche Darmerkrankungen.

CT: Computertomographie: moderne, computergestützte Röntgenuntersuchung im Schichtaufnahmeverfahren.

Cyber-Space: Englische Wortschöpfung aus der Science-Fiction-Literatur (vgl. Willilam Gibson, Neuromancer, deutsch München 1987). Gemeint ist ein von Computern simulierter, scheinbarer Raum mit entsprechend stimuliertem künstlichem Raumerleben, vergleichbar den Flugsimulatoren für die Pilotenausbildung; vgl. virtuelle Realität.

degenerative Erkrankungen: Durch Untergang funktionstüchtiger gesunder Zellen oder Gewebe bedingte organische Erkrankungen (zum Beispiel des Nervensystems oder bei der Parkinson-Krankheit).

Delinquenz: Straftatbestände, Straftaten, Vergehen.

Dementia praecox: Vorzeitiger Schwachsinn.

Demenz: Schwachsinn, Alterserkrankung des Gehirns mit Gedächtnisstörung, Desorientierung und Verwirrtheit.

Derealisation: Fremdheitsgefühl; die Kommunikation zwischen Ich und Welt ist gestört, insofern dem Ich die Welt fremd, unwirklich, unreal erscheint. Das Phänomen tritt meist im Zusammenhang mit Depersonalisation auf: das Gefühl, sich selbst, dem eigenen Ich, fremd gegenüber zu stehen. Beide Phänomene können bei Neurosen, Psychosen und Depressionen vorkommen.

Desintegration: Auflösung oder Zerstreuung eines Ganzen aus dem Zusammenhalt.

Diabetes mellitus: Zuckerkrankheit.

Diagnostic and Statistic Manual of Mental Disease (DSM): Diagnostisches und statistisches Handbuch der seelischen Krankheiten; eine der beiden international gebräuchlichen Diagnoseleitfäden für psychiatrische Erkrankungen; erarbeitet und herausgegeben von der Vereinigung amerkanischer Psychiater (American Psychiatric Association). Vgl. dazu auch ICD.

Dislokation (lateinisch locare = setzen, stellen, legen): Lageveränderung, Verschiebung.

Dissoziation: Trennung, Aufspaltung; Bewußtseinsspaltung, Persönlichkeitsspaltung.

Dissoziative Identitätsstörung: Störung (= Erkrankung) der sich aufspaltenden Identität, beziehungsweise des Identitätserlebens und -verhaltens.

dysphorisch: Bedrückt, gereizt, verstimmt.

Empathie: Einfühlen, Mitfühlen, inneres Mitgehen (mit einem anderen Menschen), um dessen seelisches Erleben unmittelbar verstehen zu können und daher eine wichtige Fähigkeit in der Psychotherapie.

Endemie, endemisch (griechisch demos = Volk): Das geographisch begrenzte (zeitlich unbegrenzte) dauerhafte Auftreten einer ansteckenden Erkrankung – im Unterschied zur Epidemie (grichisch epidemios = im Volk verbreitet): das gehäufte Auftreten von Infektionskrankheiten in räumlicher und zeitlicher Begrenzung.

endogen: Von innen entstehend; ältere Bezeichnung in der Psychiatrie für Psychosen (= seelische Erkrankungen), die nicht durch äußere Einflüsse (= exogen), sondern aus einer besonderen Anlage des Menschen, das heißt von innen, entstanden sind (was aber nicht bedeutet, daß sie vererbt werden).

endokrin: (griechisch endo = innen, krinein = trennen): Nach innen absondernd, endokrine Drüsen = Hormondrüsen.

Endoskopie: Untersuchung des Innenraums, der Innenflächen von Hohlorganen, zum Beispiel Magen und Darm.

Enzephalitis: Entzündliche Erkrankung des Gehirns.

Enzephalomyelitis benigma myalgica: Erfundene Bezeichnung für das heute sogenannte CFS, unter der Vorstellung, es handle sich dabei um eine gutartige entzündliche Erkrankung von Gehirn und Rückenmark mit den Folgen der Müdigkeit und Muskelschmerzen (heute nicht mehr gebräuchlich).

Erytrophobie: Krankhafte Furcht vor dem Erröten im Gesicht.

eschatologisch (griechisch eschaton = das Letzte, logos = Lehre): Die Lehre von den letzten Dingen, vom Ziel der Menschen; auch: Die Lehre vom Ende der Welt handelnd.

exogen: Von außen entstanden; Gegensatz zu endogen; in der Psychiatrie Bezeichung für Psychosen, die durch äußere Einflüsse (meist Substanzen) entstanden sind.

febril (lateinisch febris = Fieber): Fieberhaft.

Fibromyalgie: (lateinisch fibra = Faser, my = Abkürzung für Muskel, algos (griechisch) = Schmerz; Myalgie = Muskelschmerz): Bindegewebs- und Muskelschmerz; Körperbetonte Bezeichnung für das Krankheitsbild des chronischen Müdigkeitssyndroms (CFS) mit Muskelschmerzen.

Fibrositis: Bezeichnung für den sogenannten Weichteilrheumatismus, also Bindegewebsmuskelschmerz, gelegentlich auch synonym mit Fibromyalgie.

Glomerulonephritis: Sammelbegriff für verschiedene entzündliche Nierenerkrankungen.

Halluzination: (lateinisch alucinatio = gedankenloses Reden): Sinneswahrnehmung ohne äußere Reizung des Sinnesorganes bei fester Überzeugung der realen Existenz des Wahrgenommenen. Häufig im Rahmen einer Schizophrenie vorkommend, zum Beispiel als akustische Halluzination, als Stimmenhören ohne Anwesenheit eines sprechenden Menschen.

Hashimoto-Thyreoiditis: Autoimmunerkrankung der Schilddrüse.

Hepatitis (griechisch hepar = Leber): Leberentzündung.

Herzphobie: Herzangst; krankhafte Furcht, das eigene Herz könne plötzlich rasen oder stillstehen, so daß man ohnmächtig umfallen und sterben müßte.

Heteronomie (griechisch heteros = der andere, nomos = Gesetz): Fremdgesetzlichkeit, unter dem Gesetz eines anderen stehend; Gegensatz zu Autonomie.

Humoralpathologie: Antike griechische Krankheitslehre, die sich auf die vier Säfte (humores) stützt, deren harmonische Mischung Gesundheit und deren ungleiche Mischung Krankheit bedeutet.

Hypochondrie: Krankhaft übersteigerte Sorge um die eigene Gesundheit, verbunden mit der Vorstellung, bereits von einer schwerer Krankheit befallen zu sein und ständig beschäftigt mit dem Suchen und Erkennen von verschiedenen Krankheitssymptomen.

ICD: International Classification

of Diseases = internationale Klassifikation der Krankheiten, von der Weltgesundheitsorganisation (WHO) erarbeitet und herausgegeben (im Bereich der Psychiatrie gibt es als Konkurrenz das DSM der amerikanischen Psychiater). In Deutschland werden beide Klassifikationssysteme alternativ verwendet; vgl Diagnostic and Statisticc Manual of Mental Desease.

Immunmangelsyndrom: Immunmangelkrankheit mit der Unfähigkeit, auf einen Krankheitserreger mit einer Abwehrreaktion des Immunsystems antworten zu können.

Influenza (lateinisch influere = hineinfließen, sich einschleichen): Bezeichnung für Grippe.

Insuffizienz-Gefühl (lateinisch insuffizient = ungenügend, nicht ausreichend): Das Gefühl, den Anforderungen nicht genügen zu können.

intrapsychisch: Innerseelisch.

Kaposi-Sarkom: Nach dem Wiener Hautarzt Moritz Kaposi (1837–1902) benannte seltene bösartige Geschwulst der Haut; häufig in Afrika südlich der Sahara; neuerdings bei AIDS-Kranken häufig auftretend.

Katecholamine: Bezeichnung für biogene Amine wie z.B. Adrenalin, Noradrenalin, Dopamin.

Kernspintomographie/Kernspinresonanztomographie (englisch NMR): Neues computergestütztes bildgebendes diagnostisches Verfahren der Schichtaufnahme (vgl. CT) auf der Basis der magnetischen Atomkernresonanz.

Klaustrophobie: Krankhafte Furcht vor geschlossenen Räumen, zum Beispiel in Aufzügen, Autos, kleinen Geschäften, Theater- oder Konzertsälen, Kinos und ähnlichem (vgl. Agoraphobie).

klonen (griechisch klon = Zweig, Sprössling): Herstellen von genetisch identischen Zellen oder Organismen (z.B. Menschen) durch künstliche Laborverfahren.

kognitiv (lateinisch cognitio = Erkenntnis): Wahrnehmung und Erkenntnis betreffend.

Konversion (lateinisch conversio = Wendung, Umkehrung): Konversionsneurose: Neurose mit körperlichen Symptomen.

Lake Tahoe disease: In den USA lokale Bezeichnung des endemisch aufgetretenen chronischen Müdigkeitssyndroms.

limbisches System: Teil des Gehirns mit Bedeutung für hormonell-vegetative Regulation und affektiv-emotionales Erleben und Verhalten.

Logopädie: Stimm- und Sprachtherapie.

Lumbago: Lendenweh, sogenannter Hexenschuß.

Lupus erythematodes: Autoimmunkrankheit mit Bildung von Antikörpern; schwere Erkrankung des Gefäßbindegewebssystems mit Hautausschlag, Fieber, Gelenkschmerzen und anderem.

LWS-Schmerzen: Schmerzen an der Lendenwirbelsäule.

Lymphadenopathie-Syndrom: Erkrankung der Lymphknoten in Zusammenhang mit AIDS.

major depression (größere Depression): Neue Bezeichnung für endogene Depression.

maligne Neubildung: Bösartige Neubildung, Krebsgeschwulst.

Mononukleose: Synonym für Pfeiffersches Drüsenfieber.

multilokulär: Vielkammerig, vielfächerig.

Multiphrenie: Neue Bezeichnung für einen möglicherweise kommenden, zum Teil heute schon beobachtbaren Zustand von seelischer Aufsplitterung in mehrere (viele) Fragmente.

myalgischee Enzephalomyehitis: Ältere, unzutreffende Bezeichnung für das chronische Müdigkeitssyndrom.

Myasthenia gravis: Autoimmunerkrankung mit starker Ermüdbarkeit bestimmter Muskeln (Sprach-, Kau-, Schluckmuskulatur und Augenlidmuskeln).

Mylagie-Syndrom: Muskelschmerzsyndrom.

Myopathie: Muskelerkrankung.

Neurasthenie: Nervenschwäche. Besser: Infolge nervlicher Überreizung bedingte allgemeine Schwäche, Mattigkeit, Ermüdbarkeit, »Nervosität«, Erschöpfung und dysphorische Verstimmung.

Neurodermitis: Psychosomatische entzündliche Hauterkrankung.

olfaktorisch: Geruchsbezogen.

ontogenetisch: (griechisch ontos = Wesen, genesis = werden):

Keimentwicklung des Einzelwesens.

over-eater-anonymus: Anonyme Selbsthilfegruppe für Menschen mit sogenannten Eßstörungen (zum Beispiel. Anorexie oder Bulimie).

Panallergie-Syndrom: Bezeichnung für das Erscheinungsbild, gegen fast alles allergisch zu sein.

Parese (griechisch paresis = Erschlaffung): Unvollständige Lähmung, paretisch: gelähmt, erschlafft.

Parkinsonsche Erkrankung: Degenerative Erkrankung bestimmtert Regionen des Gehirns (nach dem engl. Arzt James Parkinson, 1755–1824, benannt). Hauptsymptome: Bewegungshemmung und -verarmung (Akinesie), Tremor (Zittern), Rigor (Muskelanspannung).

Pathogenese: Krankheitsentwicklung.

perichoretisch (hier): Wechselseitige Durchdringung der Zeiten (Vergangenheit, Gegenwart und Zukunft).

persistierend: Auf etwas bestehend.

Phobie: Furcht, Schrecken; in der Psychiatrie die krankhafte Furcht vor etwas (zum Beispiel Agoraphobie, Klaustrophobie).

Pneumozystis Carinii: Eine spezifische Form der Lungenentzündung, die vor allem bei AIDS-Kranken vorkommt und häufig zum Tod führt.

Poliomyelitis: Sogenannte Kinderlähmung.

Polyarthritis (griechisch arthron = Gelenk): Entzündung zahlreicher Gelenke.

Psoriasis (griechisch psora = Krätze): Schuppenflechte.

Psychogenie (griechisch psyche = Seele): Seelische Bedingtheit; psychogen: Seelisch bedingt, seelisch entstanden.

psychosomatisch (griechisch soma = Leib): Medizinische Richtung, die seelische Einflüsse auf körperliches Befinden untersucht und beschreibt; seelische Zusammenhänge bei körperlichen Erkrankungen in Diagnose und Therapie mit berücksichtigt.

Psychosomatosen: Körperliche Erkrankungen aufgrund bewußter oder unbewußter seelischer Einflüsse oder Erlebnisse (zum Beispiel Anorexie, Bulimie, chronisches Erschöpfungssyndrom, chronisches Schmerzsyndrom und anderes).

psychoendokrin: Seelisch-hormonell.

Pyelonephritis (griechisch pyelo = Becken, nephros = Niere): Nierenbeckenentzündung, häufigste Nierenerkrankung.

regredieren: Zurückgehen, zurückentwickeln.

Regression: Rückgang, Rückschritt, Rückentwicklung.

rezidivierend (lateinisch recidere = zurückfallen): Wieder auftretend. Rezidiv = Rückfall, Wiederauftreten einer Krankheit nach ihrer Abheilung.

Royal Free Epidemic: Lokale Bezeichnung in England für das chronische Müdigkeitssyndrom.

Sklerodermie (griechisch skleros = hart, derma = Haut): Autoimmunkrankheit, sogenannte Kollagenose der Haut mit Verhärtung.

sklerotische Erkrankungen: Verhärtende Erkrankungen, zum Beispiel Gefäßsklerose u. a.

Somatisierung: Körperlicher Ausdruck für seelisches Erleben, zum Beispiel körperliche Symptome anstelle seelischer Gefühle und ihres angemessenen Ausdrucks.

somatophil: Körperorientiert.

Stereoskopie (griechisch stereos = fest, räumlich, skopein = sehen): Fähigkeit des räumlichen Sehens durch Sehen mit zwei Augen.

Suizid (lateinisch sui = sich selbst, cidere = töten): Selbsttötung.

Supervision (lateinisch super = über, visio = Erscheinung): Heute Bezeichnung für ein Verfahren der Überprüfung und Selbsterfahrung innerhalb der helfenden Berufe.

toxikologisch (griechisch tox = Gift, logos = Lehre): Nach der Lehre von den Giften.

Toxoplasmose: Spezielle Infektionskrankheit mit Schwellung der Lymphknoten am Hals, Angina, Fieber und grippeähnlichen Symptomen.

Tranquilizer: Beruhigungsmittel, zu den sogenannten Psychopharmaka gehörend.

Trauma: Verletzung, Wunde, in körperlicher oder seelischer Hinsicht; Traumata (Plural): Verletzungen.

Ulcus: Geschwür, Geschwüre, zum Beispiel Magengeschwür, Darmgeschwür.

Ulcus duodeni: Zwölffingerdarmgeschwür.

Urtikaria: Nesselsucht, Quaddelsucht.

Virose: Viruserkrankung.

virtuelle Realität VR: Scheinbare Realität in einem scheinbaren Raum (vgl. Cyber-Space) nach computergesteuerten Programmen, die mittels »Datenhelm« und »Datenhandschuh« und einer Spezialbrille dem VR-Benutzer übermittelt wird und in der er sich scheinbar frei bewegen und verhalten kann. Die VR findet vor allem Anwendung bei Computerspielen aber auch in der Medizin beim Einsatz neuer Operationstechniken oder in der Architektur, der Stadtplanung, in der Autoindustrie. Sie ermöglicht die Steuerung von Robotern in den Menschen unzugänglichen Umgebungen.

Vulnerabilität (lateinisch vulnus = Wunde, Verletzung) Verwundbarkeit, Verletzbarkeit.

Yuppie-flu: Lokale Bezeichnung in den USA für das chronische Müdigkeitssyndrom.

Zirrhosen (griechisch kyrrhos = gelb): Bezeichnung für Erkrankung eines Organs mit Schrumpfung und Verhärtung, zum Beispiel Leberzirrhose.

MATHIAS WAIS

Trennung und Abschied

Der Mensch auf dem Wege

Mit einem Beitrag von Ulrike Schellenberg

160 Seiten, gebunden

In der Vereinseitigung des Festhaltens können *Haben* und *Bleiben* sich in ihr Gegenteil verkehren: Kleine innere Verabschiedungen gehen dem Trennungsvorgang voran. Jede Trennungssituation ist von Ambivalenzen geprägt: zwischen Sich-Auflehnen und Festhalten, zwischen Leugnen der Krise und hastigem Weitergehen. Trennung und Abschied sind in gewisser Weise nie zu Ende. Dies anzuerkennen ermöglicht eher ein Weiterschreiten der eigenen Biographie als die Illusion, man sei mit dem Verlorenen fertig. Trennung muß nicht passiv erlitten werden. Sie kann aktiv gestaltet und damit fruchtbar gemacht werden für die weitere Entwicklung.

Aus dem Inhalt: Eine innere Dynamik des Bleibens · Das Wesen des Menschen ist Aufbruch · Über das Hören in der Ohnmacht · Trennungsangst und Trennungslust · Die Trennung beginnt vor dem Abschied · Trennungshygiene · Nach der Trennung – Die Chance der erneuten Begegnung · Intimität und Abgrenzung in der Beziehung · Verlust der Arbeit – Verlust der Würde · Unabschließbarer Abschied – die Heimatlosen.

Michaela Glöckler

Macht in der zwischenmenschlichen Beziehung

Grundlagen einer Erziehung zur Konfliktbewältigung

320 Seiten, gebunden

Aus dem Inhalt: Macht in der zwischenmenschlichen Beziehung · Erziehung zu selbständigem Handeln · Beeinflussung durch Temperamentseigenschaften · Wut und Aggression · Zufriedenheit – läßt sich dies lernen? · Umgang mit der Lüge · Mut als Fähigkeit und Aufgabe · Mann und Frau in der Partnerschaft · Gemeinschaft als Entwicklungsraum · Vom Sinn der »Lebenslänglichkeit« · Entwicklung im Spannungsfeld von Individualität und Gemeinschaft · Individualismus contra Machtstrukturen · Biographiearbeit · Leben mit der Vergangenheit – Wer oder was hat mich erzogen? · Begegnung mit dem Fremden · Macht in der Biographie · Die Rolle der Begegnung · Erziehung zur Konfliktfähigkeit · Wie erwirbt man Führungseigenschaften? · Das eigentliche Vorbild · Hilfen für Erziehung und Selbsterziehung zur Konfliktfähigkeit · Abwägen im Interessenkonflikt · Lob und Tadel · Konflikte und Führungsfragen in Lebensgemeinschaften und kollegialer Zusammenarbeit · Schwellenbewußtsein im sozialen Leben.